从零开始学做物流经理

冯永华　编著

人民邮电出版社

北　京

图书在版编目（CIP）数据

从零开始学做物流经理 / 冯永华编著. —北京：
人民邮电出版社，2016.5（2023.3重印）
ISBN 978-7-115-42126-5

Ⅰ. ①从… Ⅱ. ①冯… Ⅲ. ①物流—物资管理 Ⅳ.
① F252

中国版本图书馆 CIP 数据核字（2016）第 070588 号

内 容 提 要

物流经理是企业物流管理工作中的重要岗位。如何成为一名优秀的物流经理？如何开展与实施物流管理工作？如何提升自己的管理能力？这是每一名物流经理都会面临的问题。

本书共14章，分别介绍了物流经理要做什么、物流团队管理、物流仓储管理、物流现场管理、配送中心管理、物流运输管理、物流技术管理等内容，为物流经理开展物流管理工作提供了重要的参考。全书着重突出物流管理工作的方法、流程、技巧和细节，具有很强的实用性和可操作性。

本书适合各类企事业单位的物流管理人员阅读，也适合希望从事物流工作的人员以及高等院校相关专业的师生阅读。

◆ 编　著　冯永华
　　责任编辑　张国才
　　执行编辑　付　路
　　责任印制　焦志炜

◆ 人民邮电出版社出版发行　　北京丰台区成寿寺路11号
　　邮编　100164　电子邮件　315@ptpress.com.cn
　　网址　http://www.ptpress.com.cn
　　北京虎彩文化传播有限公司印刷

◆ 开本：787×1092　1/16
　　印张：18.5　　　　2016年5月第1版
　　字数：150千字　　2023年3月北京第23次印刷

定　价：49.00元

读者服务热线：（010）81055656　印装质量热线：（010）81055316
反盗版热线：（010）81055315
广告经营许可证：京东市监广登字20170147号

前　言 preface

常言道：“入门容易，做好难。”不论从事什么工作，贵在坚持，只有坚持下去，才能实现自己的理想。

近年来，伴随着一股“物流热”的出现，我国一批大中专院校和高等职业院校纷纷开设物流专业的课程。但是，大多数的毕业生都不能适应社会的需要，毕业后还需要再进行一段时间的实践才能胜任本职工作。物流的专业教育仅仅是一个基础，要成为一名优秀或者称职的物流经理，还必须掌握其他专业的相关知。

可以说，物流经理的职业前景越来越广阔，尤其是国务院新近发布的优先打造生活性服务企业、加快物流服务业发展的战略，因此市场对物流管理人才的需求越来越大。目前，越来越多的年轻人从大中院校的物流专业毕业，这就意味着越来越多的人将要从事物流管理工作。

那么，怎样才能成为一名优秀的物流经理？如何在物流经理这个重要的岗位上尽职尽责，提升自己管理能力？这就是本书要解答的问题。

其实，物流管理就是将企业收到的订单或供货预测，转换为企业的主导生产供货计划、材料需求计划及成品分销供货计划，然后向供应商采购相应的原材料、包装材料等，组织安排生产计划，将生产出的成品通过合理的调货计划调往客户那里，保证满足客户的需求。

《从零开始学做物流经理》一书共14章，对物流经理应知应会的管理方法和技术手段进行了详细的介绍，具体内容包括物流经理要做什么、物流经理要会什么、物流团队管理、物流采购管理、物流仓储管理、物流现场管理、物流配送中心管理、物流配送作业管理、物流运输管理、物流技术管理、物流客户管理、服务质量管理、物流外包管理、物流成本管理。本书内容简洁明了、思路清晰，是企业物流部门、物控部门、采购部门、仓储部门、运输部门管理人员的参考工具书，也是物流行业从业人员可以参考学习的实用读本，对于希望从事物流管理的人员、刚毕业的物流专业的学生来说，也是一本不可多得的学习用书。

全书实用性强，着重突出可操作性，为刚晋升为物流经理的人士提供了工作思路和管理模板，也为物流管理人员开展工作提供了重要的参考。

本书由冯永华主编，安建伟、齐小娟、陈超、车转、陈宇娇、成晓霞、程思敏、郭鹏丽、蒋昆波、李建伟、李相田、马晓娟、王丹、王雅兰、王振彪、武晓婷、徐亚楠、赵娜、赵仁涛、谭双可、李景安、吴少佳、赵静洁、唐晓航、陈海川、马会玲、卢硕果、庞翠玉、闻世渺、唐琼、任克勇参与了本书的资料收集和编写工作，滕宝红对全书相关内容进行了认真细致的审核。

目　录 | contents

第6章　物流现场改善　/111

　　一家企业的现场管理水平，能反映出该企业的库存水平、物流质量、生产计划达成率、生产效率、物流成本等。物流现场的建设与改善是整个企业物流管理的重要组成部分，直接关系到企业的生产效率和物流成本。

第7章　物流配送中心管理　/129

　　配送中心是以组织配送性销售或供应，执行实物配送为主要职能的流通型物流结点。配送中心是物流领域中社会分工、专业分工进一步细化之后产生的。

第8章 物流配送作业管理 / 149

配送作业就是将货物分拣出来，按时、按量发送到指定地点的过程。物流经理应对整个配送的作业程序做好控制，以保证物流系统的正常运行。

第9章 物流运输管理 / 165

在物流的运输管理中，为了降低运输成本，物流经理应合理地组织人员和运输工具，以保证及时、迅速、保质、保量和安全地完成运输任务。

第10章 物流技术管理 / 189

物流技术是指物流活动中所采用的自然科学与社会科学方面的理论、方法，以及设施、设备装置与工艺的总和。物流技术是与实现物流活动的全过程紧密相关的，物流技术的高低直接关系到物流活动各项功能是否完善和能否有效地实现。

第11章　客户服务管理　/203

企业的各种经营活动都是围绕客户的需求而展开的，如何更好地满足客户的需求也就成了企业经营活动的出发点和最重要的方面，物流企业也不例外。作为物流经理，应做好客户服务的管理工作。

第12章　服务质量管理　/223

质量是企业生存和发展的根本。物流经理应建立完善的物流服务质量管理体系，以保证和控制物流服务全过程的高质量，提供让客户满意的服务。

第13章　物流外包管理　／241

外包物流即第三方物流，是指企业为了集中生产、节省管理费用，而将物流业务以合同的方式委托专业的物流企业处理运作。因此，企业在决定是否进行物流外包前，必须对各种因素进行考虑，并尽量选择合适的物流供应商。

第14章　物流成本管理　／263

随着经济的全球化和物流行业的飞速发展，现代物流管理已经成为企业降低成本、创造利润、提高经济效益的新途径。许多现代企业中，物流成本管理已成为赢得市场竞争的重要法宝，降低物流成本已成为物流管理的首要任务。

第**1**章
物流经理要做什么

对于物流经理来说，只有全面、深刻地认识并理解物流管理的工作内容、岗位职责，具备应有的知识要求、能力要求等，才能在日常工作中认真履行职责，当好领头羊。

学习指引

物流经理的
工作目标

- 从物流活动诸要素的
  角度分析
- 从对物流系统诸要素
  的角度分析
- 从物流活动的具体职
  能的角度分析

物流经理的
工作内容

物流经理的
岗位职责

- 作业职责
- 协调职责
- 协助物流决策职责
- 指挥职责
- 组织职责
- 控制职责

- 国际贸易和通关知识
- 仓储运输专业知识
- 财务成本管理知识
- 外语知识
- 安全管理知识
- 法律知识及其他

物流经理的
知识要求

物流经理的
能力要求

- 组织管理和协调能力
- 突发事故的处理能力
- 服务质量的持续改进
  能力

物流管理的
就业前景

1.1　物流经理的工作目标

物流经理的工作目标是，应用现代管理的基本原理与科学方法，负责企业物流部门的日常管理工作，主要对物流活动进行计划、组织、协调、指挥、控制和监督，使各项物流活动实现最佳的协调与配合，以降低物流成本，提高企业的物流效率和经济效益。

1.2　物流经理的工作内容

物流管理作为企业管理的一个分支，是对企业内部的物流活动（诸如物资的采购、运输、配送、储备等）进行计划、组织、指挥、协调、控制和监督的过程。通过使物流功能达到最佳组合，在保证物流服务水平的前提下，实现物流成本的最低化，这是现代企业物流管理的根本任务所在。

1. 从物流活动诸要素的角度分析

从物流活动诸要素的角度来分析，物流管理工作包括以下内容。

（1）运输管理

运输是物流部门最主要的业务活动，物流部门可通过运输解决物资在生产地点和消费地点之间的空间距离问题，创造商品的空间效用，实现其使用价值。运输管理的主要内容如图1-1所示。

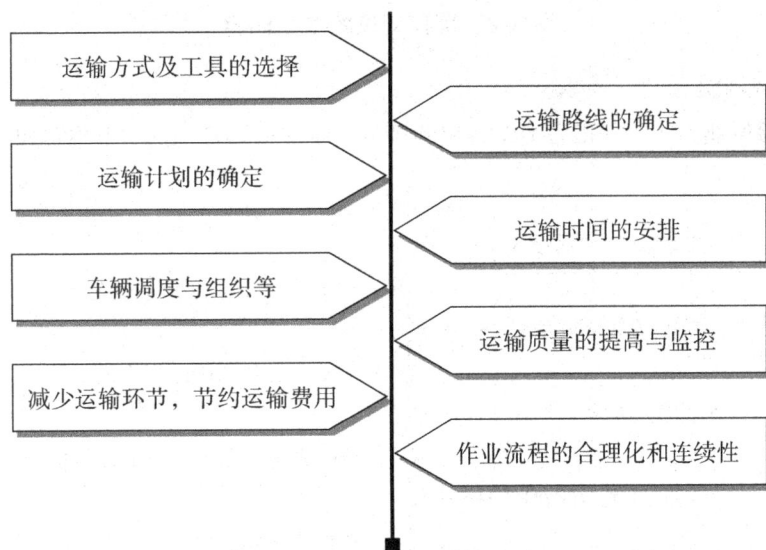

图1-1　运输管理的主要内容

（2）储存管理

储存管理是物流管理工作的一个中心环节。通过存储保管货物，可以解决生产与消费在时间、数量上的差异，以创造物品的时间效用。储存管理的主要内容如图1-2所示。

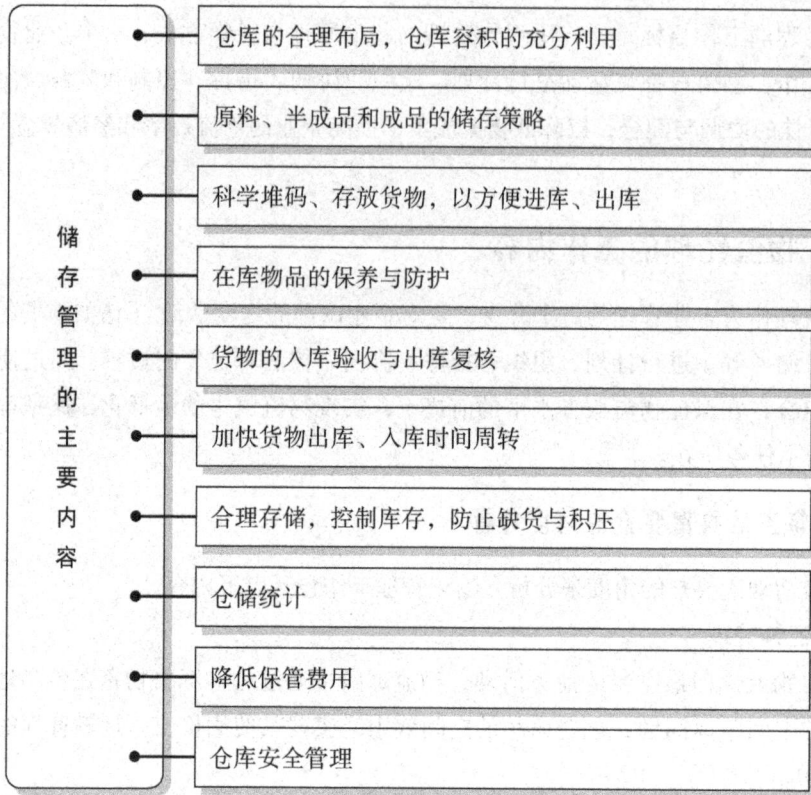

图1-2　储存管理的主要内容

储存管理的主要内容：
- 仓库的合理布局，仓库容积的充分利用
- 原料、半成品和成品的储存策略
- 科学堆码、存放货物，以方便进库、出库
- 在库物品的保养与防护
- 货物的入库验收与出库复核
- 加快货物出库、入库时间周转
- 合理存储，控制库存，防止缺货与积压
- 仓储统计
- 降低保管费用
- 仓库安全管理

（3）装卸搬运管理

运输和保管业务中，一般都离不开装卸搬运。装卸搬运管理的主要内容如图1-3所示。

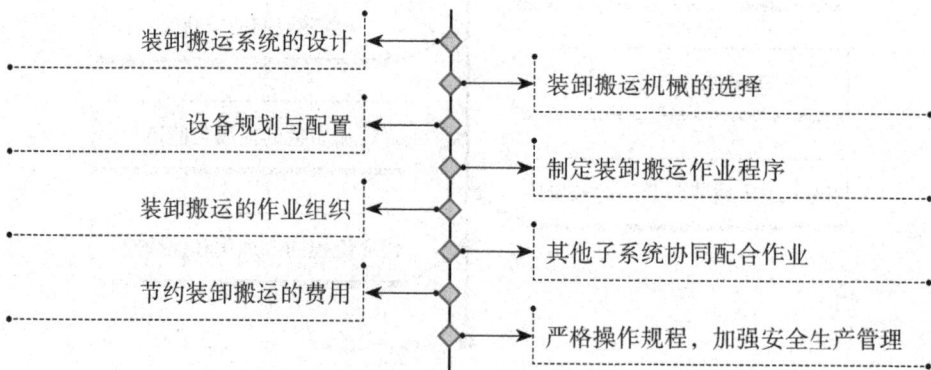

图1-3　装卸搬运管理的主要内容

- 装卸搬运系统的设计
- 装卸搬运机械的选择
- 设备规划与配置
- 制定装卸搬运作业程序
- 装卸搬运的作业组织
- 其他子系统协同配合作业
- 节约装卸搬运的费用
- 严格操作规程，加强安全生产管理

（4）包装管理

包装分工业包装和商业包装，以及在运输、配送当中为保护商品所进行的拆包再装和包装加固等业务活动。包装管理的主要内容如图1-4所示。

图1-4　包装管理的主要内容

（5）流通加工管理

流通加工主要是指在流通领域中为了销售或运输以及提高物流效率而进行的加工。流通加工管理的主要内容如图1-5所示。

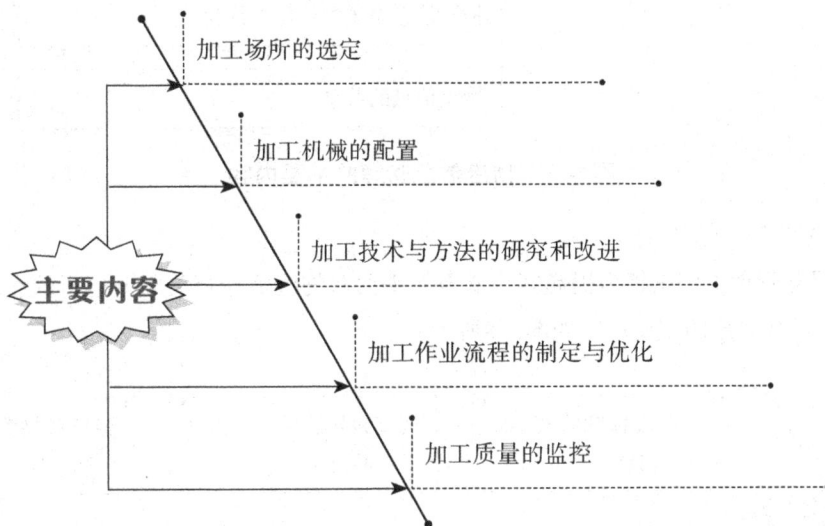

图1-5　流通加工管理的主要内容

（6）配送管理

配送属于二次运输或终端运输。配送管理的主要内容如图1-6所示。

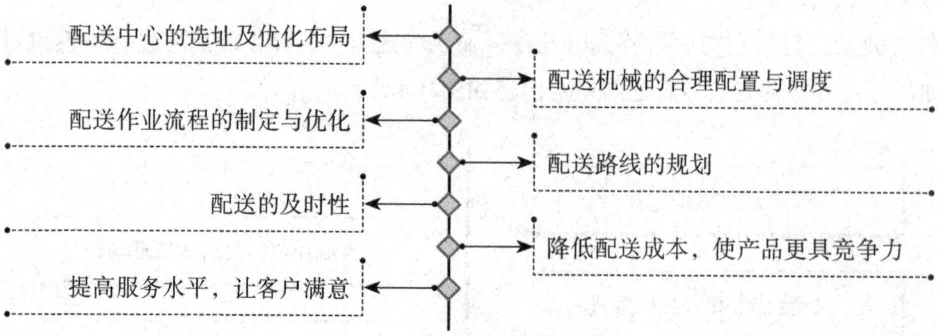

图1-6　配送管理的主要内容

（7）物流信息管理

物流信息系统支持着物流的各项业务活动，即通过信息传递，把运输、储存、包装、装卸搬运、配送、流通加工等业务活动联系起来，协调一致，以提高物流的整体效率。物流信息管理的主要内容如图1-7所示。

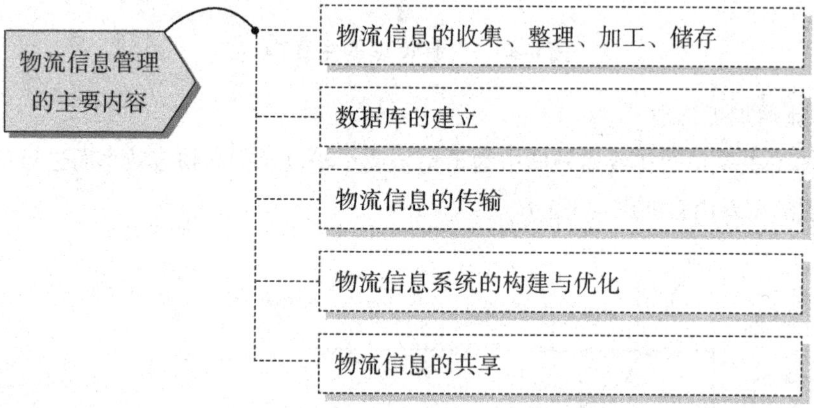

图1-7　物流信息管理的主要内容

（8）客户服务管理

客户服务管理主要是指为提高客户服务水平而对物流活动相关服务进行的组织管理和监督。客户服务管理的主要内容如图1-8所示。

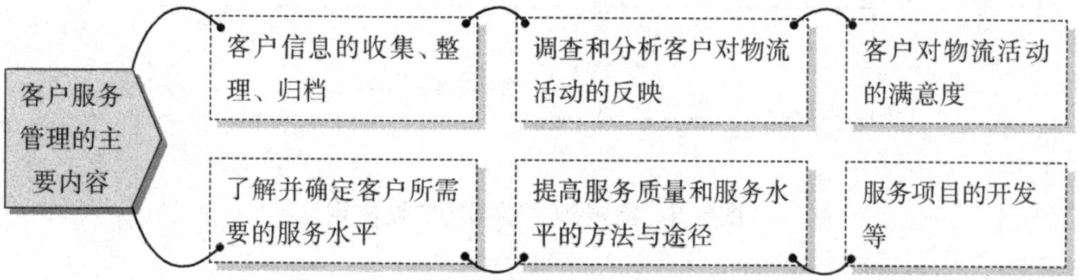

图1-8　客户服务管理的主要内容

2. 从对物流系统诸要素的角度分析

从对物流系统诸要素的角度来分析，物流管理工作包括以下内容。

（1）人的管理

人是物流系统和物流活动中最活跃的因素。物流经理对人的管理的内容如图1-9所示。

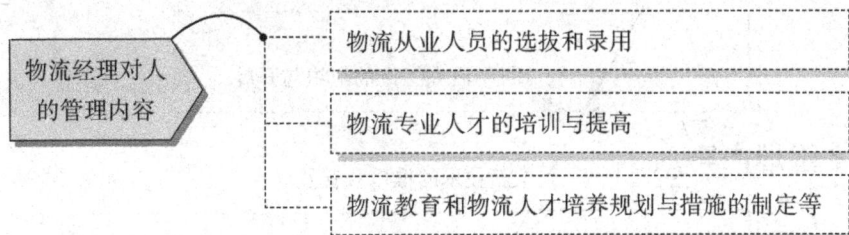

图1-9　物流经理对人的管理内容

（2）物的管理

"物"指的是物流活动的客体，即物质资料实体。物的管理贯穿于物流活动的始终，涉及物流活动诸要素，即物的运输、储存、包装、流通加工等。

（3）财的管理

财的管理主要指物流管理中有关降低物流成本、提高经济效益等方面的内容，它是物流管理的出发点，也是物流管理的归宿。物流经理对财务的管理内容如图1-10所示。

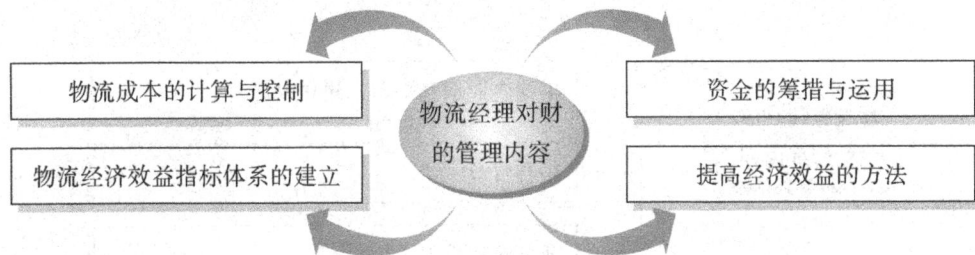

图1-10　物流经理对财的管理内容

（4）设备管理

设备管理是指对物流设备进行管理的各项内容，其主要内容如图1-11所示。

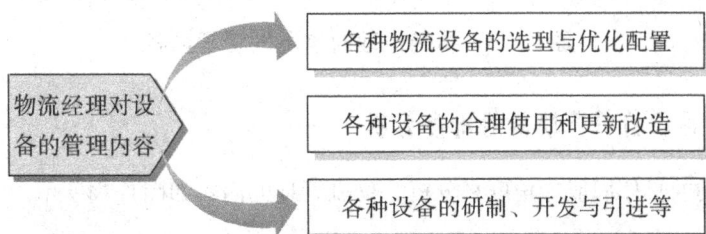

图1-11　物流经理对设备的管理内容

（5）方法管理

方法管理是指物流经理对物流理念的把握和物流管理新方法、新技术的吸取及应用，其主要内容如图1-12所示。

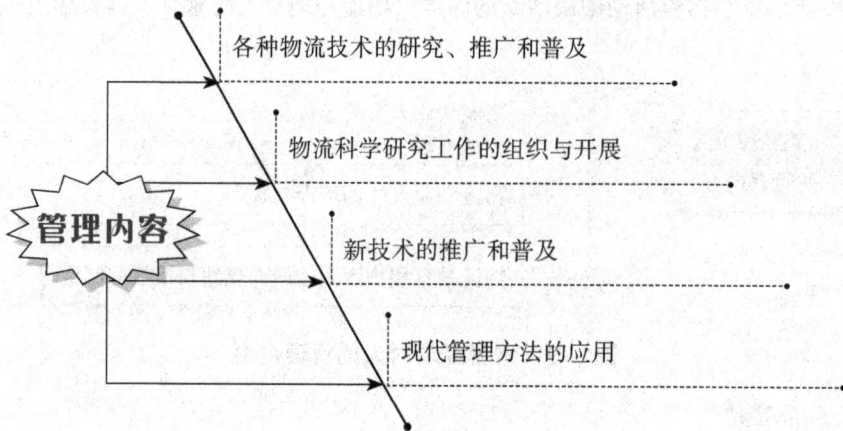

各种物流技术的研究、推广和普及

物流科学研究工作的组织与开展

管理内容

新技术的推广和普及

现代管理方法的应用

图1-12　物流经理对方法的管理内容

（6）信息管理

信息是物流系统的神经中枢，物流经理只有做到有效地处理并及时传输物流信息，才能对系统内部的人、财、物、设备和方法这五个要素进行有效的管理。其主要内容如图1-13所示。

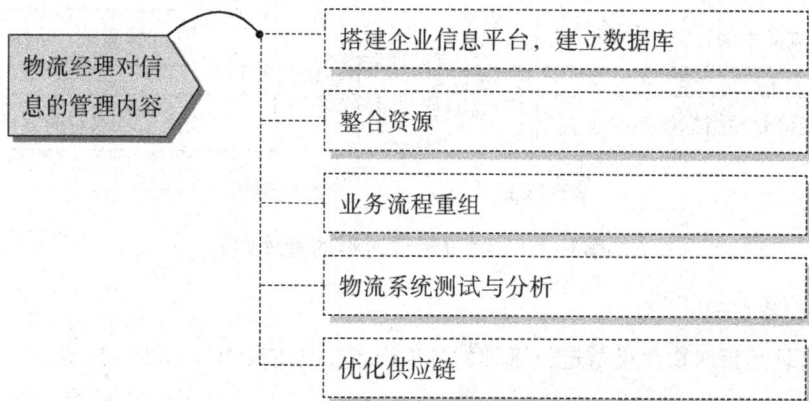

物流经理对信息的管理内容

搭建企业信息平台，建立数据库

整合资源

业务流程重组

物流系统测试与分析

优化供应链

图1-13　物流经理对信息的管理内容

3. 从物流活动的具体职能的角度分析

从物流活动的具体职能的角度来分析，物流管理的内容如图1-14所示。

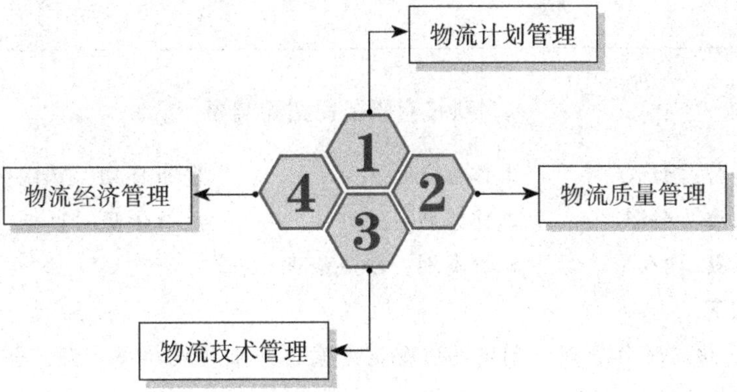

图1-14 从物流活动具体职能的角度分析

（1）物流计划管理

物流计划管理是指对物质生产、分配、交换、流通整个过程的计划管理，也就是在物流大系统计划管理的约束下，对物流过程中的每个环节进行科学的计划管理，具体体现在物流系统内各种计划的编制、执行、修正及监督的全过程。物流计划管理是物流管理的首要职能。

（2）物流质量管理

物流质量管理包括物流服务质量管理、物流工作质量管理、物流工程质量管理等内容。

物流质量的提高意味着物流管理水平的提高，意味着企业竞争能力的提高。因此，物流质量管理是物流管理工作的中心问题。

（3）物流技术管理

物流技术管理包括物流硬技术管理和物流软技术管理。

对物流硬技术进行管理，即对物流基础设施和物流设备的管理，如物流设施的规划、建设、维修、运用；物流设备的购置、安装、使用、维修和更新；提高设备的利用效率，以及日常工具的管理等。

物流软技术管理的主要内容包括物流各种专业技术的开发、推广和引进，物流作业流程的制定，技术情报和技术文件的管理，物流技术人员的培训等。

物流技术管理是物流管理工作的依托。

（4）物流经济管理

物流经济管理包括物流费用的计算和控制，物流劳务价格的确定和管理，物流活动的经济核算、分析等。其中，成本费用管理是物流经济管理的核心。

1.3 物流经理的岗位职责

作为一名物流经理，要想做好本职工作，就必须先了解自己的工作职责。先来看看下面两则招聘启事。

范本

××科技有限公司招聘启事

职位月薪：面议	工作地点：××	发布日期：2016-2-20
工作性质：全职	工作经验：3~5年	最低学历：大专
招聘人数：2人	职位类别：物流经理/主管	

岗位职责：

1. 负责物流运作管理，制定物流配送方案，寻求物流解决方案，合作方论证、谈判及日常物流运行监控；

2. 负责物流规划和管理体系建设，包括业务流程、规章制度与操作规范等；

3. 管理物流商，监督日常货物接收、外发工作，不断提高物流效率；

4. 采集、整合及管理物流外部资源，缩短运输周期，降低成本，不断提高服务质量；

5. 负责所有产品的出入库、查询、运费核对及ERP操作；

6. 货物的信息跟踪反馈及分析；影响物流的因素及反馈；

7. 监控物流运作绩效，从响应速度、综合物流成本、物流安全等方面评估绩效并不断改进、提升绩效。

任职要求：

1. 大专以上学历，三年以上物流相关领域管理工作经验；

2. 精通物流管理流程，对配送流程有很好的理解；

3. 具有优秀的沟通协调能力及团队管理能力，独立工作能力强，并有良好的领悟力；

4. 具有良好的个人信誉和职业操守，以及良好的语言技巧及沟通能力，能熟练使用各种办公软件，擅长各种报表的制作及数据分析；

5. 物流管理、财务、商务等相关专业，熟悉电子行业物流，熟悉进出口业务。

范本

××股份有限公司招聘启事

职位月薪：面议	工作地点：××	发布日期：2016-2-20
工作性质：全职	工作经验：5年以上	最低学历：大专
招聘人数：1人	职位类别：物流经理/主管	

职位描述：

1. 仓储运营的管理，包括收货、上架、拣货、盘点等部门操作的管理、协调与

（续）

控制；

2. 出入账目准确率达到100%，每月协助财务部不定期地进行盘点，将各类票据分类管理，便于查询；

3. 根据业务需要，制订并执行仓储中长期发展计划；

4. 控制仓储成本，负责库存商品的有效管控；

5. 安全防损体系的建立、控制与降低耗损；

6. 负责作业流程的优化，保证产能和人均生产效率，能够妥善处理各类突发情况；

7. 掌握内仓各部门的运作，并能监控数据变化，调整人力分配；

8. 仓储团队的建设与管理，激发团队热情。

任职要求：

1. 一年以上电商仓库全盘管理经验；

2. 身体健康、思维敏捷，具有较强的突发事件应变能力；

3. 为人诚实，执行力强，做事认真负责；

4. 熟练操作电脑，熟悉电子商务发货流程，熟悉ERP工作流程。

通过上述两则招聘启事，相信你对物流经理的岗位职责已经有了大致的了解。下面来看看具体都有什么要求。

1. 作业职责

物流经理的作业职责主要是指制订物流活动计划、调整物流活动计划、实施物流活动计划、评价物流活动计划实施的效果等，其具体内容如图1-15所示。

职责一	编制各种物流计划
职责二	预测物流量
职责三	分析、设计和改进物流系统
职责四	拟订物流系统的中期、长期规划方案

职责五	研究客户服务水平
职责六	编制物流预算方案
职责七	进行物流成本分析
职责八	控制和调整实际物流活动
职责九	在企业内进行物流知识的辅导教育；选择物流人才，并对其进行培养和管理

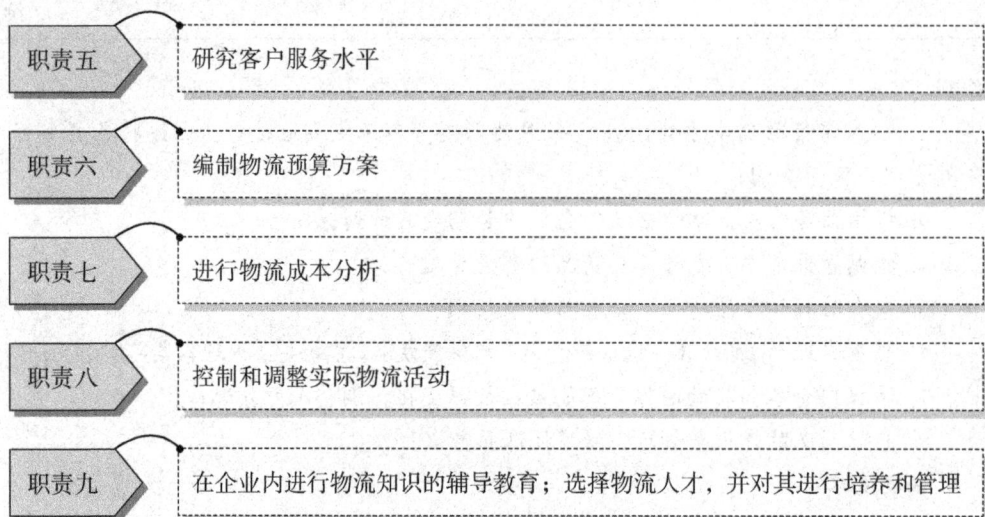

图1-15　物流经理的作业职责

2. 协调职责

物流活动是把企业的供应商、本企业的采购活动、制造过程、销售活动以及客户连接在一起，其范围贯穿企业运行的整个链条。物流经理应从整体上把握企业的目标，从而承担起协调的职责。

3. 协助物流决策的职责

物流经理必须协助企业领导进行物流决策，主要包括以下两个方面。

（1）协助企业总体战略的决策

主要是从物流的角度协助企业高层主管进行决策，以确定企业生产经营的总目标和长远发展方向，从而为物流管理提供根本依据和基本导向。

（2）协助企业分类战略的决策

主要是协助或代企业高层主管作出关于物流管理的决策，包括由生产技术等部门所作的产品决策、技术决策，由经营部门所作的市场决策、财务决策等。分类战略决策可具体确定物流系统的组织机构及相关组织规则，明确物资供应的生产技术要求，控制资金占用总量，决定企业物流的具体方向。

4. 指挥职责

物流管理是为了对"从原材料供应者到最后的消费者"实行"一体化"的统一管理。因此，物流经理有直接指挥下属机构的职责，主要是处于生产过程之外和虽处于生产过程中，但因非生产技术要求而中止生产转换的物料、半成品等，以及处于生产系统和销售系统之间的待售商品；对于其他物料、货品，则是通过监控、协调等方式参与有关部门的管理。

5. 组织职责

物流活动能否持续有序地进行，关键在于组织是否有力，劳动组合是否合理。物流经理的组织职责如图1-16所示。

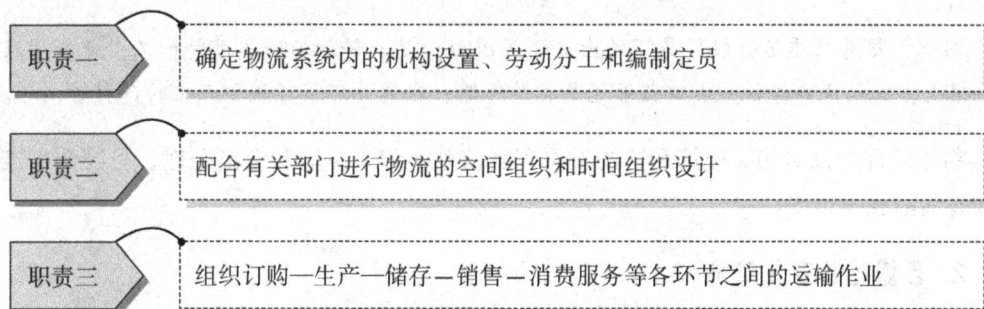

职责一	确定物流系统内的机构设置、劳动分工和编制定员
职责二	配合有关部门进行物流的空间组织和时间组织设计
职责三	组织订购—生产—储存—销售—消费服务等各环节之间的运输作业

图1-16 物流经理的组织职责

6. 控制职责

控制职责是物流经理职责中最主要、工作量最大、涉及面最广的一项职责。因为上述指挥、计划、组织等职责受系统分工、授权等因素的影响，职责范围的界定均较明确和严格，而且往往直接受到物流系统之外的职责机构的制约，故而工作的对象、内容、权限、范围、程序均须遵从企业系统的统一规定。

1.4 物流经理的知识要求

现代物流管理人才应具备的知识结构应着眼于当前和将来的发展需要。一个合格的物流经理应该具备六个方面的基础知识，具体如图1-17所示，并在实际中根据需要不断学习，完善知识结构。

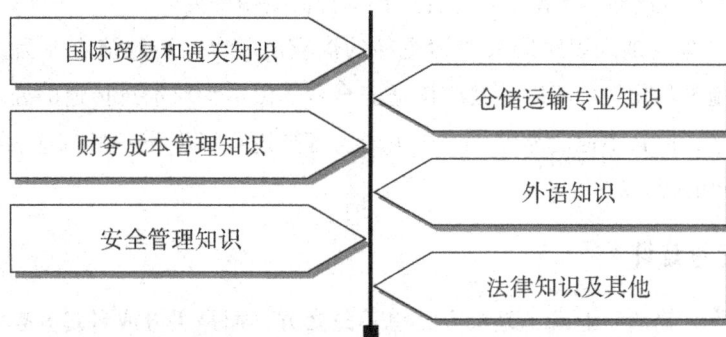

图1-17 物流经理应具备的知识

1. 国际贸易和通关知识

物流经理需要掌握相关的国际贸易、国际结算知识，以及了解国家对外汇管理的有关法律法规。

在通关方面，国际贸易活动必然要涉及通关作业。通关环节的相关政策和法规，对物流方案的设计和物流流程的制定具有重要的影响。

例如，贸易性质是一般贸易下的出口还是进口；是来料加工还是进料加工；是否涉及退税；报关方式是进口保税、出口监管还是转关运输；在通关环节可能要产生的各种费用等。

物流经理如果对相关政策和法规没有了解清楚，就不可能制定出合理、可行的物流方案和有效的成本预算。

2. 仓储运输专业知识

物流经理在与客户洽谈和进行物流方案设计以及执行任务的时候，只有在熟练掌握多种交通工具使用知识的情况下，才有可能设计出切实可行、安全快速、经济有效的运输方案，才能为客户提供恰当合适的物流服务。

3. 财务成本管理知识

在物流服务营销的过程中，物流经理不仅要了解作业费用发生的原因、种类和数量等情况，还要具有进行作业成本分析的能力。只有通过细致的成本核算和分析，才能向客户提出具有针对性和说服力、客户易于接受的、合理的解决方案。

针对一个物流方案，成本分析包括分析企业需要外包的业务类型、业务量、向分包方支付项目、支付数额，以及企业内部需要投入的资源、执行该项物流服务资源的消耗和占用状况、资产的折旧和运作成本等。

4. 外语知识

随着物流活动区域的国际化，英语也被广泛应用在物流活动的各个领域中，从商务谈判、合同签订到日常沟通、单据书写等各个环节都需要用到英语。

物流企业如果要加入以跨国公司为主导的供应链或以大型物流企业为主导的战略联盟，或者要实施国际化发展战略，就应该适应全程物流活动对信息传递的要求，提高物流经理的英语水平，使其不但能够熟练使用英语与客户进行口头和书面沟通，还要具有草拟和设计英文合同的能力。

5. 安全管理知识

一般情况下，物流企业既不是买方，也不是卖方，而是买方或者卖方委托的物流服务提供者，接受买方或者卖方的委托，按照委托方的要求执行物流作业。在作业过程中，物流企业如果管理不善，安全隐患无时不在。由于物流企业处于供应链的中间环节，事故的影响将蔓延到企业的上下游各个环节中，引起交货延迟、船期航班延误、人员加班、生产线停产等一连串的问题。一个看似很小的事故，最终造成的损失将无法估量。因此，物流经理一定要熟练掌握安全管理知识，以防范安全隐患，降低企业成本。

6. 法律知识及其他

物流经理必须具备一定的法律知识，了解国家有关涉及物流行业的法律法规，并在签订合同的时候灵活准确地运用这些知识，如经济法、海关法、合同法、公司法以及国际法等。其他如保险、环保等知识，物流经理也应有所了解和掌握。

1.5 物流经理的能力要求

物流行业作为一种复合型服务业，在我国市场经济不断发展的形势下得到蓬勃发展，这对物流经理的素质能力提出了更高要求，具体如图1-18所示。

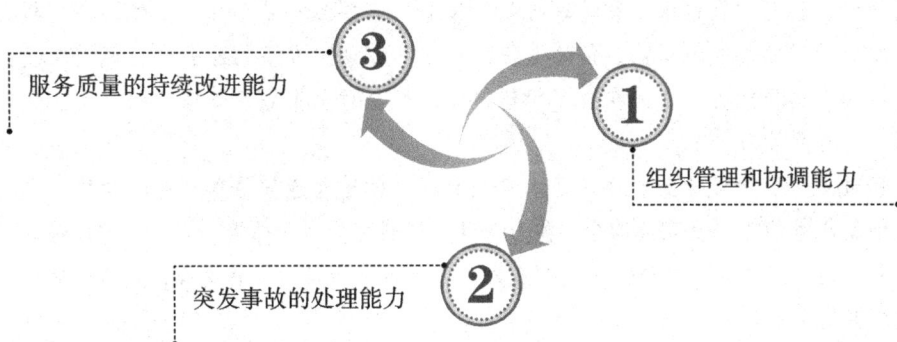

图1-18 物流经理应具备的能力

1. 组织管理和协调能力

物流的灵魂在于系统化的方案设计、资源整合和组织管理。物流经理应具备较强的组织管理能力，在整合客户资源的前提下有效地贯彻企业的经营理念，充分利用设备、技术和人力等企业内部资源来满足客户的需求。同时，在整个物流服务过程中，物流经理需要时时与客户沟通协商、与上下游环节协调合作。因此，物流经理也应具有相当强的沟通、协调能力和技巧。

2. 突发事故的处理能力

在市场瞬息万变的情况下，市场对物流服务的需求呈现出一定的波动性。物流企业作为供需双方的服务提供者，对信息的采集又有相对的滞后性，同时物流作业环节多、程序杂，异常事故时有发生。因此，物流经理要具备较强的突发事故处理能力，牢固树立随时应急作业的意识。

3. 服务质量的持续改进能力

企业是否有生命力，主要取决于其创新能力。物流经理是否能够确保业务能力不断提高、服务水平持续稳定，主要体现在其持续改进作业质量和效率能力的高低。随着市场对物流服务水平的期望不断增高，物流经理能够不断发现潜在问题，及时采取措施，优化作业流程，提高作业效率和服务水平，也变得至关重要。

> 拓展阅读

如何成为合格的物流职业经理人

现代物流职业经理人作为正在崛起的白领阶层，前程灿烂且收入不菲。这一行业的人才所必备的领导素质、业务能力、从业资历，赋予了这一职业沉甸甸的价值底蕴。一个合格的物流职业经理人，除了应具有扎实的管理学基础、经济学和信息技术基础知识，较高的英语水平和计算机基础技能，掌握工科基础知识以外，还应熟悉法规，掌握现代物流管理理论、信息系统的手段和方法，具备物流管理、规划、设计等较强的实务运作能力，成为在物流管理领域从事全过程策划、管理和物流信息化工作的高级复合型管理人才。

除此以外，物流职业经理人还必须具有健全的思想道德修养、身心素质；具有丰富的创新思维能力以及相应的自学能力与独立的研究能力；热情、自信、有较强的意志力、有个性、有主见，有较强的自控能力，不为时势所动。只有这样，才能适应现代化高速发展的要求。

现在和今后所需要的物流人才，应当具备建立信息系统的能力、调整能力、发现问题的能力和改善方案的能力、对环境变化的适应能力、现代物流精神和建议能力等。就是说，要成为能够敏感地反映市场和物流环境的变化，具有现代物流精神的基本素质、具有发现问题的能力和改善方案能力的人才，成为能够将实际情况与物流知识相结合，进行有说服力的物流改革提案活动，并能够发挥组织之间的调整能力的人才。

物流人才还应掌握物流和现代物流的知识、技术、技能，特别是对现代物流有深入的研究，具备广泛的知识和实际工作经验。由于现代物流的对象范围比较广，还要掌握销售、生产、开发等知识和经验，与销售部门和生产部门的人员进行同样的培训等。那么，什么是现代物流职业经理人应有的素质修养呢？参考西方现代物流管理理论和东方传统文化与价值观念，大致包括以下内容。

1. 大公无私、以德为先

作为企业的管理者，"德"是主要的。

首先必须有高度的政治思想觉悟、高尚的情操、坚定的信念、健全的人格以及

（续）

全心全意为人民服务的精神，必须热爱我们的国家和民族。作为物流人才，还必须具有新的观念、整体意识、开拓精神，不仅要学会生存、学会合作，还必须具有合作意识、竞争意识与负责精神；要将个人主义抛开，全身心地投入工作；要尽忠职守、勤恳务实，具有足够的人格魅力，在职员中树立威信，促进企业文化的形成，加强企业的凝聚力。也就是说，在日常工作中要严格要求自己，为员工作出好的表率，对于员工的错误应予以批评，要奖惩分明、大公无私。对企业来讲，只有管理人员抛开私欲、公正严明，才能使企业上下一心、同心同德，使企业更加具有凝聚力。人是一种有感情的动物，作为高级经理人员，只有采取人性化的管理方式，才能带领下属协同作战，共度难关。

物流职业经理人责任重大，如有失职可能导致整个企业运作的失败，因此物流职业经理人的价值一方面取决于其专业才能，另一方面取决于其责任心、敬业精神和对职业道德或准则的遵循。

作为独立的个人，物流职业经理人有自己的道德准则；作为家庭成员，物流职业经理人有自己的家庭责任；作为社会的一分子，物流职业经理人还要遵循社会道德准则。这些准则可能与企业所有者的要求不一致。不同的角色对职业经理人的行为要求也是不一样的，因此可能产生内在的冲突。这种冲突在中国目前的商业环境中普遍存在。解决这一冲突的关键，是物流职业经理人对于自己的职业责任要有更深刻的认识，倡导和遵循基本的职业准则，同时也要有营造和谐气氛、创造蓬勃向上的企业文化的能力。企业是一个组织，是由许多员工组成的团队。任何一个企业都有运作规则和规章制度，这是共性的东西。共性的东西是企业成功的基础要素，而不是决定因素。仔细研究那些成功的企业，往往是个性的东西起决定作用，这个个性化因素就是企业文化、团队精神。个性化的或者说企业独有的企业文化和团队精神的形成，又与职业经理人的个人风格有关。

2. 学会学习、精通业务

未来的社会是科技的社会、知识的社会、终身学习的社会。作为一个跨世纪的人才，不仅要肯于学习，还必须善于学习，具有学习能力，能及时地、高质量地吸取并掌握人类文明的一切优秀成果。

现代物流管理人才的知识结构必须是理论知识与应用知识的结合，要具备管理学和物流技术与管理方面的知识，掌握现代物流科学理论、方法和手段以及物流管理专业技能，而且熟悉并掌握物流商品成分、性能、检验、养护、包装、运输、配送等基本知识与本领，了解企业的业务流程系统规则、供应链管理、配送中心运作、商品的质量检查，明晰学科前沿和发展方向，掌握相关的物理学、工学技术知识，并能从事物流商品的流通的策划、物流企业技术的管理、经营和国际物流的教学、科研、培训、采购管理、仓储管理、运输管理、物流配送管理、商品入库验收与检验、食品的贮藏和保鲜、物流机械应用等工作，能熟练掌握外语和物流专业术语，具有较强的计

（续）

算能力。值得注意的是，每一个行业本身是有很多部门和环节的，对物流人才的要求也是不同的。据在企业物流方面有长期的咨询经验的人士介绍，由于各种原因，并不是所有类型的物流人才都能发挥他们的才智和作用，因而要加强人才的实操能力，使其找到真正适合自己的工作部门和行业，这样才能人尽其才、才尽其用。

3. 贵在诚信、敢于决策

诚实守信是现代物流职业经理人必须具备的基本素质。面对有物流需求的投资者，保障投资者的利益就是维护自己的利益，这种信任与对信任的回报的关系就是现代商业中劳资关系的结合点。可以说，如果一个人、一个企业乃至整个社会缺少了这样的诚信关系就必定失败。

现代的物流管理人才，应尊重他人、先人后己；自觉遵守社会秩序与公德，具有求实的联系群众的踏实作风及敬业精神。在工作中不能有浮夸和吹捧、盲目的崇拜、急于求成、急功近利，如果个人私欲膨胀，欲壑难填，就会造成整个管理层的分崩离析。因而每一个物流职业经理人既要胸怀大志，更要实事求是，脚踏实地。

现代物流职业经理人还应具有成熟的职业心态，能较好地把工作热情和务实作风结合起来。物流职业经理人常常被知名物流企业或大型生产制造企业、流通企业所聘用，这些公司经常要面对复杂的市场环境和纷繁复杂的问题，因此，物流职业经理人只有具备出色的决策能力，才能作出正确的决策，领导企业走向成功。导致企业毁灭性的失误，不是某一项经营上的失误或管理上的不足，而是决策上的失误。决策能力要通过综合素质的提高来培养，决策不是简单的事，要能做到倾听大多数人的意见，特别是来自反面的意见，这是防止决策失误的最有效方法。

4. 竞争合作、善于用人

无论是国与国之间，还是人与人之间，必然是合作关系、伙伴关系日益加强。为此，21世纪的物流管理人才，必须具有合作能力，在合作中取得成功。在未来的社会中，不具备较强的合作能力，没有良好的人际关系，个人的发展将会受到损害。在未来的社会，固然需要合作，但同时也充满着竞争，包括经济的、军事的、文化的等方方面面。

因此，在合作中的人才要具有较强的竞争能力，否则就不是真正意义上的合作。合作能力本身也包含竞争的能力。

"无为无，则无不治"对于管理下属是最好的方式，即充分利用下属的特长和优势，委以重任，激励创造，调动下属的积极性和主动性，营造一个公平的、和谐的工作和竞争环境，这样才能人尽其才，才尽其用；要广开渠道招引人才，不拘一格使用人才；要想方设法培养人才、激励人才、留住人才。

无论物流职业经理人多么出色，都不是全才，都需要有一批杰出的人才在其周围担任高级经营和管理职位。这些人才是否具有与其配合做好工作的能力，则取决于物流职业经理人的识别和选才能力。如果人才选拔出来而不能知人善任、人尽其才，让

（续）

其在合适的位置上能力最大化，既是浪费人才，又会造成工作上的失误。能够识别、选拔、任用人才而不会评价和激励，也会造成人才流失，或降低其工作的积极性。人是有感情的，情绪高涨，有利于超水平发挥创造力；情绪低落，易造成工作的失误，而人的情绪调动是通过科学准确地评价和适度激励实现的。知人善任，心胸开阔，亲和力强，能发现和挖掘人的潜质并加以培养和使用，是提高这方面能力的主要途径。

5. 败中求进、恪尽职守

21世纪竞争激烈，充满着困难与挫折、成功与失败。因此，现代物流职业经理人必须具有坚强的意志、拼搏的精神与较强的生存发展能力，以及良好稳固的心理素质、热情、自信；有个性，有主见，具有较强的自控力，不为时势所动。

物流职业经理人应要以良好的人格、良好的情绪、良好的人际关系、文明礼貌的行为以及现代的知识视野去面对一切的失败和困难。年轻的物流经理人，还没有经历过太多的社会历练，也没有承受过什么挫折，因此切忌在工作中心高气傲，要虚心地向有实操经验的专家和前辈学习，从失败中吸取教训，不断地丰富自己、提高自己；要善于总结生活中的经验和教训，善于学习，善于把握事件的真相，培养独立思考能力和独立运作能力。

物流职业经理人应承担自己的岗位责任，充分体现应有的敬业精神。物流职业经理人的责任并非可以精确地定义，其业绩表现受多种因素的影响，而且需要时间来评价，因此敬业精神就成了物流职业经理人的首要素质或行为准则。物流职业经理人必须为股东创造价值，这是物流职业经理人的基本职能。

1.6 物流管理的就业前景

我国的物流产业兴起于20世纪90年代，起步虽晚，但发展势头强劲。但同时，物流管理专业人才缺乏的问题也浮出水面。据最近的调查，目前国内物流管理专业人才的需求缺口达到600余万人，物流管理专业人才成为全国12种紧缺人才之一。有真才实学的物流管理专业毕业生的就业前景是普遍被看好的。

相关统计显示，目前物流从业人员当中拥有大学学历以上的仅占21%，许多物流部门的管理人员是"半路出家"，很少受过专业的培训。据相关人士透露，对此类人才有需求的某知名企业在国内招聘的应届大学生，目前的薪金是每月6 000元到8 000元，在一年之后还会有相当大的提升空间。

据了解，目前最为抢手的物流人才，是那些掌握现代经济贸易、运输与物流理论和技能，且具有扎实的英语能力的国际贸易运输及物流经营型人才，他们的年薪最高可达100万元。

小贴士

物流经理一般是由物流专员或货运主管发展而来，通过积累管理经验，可成为物流总监或供应链总监。

拓展阅读

现代物流的发展趋势

经济一体化和计算机与通信技术的不断发展，极大地促进了物流业的发展，使物流业迅速成为在全球具有巨大潜力和发展空间的新兴服务产业。

物流业的形成，是现代产业演化、升级的产物。作为一个将生产与销售连接起来的中间部门，它为企业更快地将商品和服务传送到消费者手中，为消费者更便利地获得商品和服务，起着不可替代的作用。它广泛吸收现代科学技术的最新发展成果，将专业化分工推进到更高的层次，引起了流通领域的一场革命。伴随着信息技术革命而产生的电子商务的兴起，物流业将获得进一步的发展空间。

现代物流已被我国政府、企业所重视，显现出迅猛的发展势头。政府从产业发展的高度将发展现代物流作为支持经济持续发展、改善投资环境、提高社会经济效益、降低社会成本、充分利用社会资源的重要策略；生产企业把物流作为企业的第三利润源泉和获取竞争优势的战略机会。传统物流（运输、仓储等）企业把发展现代物流作为重新打造企业、寻求新的利润增长点、实现再发展的战略目标。在我国，现代物流的发展趋势主要表现在以下几个方面。

1. 物流作业一体化

现代物流的精髓在于其系统整合的概念，即整合传统的作业领域，将生产、销售、包装、装卸、运输、存储、配送、物流信息处理等分散的、跨越各企业部门的活动综合、有机地结合在一起，作为一个系统来管理，使物流活动各作业环节有效地组合，形成以服务客户为主的综合能力，节约流通费用，提高流通的效率与效益。

2. 物流管理信息化

物流系统是一个大跨度系统，物流活动不但活动范围广阔、涉及部门众多，而且一直处于动态的变化过程。随着全球经济一体化，商品与生产要素在全球范围内以空前的速度自由流动，物流活动范围、流动速度也进入一个前所未有的发展阶段，物流业正向全球化、网络化和信息化方向发展，电子数据交换（EDI）技术与国际互联网的应用，使物流效率的提高更多地取决于信息管理技术；计算机和条形码技术的普及应用，则提供了更多的需求和库存信息，提高了信息管理的科学水平，使商品在各种需求层面上的流动更加容易和迅捷。信息化已成为物流活动的核心和物流创新的动力。

（续）

3. 物流管理自动化

在信息化的基础上，自动化的核心是机电一体化。自动化的外在表现是无人化，其效果是省力化。目前，在发达国家已普遍使用的物流自动化设施有很多，如条码/语音/射频自动识别系统、自动分拣系统、自动存取系统、自动导向车以及货物自动跟踪系统等。我国也正在研究开发和推广应用这些自动化设施。自动化设施的应用，可以扩大物流作业能力、提高劳动生产率、减少物流作业的差错。

4. 物流管理智能化

这是自动化、信息化的一种高层次应用。物流作业过程涉及大量的运筹和决策，如库存水平的确定，运输、配送和搬运路径的选择，自动导向车的运行轨迹和作业控制，自动分拣机的运行及物流配送中心经营管理的决策支持等问题，这些都需要借助大量的知识才能解决。随着专家系统、机器人等相关技术在国际上的推广普及，在物流自动化的进程中，智能化必将是现代物流的一种发展趋势。

5. 物流系统网络化

在信息化的基础上，现代物流的网络化有以下两种趋势。

（1）物流配送体系统的计算机通信网络化，其中包括配送中心与供应商、制造商之间联网及配送中心与下游顾客之间联网，订货过程将会使用网络通信方式，借助于增值网（VAN）上的EOS和EDI来自动实现。

（2）物流组织网络化，即在全球范围内把各种制造资源、需求资源、供应资源和人力资源组织起来，使之得到充分的利用。

6. 物流资源社会化

随着市场经济和社会化的发展，专业化分工越来越细，各专业之间的合作越来越密切。生产企业与零售行业所需的原材料、中间产品、最终产品大部分由不同的物流中心、批发中心与配送中心提供，以实现降低库存甚至零库存。现代物流社会化趋势是社会经济活动发展、物流规模经济效益、物流资源综合利用的必然结果。在大城市，现代化的综合性或专业性物流园区、物流中心、物流基地已成为普遍现象。

7. 物流体系综合化

现代物流离不开运输与仓储。仓储现代化则要求高度机械化、自动化、标准化、信息化，以组织高效的人、机、物系统；而运输现代化要求建立铁路、公路、水路、空运与管道的综合运输体系，这是物流现代化及物流生存发展的必要条件。

8. 三流一体化

按照一般的流通规律，商流、物流及信息流是三流分离的。商流可以使物质资料的使用价值得以实现，经过商流，物质资料就变更了所有权；物流解决的是物质资料从其生产地域向其消费地域的位移，无法变更物质资料的所有权；信息流解决的是流通主体之间的信息传递。

在现代社会，由于不同的材料、产品或商品的转移而形成不同的流通方式与营销

（续）

形态。为了适应这一变化，目前有许多发达国家的物流中心、配送中心已基本实现了商流、物流和信息流的统一。

　　此外，代理制的推行也使现代物流更趋科学合理，因为这种方式的流通体制更有助于实行"三流合一"。"三流合一"已成为现代物流的重要标志之一。

学习笔记

　　通过学习本章的内容，想必您已经掌握了不少学习心得，请仔细记录下来，以便继续巩固学习。如果您在学习中遇到了一些难点，也请如实写下来，方便今后重复学习，彻底解决这些难点。

我的学习心得

1. _____

2. _____

3. _____

4. _____

5. _____

我的学习难点

1. _____

2. _____

3. _____

4. _____

5. _____

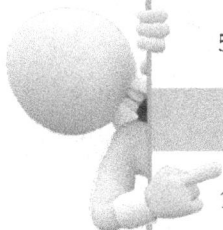

我的运用计划

1. _____

2. _____

3. _____

4. _____

5. _____

第2章
物流经理要会什么

物流经理是企业物流管理工作的指挥人员，负责物流各环节的大小事务，包括制订物流计划、安排物流工作等，从而使企业的生产和销售得以正常运行。这就需要物流经理在日常工作中具备一定的工作技能，以胜任本职工作。

学习指引

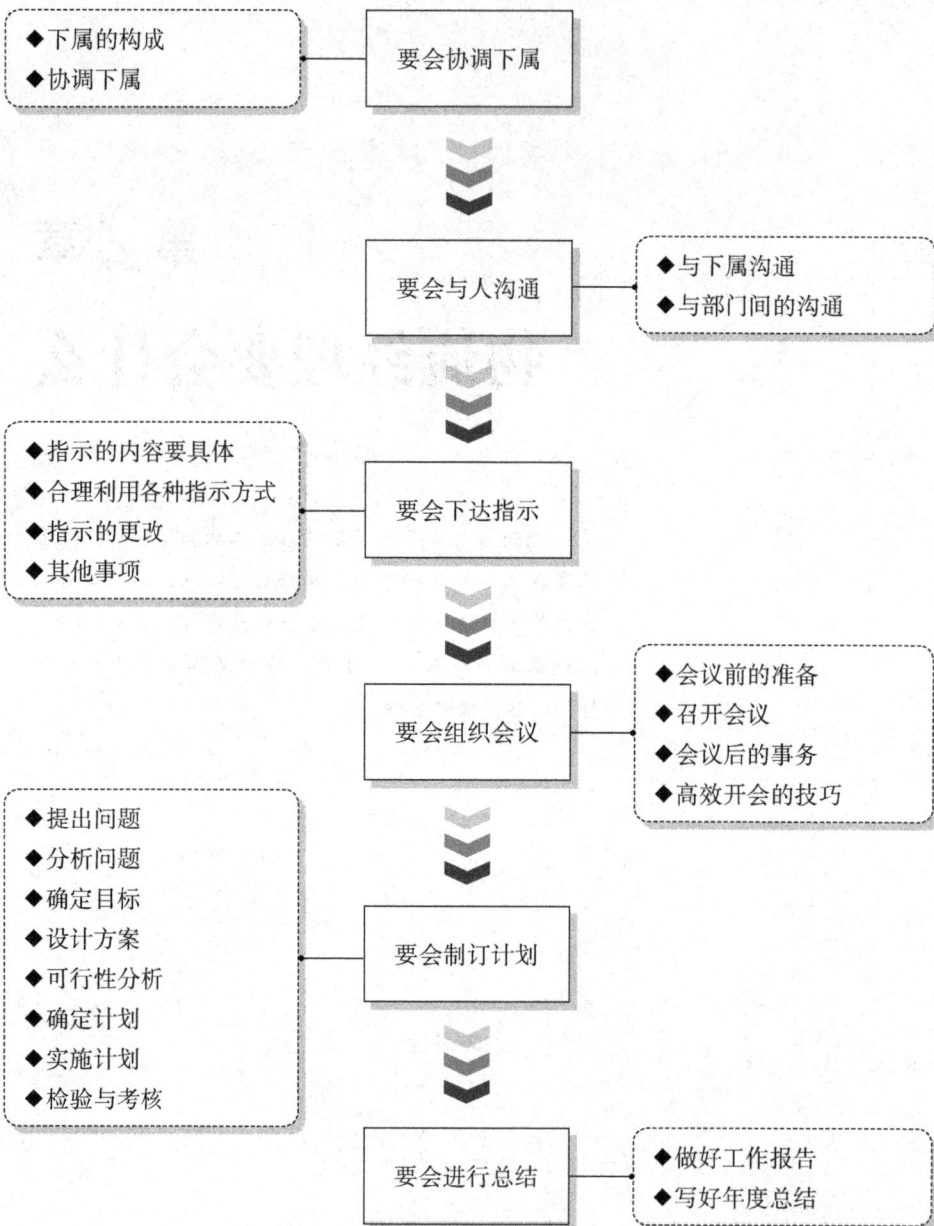

◆下属的构成
◆协调下属

要会协调下属

要会与人沟通

◆与下属沟通
◆与部门间的沟通

◆指示的内容要具体
◆合理利用各种指示方式
◆指示的更改
◆其他事项

要会下达指示

要会组织会议

◆会议前的准备
◆召开会议
◆会议后的事务
◆高效开会的技巧

◆提出问题
◆分析问题
◆确定目标
◆设计方案
◆可行性分析
◆确定计划
◆实施计划
◆检验与考核

要会制订计划

要会进行总结

◆做好工作报告
◆写好年度总结

2.1 要会协调下属

物流经理负责物流的全面管理工作，对于下属要做好协调工作，使其积极、努力地工作。

1. 下属的构成

一般来说，物流经理的下属人员主要包括物流员、调度员、运输人员、理货员、物流客服人员、信息管理人员、物流统计员等。

2. 协调下属

对于各类下属，物流经理应对他们进行有效的组织协调，具体应做到以下几点。

（1）有效地与下属进行沟通。通过各种语言或媒介传达信息，使下属能明白并具体地做好各项本职工作。

（2）对下属之间的矛盾要合理调解，并做好教育工作。在日常的物流工作中，有时会出现下属人员间发生冲突的情形，物流经理应从中协调，并找出问题所在，做好教育沟通工作。

（3）能使用各种措施提升下属的工作积极性。在一定的时期，物流人员由于职业特点可能会对工作产生厌倦和抵触情绪，不能有效地开展工作。对此，物流经理要善于利用各种激励手段，如设定具体的、有挑战性的、现实合理的目标，组织小活动，确定绩效考核浮动指标等，以提升员工的工作积极性，共同把物流工作做好。

拓展阅读

领导如何与下属协调关系

人在职场，都需要搞好职场上的人际关系，这就需要我们拥有良好的交际能力、过硬的心理素质。尤其是在面对上下级关系的时候，更需要良好的沟通技巧了，这对自己的事业有很大的帮助。下面一起来看看如何与下属协调。

1. 率先表明自己的看法

当有难题要解决时，下属都盯着上司，如果不及时阐明态度和做法的话（哪怕是错误的），下属会认为上司很无能。同样，要想和下属打成一片，就必须先放下"架子"，不要高高在上，而要有适宜的言行举止。

2. "揭人不揭短"

批人不揭"皮"。现场人多，即使下属做得不对，如果当着大家的面训斥下属，会深深挫伤其自尊心，认为你不再信任他，从而产生极大的抵触情绪。记住：夸奖要在人多的场合，批评要单独谈话，尤其是点名道姓的训斥，更要尽量避免。

（续）

3. 交流时间长不如短，次数少不如多

多与下属交流会显得亲热，且交流时间不要太长，长了之后言多必失。频繁短时间接触下属，他会更容易知道你在注意他、关心他。

4. 要想让人服，先得让人言

俗话说："要想人服，先让人言。"纵使说服的理由有一百条，也别忘了让员工先说完自己的看法，不要连听都不听，不听等于取消别人的发言权，是不信任的最直接表现。不管自己多么正确，都要让对方把话说清楚，然后再去要求员工换位思考解决问题，让他处在自己的位置上看如何解决。如果他设身处地去想，很可能两人会取得一致的意见。

5. 让员工帮助解决问题

现在的员工都有熟练的技巧，而且一般都会热心地把一己之长贡献给群体。事实上，他们对本身工作的认识比任何人都清楚。因此，要求员工帮助解决问题，不但可以有效地运用宝贵的资源，而且可以营造一起合作、共同参与的气氛。

6. 加强和下属的感情

用一些小技巧，例如亲手写一封感谢便条，请员工喝茶、吃饭，有小的进步立即表扬，或者进行家访，对员工的生活和家庭表现出一定的兴趣，经常走走，打打招呼，有时候送些神秘的小礼物。通过这些小技巧，能够加强和下属间的感情。

职场上的事情千变万化，如果能够很好地处理自己身边的人际关系的话，在有需要的时候也会得到他人的帮助。因此，学习职场上的沟通技巧还是很有必要的。

2.2 要会与人沟通

物流经理经常会与各级部门打交道，如何做好相互间的沟通就显得格外重要。

1. 与下属沟通

要成为一名优秀的物流经理，就一定要能与下属进行有效的沟通。

通常来说，与下属沟通的正确方式有七个，如图2-1所示。

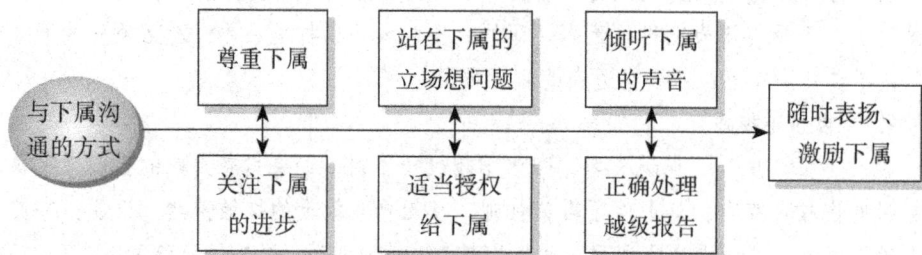

图2-1 与下属沟通的方式

（1）尊重下属

每个下属都有长处和短处，要相信下属的潜力，善于发现下属的长处，并用下属的长弥补自己的短处，特别是自己不具备的技能。

（2）站在下属的立场想问题

不同的职位的职责和要求各不一样。职场上有个"八、十六、二十四原则"，即作为员工，八小时想到工作就是一名非常优秀的员工，作为干部要十六小时想工作，作为老板则要二十四小时想工作。在管理下属时，物流经理越站在下属的立场想问题，与下属的沟通就越顺畅。

（3）倾听下属的声音

作为物流经理，应每月与下属沟通一次。在现代社会，企业吸引员工的最好方法就是在人情上下功夫，用心留住员工，多跟员工沟通。

（4）随时表扬、激励下属

作为物流经理，应每星期表扬每名下属一次。

物流经理应将下属分为三个类别并给予相应的分数标准，即A类下属，90分；B类下属，70分；C类下属，60分。A、B、C类都要表扬，而且最应该表扬的是C类下属，当其做到65分就开始表扬，表扬以后做到75分时再表扬，以此类推。

（5）关注下属的进步

在职场中，领导的心态一般有两种：一种是只管员工现在好好工作，不管员工的将来；另一种是真心想让员工在工作中学到本领。拥有这两种心态的领导，讲的话都是"各位努力工作，为了你们的将来"，但对员工的关心却完全不同。优秀的领导应当多关注下属的进步，多关心员工。

通常来说，关心员工可以达成"三赢"，如图2-2所示。

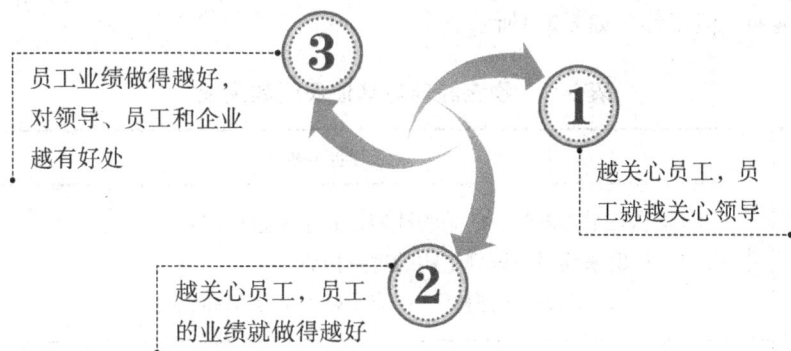

图2-2 关心员工可达成"三赢"

（6）适当授权给下属

授权也是一种沟通。物流经理可以采取图2-3所示的措施进行授权。

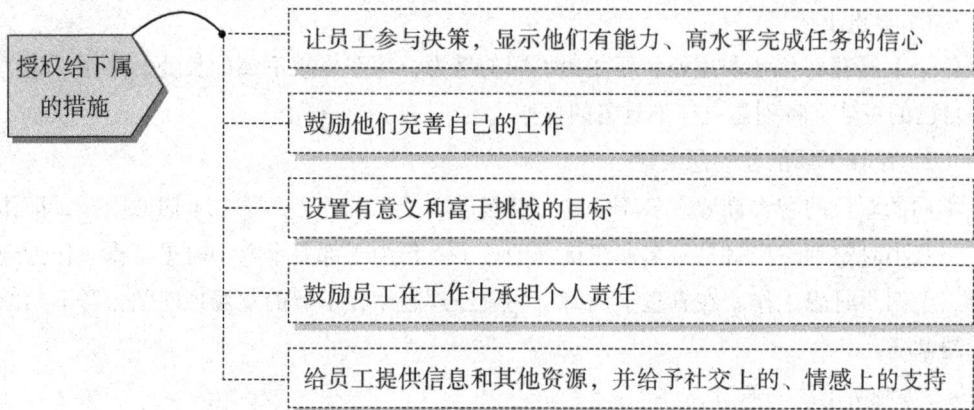

图2-3　授权给下属的措施

（7）正确处理越级报告

部门工作目标的达成80%取决于上级主管与下属的沟通方式正确与否。

在企业中，越级报告是时常出现的现象，也是非常考验管理者能力的事情。要正确处理越级报告现象，管理者需要做好以下两项工作：

第一，确定越级报告和越级指挥事项；

第二，在沟通中不能出卖上司和下属。

通常来说，管理者刚上任召开部门会议时，须告知部门员工三件事：举报可以越级报告；同一件事情与主管讲了三次，主管仍未理会，可以越级报告，除此以外的所有事情皆须向主管报告；如果上司越级指挥或者还有其他上司指挥你，应第一时间报告主管。

2. 与部门间的沟通

由于物流工作与采购、生产、财务、仓储等部门联系密切，因而，物流经理要做好各部门之间的沟通交流工作，如表2-1所示。

表2-1　物流经理与其他部门的沟通

协作部门	沟通事项
采购部	（1）执行采购部制订的采购计划，并做好过程控制 （2）协助采购主管做好采购的进货控制工作 （3）如果采购方自己提货，还应做好运输组织和调度事务
生产部	（1）为了确保原料供应的稳定性，物流部和生产部需要经常交换信息 （2）生产部应尽早通知物流部有关产品的生产计划与物料的需求计划，使物流部有充裕的时间去组织调度、运输 （3）物流经理要通知生产部其所需要的物料的购运时间，如果数量或时间有任何改变，都应迅速通知对方，以便及时做出适当的调整与配合

（续表）

协作部门	沟通事项
财务部	（1）物流业务也需要做好账目处理，将各种收支登记入账 （2）财务部还可为物流部提供各项有关的计算资料，例如实际支出金额与预算金额比较、物流成本计算、运输资金计算等
品质部	在物流的搬运、运输过程中，必须保证物料或产品的质量，避免因错误操作而影响交货质量
仓储部	（1）物流运输的各种物料、成品等必须与仓库配合完成 （2）物流部应在运输作业完成时，将时间与数量等资料通知仓储部，以便仓储部能事先准备所需空间；而仓储部也应定期将存量记录通知物流部，以保证物流运输及时 （3）对于验收、退货、呆料、缺料等问题，物流部门也应协助仓储人员进行处理

2.3 要会下达指示

物流经理给下属分配工作、下达指示时，应注意以下事项。

1. 指示的内容要具体

物流经理在下指示时，指示内容必须明确、具体，让下属人员接到指示就知道该如何去做，而且在做完后要有结果反馈。例如："××物料装车前，要全数检查内外箱、彩盒、胶袋是否用错，如用错，则整批退仓库处理。"

总之，一个具体的指示应满足5W1H的要求，如图2-4所示。

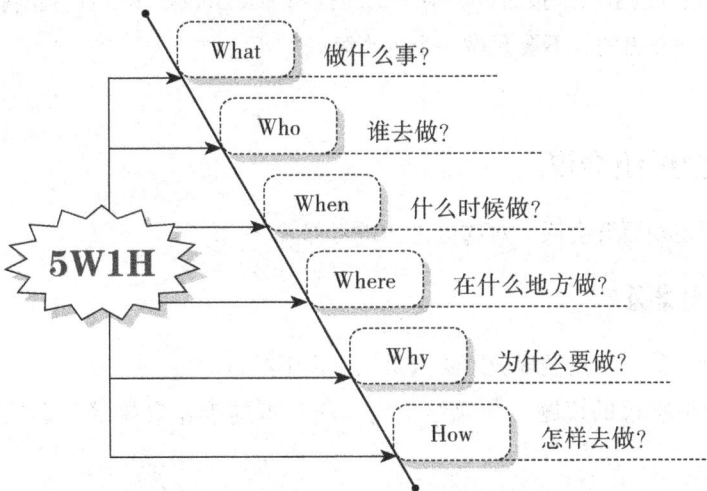

图2-4　指示的5W1H要求

只要5W1H要求明确了，作业人员就一定会按照指示的要求将事情做好。

2. 合理利用各种指示方式

下指示时可用口头谈话、电话、书面通知、托人传递、身体语言等传递媒介。具体实施时应注意以下事项，如图2-5所示。

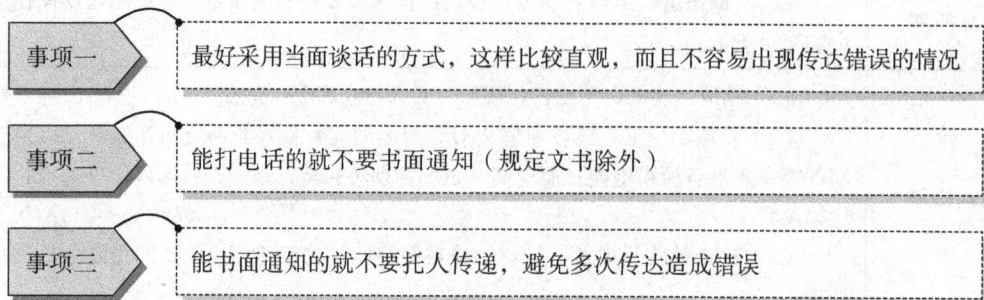

事项一 → 最好采用当面谈话的方式，这样比较直观，而且不容易出现传达错误的情况

事项二 → 能打电话的就不要书面通知（规定文书除外）

事项三 → 能书面通知的就不要托人传递，避免多次传达造成错误

图2-5 下指示时应注意的事项

3. 指示的更改

已发出的指示、命令，有时不得已要重新更正。例如一些对策方法，常常是发现一点更改一点，改来改去，搞得下属疲于奔命，此时物流经理应对指示的更改加以说明。如果不加以任何说明，极易触发下属的不满，甚至不予执行。

4. 其他事项

（1）发出指示、命令之前，可先向下属询问一些相关联的小问题，通过下属的回答，把握其对所谈话题的兴趣度、理解度之后，再把你的真实意图表达出来。

（2）除了绝对机密的情报之外，对下属应说明你发出该指示、命令的原因，而且是在自己认识、理解后发出的，不要只做一个传声筒。

2.4 要会组织会议

物流经理要定期召开会议，对物流工作进行部署。

1. 会议前的准备

在会议召开之前，物流经理应组织人员做好以下准备。

（1）确定好会议的议题，如总结上周工作、本周工作安排等，必须有一个明确的主题。

（2）确定参加者。

（3）做好必要的资料准备，如各种文件、音响设备、计算机、投影仪（需要进行幻灯片展示的会议）等。

（4）确定会议的时间、地点。

（5）会前几天做好会议通知，公布议题，让下属有所准备。

2. 召开会议

物流经理应在预定的时间内组织下属人员召开会议。召开会议的具体程序如图2-6所示。

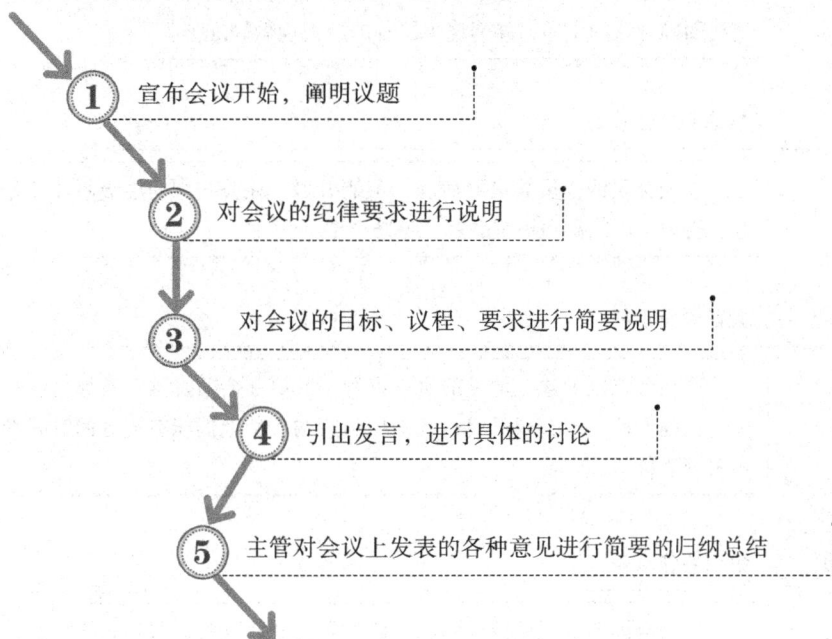

① 宣布会议开始，阐明议题

② 对会议的纪律要求进行说明

③ 对会议的目标、议程、要求进行简要说明

④ 引出发言，进行具体的讨论

⑤ 主管对会议上发表的各种意见进行简要的归纳总结

图2-6　召开会议的程序

3. 会议后的事务

（1）做好会议总结。主管对会议的讨论情况进行总结，明确各项任务的责任人、工作要点、完成时间等，起到总结和提醒的双重作用。

（2）制作会议纪要。各种会议纪要是很重要的部门资料，对于达成的会议目标、注意事项、工作部署等，都是物流部门进行定期考核的重要依据。

4. 高效开会的技巧

作为企业管理人员，物流经理都会碰上一大堆开不完的会议。如何开好会议？如何使会议开得有成效？如何让每个人都能各抒己见、各得其所？对于物流经理来说，应重点把握以下几点，如图2-7所示。

技巧一 **以积极的心态看待会议**

在参加会议以前，一定要以积极正面的心态面对，要明白开会是一种最直接表现自己能力的机会，你的业务能力、人际能力、应变能力、表达能力等都会在开会中表现出来

技巧二 **要有明确的会议目的**

开会通有了三个目的：沟通、管理和决策。不管哪一个目的，会前一定要明确会议的主题，并围绕主题有的放矢地做好准备

技巧三 **精选参加会议的人员**

参加会议的人员数量要适度，不能太多，在公司中的层级不能相差太远，否则不可能做到畅所欲言、各抒己见

技巧四 **会前要有议程**

要在会议之前建立清楚的会议议程，并要在会前发给各参加会议的人员，使他们能了解会议的目的、本质与架构，使他们能有充分的时间准备相关的资料

技巧五 **会前要作准备**

参加会议前要根据得到的会议议程做充分的准备，包括收集信息、准备资料。如要在会上发言，不但要准备发言内容，还要设想他人可能会提的问题并做准备

技巧六 **公开称赞、私下批评**

会中要做到就事论事，争论时不可恶意批评他人，对他人的意见如赞同不要忘了公开表示你的称赞，如不同意也要注意措辞，不能伤害他人的自尊，特别是有上级人员参加时更要注意，千万不能为了体现自己而贬低他人

技巧七 **开放心胸，容纳意见**

会中要采取民主模式，要开放自己的心胸去倾听他人的意见，不要被自己先有的立场所左右，不要将你的结论强加于他人。如果你要公布既定的政策、决定，要在事前说明不容讨论；需要与会人员讨论的一定不能是既定的决议

技巧八 ▶ 把握好会议的时间

要尊重他人的时间，开会一定要准时，并要针对每个议程制定大致的时间限制。一个议题不能讨论过久，如不能得出结论，可暂放一下，以免影响其他议题；如果一个议题一定要有结论的话，要事先通知与会人员，使他们有思想准备

技巧九 ▶ 认真做好会议记录

一定要制作准确、完整的会议记录；会议的各项决议一定要有具体执行人员及完成期限；如果此项决议的完成需要多方资源，一定要在决议记录中明确说明，以免会后互相推诿，影响决议的执行

技巧十 ▶ 会后追踪

要建立会后追踪程序，跟踪会议的每项决议的进行情况，如有意外应及时调整，确保各项决议都能完成

图2-7 高效开会的技巧

▶ 拓展阅读 ◀

如何召开有效的会议

会议是一个集思广益、群体沟通与协调的过程，它的主要目的是解决问题。但如果会议过程控制不佳或会议开得过于频繁，非但无益于解决问题，反而会使问题愈趋复杂。频繁而无效的会议往往是管理层以及公司高效运转的一大障碍。那么如何召开有效的会议呢？具体方法如下。

1. 确定会议目标

会议一般分为信息传达和研讨议事两类。不同的会议目标，决定了是否需要召开面对面的会议，以及会议规模的大小。

2. 确定参会人员

很多会议来了许多与话题关系不是非常密切的人，这很容易导致参会人员的低效率。从有效性的角度出发，需要每个参会的人都有贡献，对于与会议话题关系不大的人，没必要参会。

3. 确定会议的形式

随着科技的发达，除了面对面的会议，还可考虑电话会议、视频会议、网络会议等多种形式。组织者要考虑效果和费用、可用性等多个因素。

（续）

4. 确定会议的持续时间

不同时间长度的会议，决定了会议涵盖的话题数量和探讨深度。如有必要，可对会议时间进行拆分，每次会议只把某几个问题解决透彻，不必贪多。

5. 明确会议议程和会议目标

很多会议的问题就出现在目标不明确上，这也是导致与会者没有准备、没有贡献的原因。组织者要在会议前明确告知与会者讨论的议题，并请与会者提前准备发言内容。

6. 选择一个恰当的主持人

好的主持人或引导人是成功会议的关键。主持人既要调动会议气氛，还要把握话题的研讨方向，并尽量让所有参与者有发言的机会。

7. 确定恰当的会议研讨方式

不同的会议，其研讨方式也各不相同，如头脑风暴、团队列名、团队共创等，这需要与会者对研讨方式比较熟悉，并达成共识。

8. 对会议成果进行总结

要尽量避免议而不决的会议，每次会议都要有一定的成果。对于一些达成的共识，要及时记录下来，作为下一次会议的基础。会议成果要以会议纪要的形式保存，并分发给所有与会者。

9. 跟进会议决定的行动计划

有效的会议都会明确指明下一步的工作计划、措施、举措。会议的组织者要跟踪这些决定的落实情况，这样才能保证会议的效果。

召开有效的会议，是非常必要的管理手段，需要不断实践和揣摩。

2.5 要会制订计划

计划能力是物流经理的一种基本管理能力。它实质上是对物流管理系统经过思考、策划、判断与计算，从而拟订在未来的一段时间内所要达到的物流管理目标及所采用的程序和方法，以此作为执行依据的能力。对于如何制订好工作计划，可按以下步骤进行，如图2-8所示。

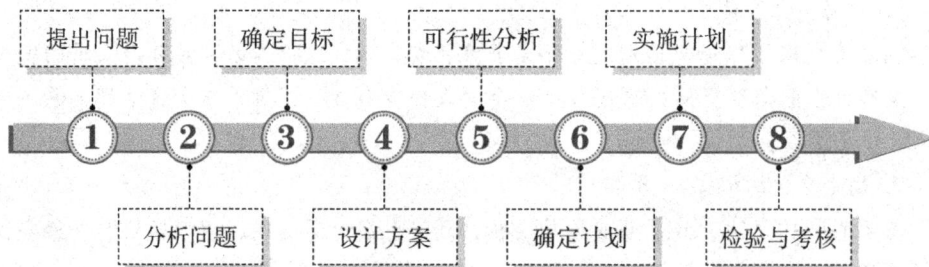

图2-8 制订工作计划的步骤

1. 提出问题

在制订物流工作计划时，物流经理首先要考虑目前的状况，并以问题的形式提出，例如：

（1）目前物流的运行现状如何；

（2）是否有一套完整的物流业务流程；

（3）物流工作需要进行哪些改善等。

2. 分析问题

在确定目标之前必须分析问题，即进行前提条件分析，具体如图2-9所示。

前提条件是物流管理计划实施过程中的预期环境，包括对未来的假设和预测　　前提条件分析的内容　　提出前提条件是对物流管理计划实施过程中的内外环境进行认识

图2-9　前提条件分析的内容

3. 确定目标

确定目标是计划工作的重要步骤，但物流管理目标通常并不是单一的，而是由总目标和许多子目标构成的整体目标。

4. 设计方案

达成目标的手段、途径或方法往往不止一种，可以设计多种物流管理方案。

5. 可行性分析

进行可行性分析时应注意以下两点。

（1）对各种物流管理改进方案进行考察与评价。

（2）分析实现所列方案的可能性，特别要对达成目标所需的各种资源进行分析，包括人员、资金、物资、组织、时间及空间等条件。

6. 确定计划

确定计划即选择最佳方案，它是建立在对各种方案的可行性分析及比较研究之上作出的选择。确定计划时，要特别注意所作出的抉择是否与价值观念、组织目标、策略方向一致，以及资源是否获得了最佳的配置利用等。

7. 实施计划

在计划的执行过程中应有相应的严格要求，必须责权分明，赏罚公平，通力协作。

8. 检验与考核

检验与考核实际上是对计划工作与实施结果进行考查，这时整个计划过程才算结束，其实际意义才体现出来。

下面提供一份某公司的物流经理年度工作计划范本，仅供参考。

范本

个人年度工作计划

为确保公司物流部的工作能顺利、正常地开展，为公司节约相对成本，让公司对我的工作进行考核，我将做好以下方面的计划，提高工作效率，更好地开展工作。

新的一年是一个充满机遇和挑战的一年。公司在2016年年初制定了2016年年度战略目标及战略目标实施方案，明确2016年销售额2.5亿的目标。物流部作为后勤部门，要为战斗在一线的销售部门做好后勤保障，让前线无后顾之忧。鉴于此，我依据2015年的工作情况和在2016年将需要改进的部分制定以下方案，以便使自己在新的一年里能配合销售部门达成公司下达的销售目标。

一、继续提高员工素质，强化员工的服务意识

人是万物之本，员工是企业生存的命脉，企业只有真正重视员工，关心员工，让员工感受到企业的温暖，员工才会以更好的激情来为企业付出。当然，我们企业更需要有"先企业后个人"的高素质员工，因此必须加强员工培训，提高员工的工作积极性，增强员工个人素质，使员工更有团队精神和奉献精神。

只要员工的个人素质真正提高了，能真正关心企业，那么我们部门的服务水平就能得到相应的提高，各项工作也能顺利进行，这样就进入了一个良性循环的过程。对此向公司提出两点建议：

一是不建议加班，当然前提是在高工作效率和计划任务完成的情况之下；

二是奖与惩相结合，不能光有惩而不奖，反之当然也不行，两者应相辅相成，缺一不可。

二、不断完善管理制度

由于物流部不是直接创造经济价值的部门，再加上物流部缺乏系统的规章制度，在管理工作方面存在漏洞，所以往往会使本部门员工误认为不被公司重视，进而对员工的工作积极性产生一定的影响。对此需不断完善部门管理制度，需实施《岗位责任制制度》《交接班制度》《车辆管理制度》《文件管理制度》《奖惩制度》等。

三、加快管理岗位的建设

我将结合本部门岗位的具体工作情况，逐步优化组织结构，做到"基层具体落

（续）

实、中层监督指导"，使各岗位人员明确其职责所在，以便在工作中各司其职，各尽其责，继而争先创优。

四、工作内容及安排

1. 对收发货流程进行梳理、改进，并督促物流部员工严格按标准执行，实行岗位责任制；预防可能发生的错误，及时发现，纠正不正确的工作方法。

2. 每日组织早会10分钟，计划当天的工作安排；总结上一天的工作完成进度、出现的问题与困难；部门岗位需要协助配合的安排；表扬有进步、工作较积极主动的个人，激发员工的工作热情。

3. 每日下班前检查各项工作的完成情况，包括已完成事项、未完成事项、待办事项、第二日需交接的事项或紧急待办事项；检查电源、门窗是否关闭，清洁是否到位等。

4. 每日开单员下班前检查当天单据的准确性、完整性，是否按时交财务；检查系统所有的单据有无异常情况，库存有无异常数据，发现问题立即解决。

5. 每周/月总结本周/月的工作情况，对工作中出现的问题、困难提出可执行的建议/方案，对工作中作出成绩、有重大进步、为公司提出建议、努力工作者给予表扬或奖励。

6. 各种物料在码放、搬运入库时应先内后外、先下后上；检查货架的货品是否按规定陈列，整个库房是否整齐、整洁，有无脏乱现象，货品名、标签及价格是否一致。

7. 严格按照仓库管理规程进行日常操作，仓库收发货人员对当日发生的业务必须及时登记，做到日清日结，确保物料进出及结存数据的正确无误；不定时复核实物和库存差异，当天发现有差异数据当日处理，找出原因并纠正错误。

8. 仓库必须根据实际情况和各类原材料的性质、用途、类型分门别类地建立相应的明细账，凡是无吊牌的货品一律找出并贴上标签（款号、尺码、价格），凡是浅色衣服原则上全部套外包装袋。

9. 做好各类物料和产品的日常核查工作，仓库收发货人员必须对各类库存物资定期进行检查盘点，并做到账、吊牌、物一致，如有变动要及时向主管领导及相关职能部门反映，以便及时调整。

10. 如在库存物资清查盘点中发现问题和差错，要及时查明原因，并进行相应处理。如属短缺及需报废处理的，必须按审批程序经领导审核批准后方可进行处理，否则一律不准自行调整；发现物料失少或质量上的问题（如受潮或损坏等），及时以书面的形式向有关部门汇报。

11. 合格品、逾期品、失效品、废料、返修品等要分类存放，分别做账，根据实际情况合理利用废料；各种物料不得抛掷。

12. 仓库通道出入口要保持畅通，仓库内要及时清理，保持整洁；所有单据必须

（续）

> 有责任人签字，并且字迹清楚。
>
> 13. 提前做好部门内员工请/休假的工作交接安排，并和其他部门一起做好衔接安排。
>
> 14. 了解员工的基本情况、需求、困难，帮助其解决问题，真正关心每位员工，让他们放心工作；鼓励员工学习，营造和谐、团结、共同进步的工作环境，使员工感觉到工作是一种快乐。
>
> **五、工作重点**
>
> 1. 对物流部的操作流程进行合理改进，重点对货物入库流程、出库流程进行改进，做到货物进出正确、准确、及时。
>
> 2. 对库房货物的管理，做到货物标识齐全、唯一、正确。
>
> 随着公司的不断发展，物流部的规模也将得以壮大。我将以公司利益为中心，以服务客户为宗旨，以降成增效为目标的开展工作，加强部门的管理建设，不断提高员工素质，强化员工的服务意识，使全体员工齐心协力、努力奋斗，争取获得更好的效益。

2.6　要会进行总结

作为物流经理，要及时向分管经理汇报工作，并在年末的公司大会上进行年度总结。

1. 做好工作报告

物流经理必须有正确报告工作的能力，透彻了解物流的各项工作。

（1）报告首先从结论开始

报告的对象最想知道的是结果或结论，因此以首先要说的是结论，然后再叙述经过或理由。

（2）报告的内容

报告的内容要以事实为基础，抓住要领、简明扼要。若前言过长、语言分散、不知所云，对方一定会感到烦躁，所以一定要条理清晰，尽可能只报告客观事实。在加入自己的意见或推测时，要先说明"我的意见是……"，然后再进行叙述，并灵活运用5W1H法（Why、What、Who、When、Where、How），以取得良好效果。

（3）口头报告的注意点

口头报告的注意要点如图2-10所示。

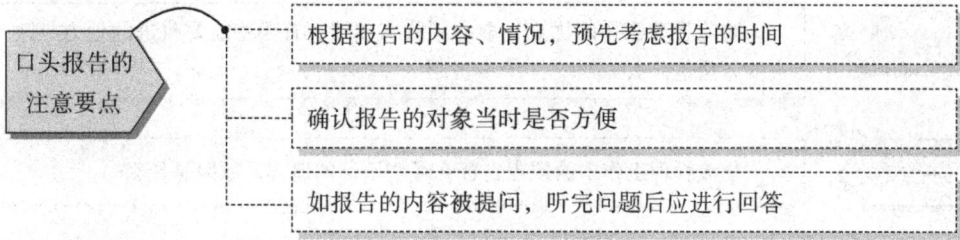

图2-10 口头报告的注意要点

（4）书面报告的注意要点

书面报告的注意要点如图2-11所示。

图2-11 书面报告的注意要点

2. 写好年度总结

物流经理在进行物流年度工作总结时，应注重总结以下要点。

（1）物流管理工作总结

物流管理工作总结的内容主要如图2-12所示。

内容一　　物流管理工作的优点，取得了哪些成绩，有哪些需要改进的地方，改进的方法是什么

内容二　　物流管理工作中的缺点，存在哪些不足的地方，原因是什么

内容三　　物流管理工作有哪些难点，以及存在的原因

内容四　　物流管理中是否存在一些盲点，具体是什么盲点

内容五　　物流人员为客户提供的服务是否及时、准确、有质量

图2-12　物流管理工作总结的内容

（2）物流流程职责分析

主要对物流人员的工作职责、工作流程进行分析，并提出调整、改进措施。

（3）物流工作内容总结

物流经理对物流各类人员的工作内容进行总结时，应包含的内容如图2-13所示。

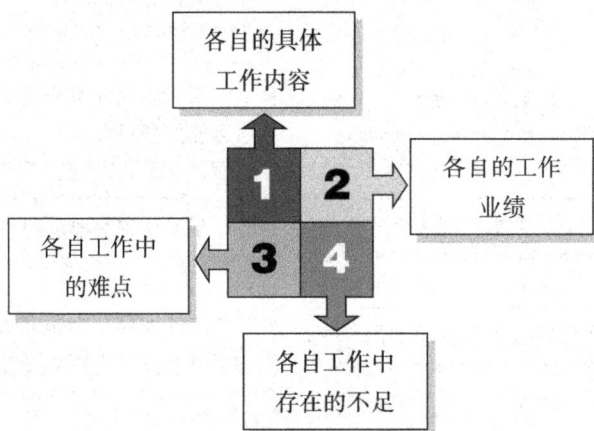

各自的具体工作内容

各自的工作业绩

各自工作中的难点

各自工作中存在的不足

图2-13　物流工作内容总结

（4）物流改善

物流经理应对物流工作中的各类问题进行细化分析，并提出具体的改善措施。

（5）下一年度的计划

物流经理应针对实际情况，依据年度总结，对下一年度的工作目标、计划以及措施进行整体的规划设计。

下面提供一份某公司物流经理年度总结的范本，仅供参考。

范本

物流部门年度工作总结

尊敬的各位领导：

大家好！

又一年即将过去，经过一年的物流管理工作，公司的物流工作已进入了稳步发展阶段，同时自己在物流管理方面的能力也得到了锻炼与提高。

一、物流费用

物流费用控制是一项重要的工作，要用合理的物流成本去实现高效、高质量、高附加值的物流业务是一件很难的事情。我公司的物流结构模型是"总部集中制"，因此要想控制物流费用，总部就必须有一套完善的物流规章制度，通过它来控制各分公司的物流指令下达、物流配送作业，从而控制物流费用。本年的物流费用相对往年来说比较合理，整体费用有所下降。具体表现在以下两点。

1. 配送费用：随着公司销售量的增长，物流费用的绝对值有所增长，但是物流费用与销售比整体有所下降。

2. 仓储费用：随着销售量的增加，仓库费用也在增加。随着生产规模的不断扩大，公司对原材料的需求也越来越高，进而对仓储的需求也越来越高，因此今年的仓储费用有所增加，但是与销售额的比值是下降的。

二、物流配送

1. 物流配送是销售物流中的关键环节之一，配送时间的及时性、货物的安全性是物流配送作业质量的直接表现。今年，我部门狠抓到货及时率的考核，严格按照物流流程的有关规定做到及时、准确、高质量地配送。在这种严格的要求下，我部门从上到下都动员起来，全力做好公司的物流配送工作，加强配送市场的管理，实施货物跟踪，并把跟踪信息及时反馈给物流经理；每月及时召开回顾会议，对上月出现的问题及时总结。本年我部门的配送准时到达率为99.37%，运输数据回传及时率为99.62%，回单完备率为99.74%，货物损失率为0。退货时间的及时率也比上一年有提高，大部分退货商品都能在一周内返回。

2. 在货物配送中也遇到了一些问题。

（1）客户单据的签收盖章问题。

（2）因配送严重超时导致弥补客户销售损失的问题。

三、仓库管理

1. 本年各仓库库存大量增加。因为公司生产规模扩大，发展速度很快，因而仓库平均库存大大增加。随着库存的增加，出入库数量也大量增加，如此大的业务量

（续）

势必给仓库管理带来很大的不便。

2. 本年仓库管理从两方面着手，即仓库日常维护管理和仓库数据信息管理。在仓库日常维护管理方面，要求保管员每日打扫库内卫生，调整仓库货物的堆码，使仓库货物整洁干净，提高了仓库面积的使用率。在有条件的情况下，对部分物品，如维修物料、小礼品、宣传单等使用货架管理。现在仓库已在使用货架管理，使用后反映比较好。同时，不定时到仓库进行检查，督促保管员加强日常的维护工作。在数据信息管理方面，要求仓库每日核对库存账，与我公司指令下单人员核对每日的指令，并每周进行实物盘点。为了加强对库存数据的管理，从10月份开始，每月做库存分析。

四、信息系统管理

信息起到连接物流各环节的桥梁作用，如运输信息、配送信息、库存信息、物流市场信息等。运输信息仅指干线运输。今年，我们经常与总部及××物流公司电话联系货源信息，并把信息反馈到分公司，让分公司掌握货物在途情况，提前安排货物的销售，这样更有利于销售业务。在配送信息方面，××物流公司每日跟踪货物的配送在途情况，及时把真实的信息反馈到经营部和物流部，这样就加强了配送在途的跟踪，更能掌握货物的配送情况，出现问题后能加快处理速度。在库存信息方面，保证库存的准确性是根本，因此要求××物流公司每日核对库存，使库存实物与电脑账、手工账一致，准时给分公司发送库存日报表。物流市场信息是了解物流市场动态的信息之一，因此应经常收集有关物流信息，如运输价格、货站经营状况、物流公司状况、物流方面的政策法规等。有了这些信息，更有利于我们调整物流策略，制订物流工作计划。

五、下一年的工作目标

新的一年，我部门的工作目标如下。

目标1：出入库准确率达到99.5%，控制积压库存，加快资金周转。

目标2：采购货物做到质优价廉，以满足客户需要，降低采购成本。

目标3：缩短进货周期，避免航空货运，控制物流成本。

目标4：不断学习物流采购的专业知识，加强产品培训，参加相关技术培训。

认真负责是每一个库管员的基本职责。合理控制库存数量，特殊货物采购到货后及时督促订货人员将货物出库，是仓管员责无旁贷的工作职责。仓管员应良好地控制库存水平，使库存既不发生匮乏，也不会发生停工待料以及无法交货的情况，避免因存货数量过多而导致资金积压、周转困难和增加利息，进而造成持有成本的负担。

采购成本关系到公司销售利润的增长点，采购质量的好坏直接关系到工程验收的进度、客户满意度。我部门的工作重点是明确采购的工作内容：一是适时、适

（续）

量保证供应；二是保证货物质量；三是费用最省；四是管理协调供应商、管理供应链。我们将会从供应商管理入手，合理评估供应商，产品质量、账期、准时到货、售后服务都是考评的要项，要不断推陈出新。

物流成本是大家不太注意的一个隐性成本，往往被忽略不计。其实物流成本占据了货物成本较重的份额，利润在此又损失了一部分。所以，我们要提前作出采购计划，合理规划采购项目。"请购单"的填写势在必行，请公司各部门给予配合，型号、规格、需要到货日期、有无特殊要求都需详细填写，避免到货后在库内存放时间过长，影响售后服务。

学习笔记

　　通过学习本章的内容，想必您已经掌握了不少学习心得，请仔细记录下来，以便继续巩固学习。如果您在学习中遇到了一些难点，也请如实写下来，方便今后重复学习，彻底解决这些难点。

我的学习心得

1. _____

2. _____

3. _____

4. _____

5. _____

我的学习难点

1. _____

2. _____

3. _____

4. _____

5. _____

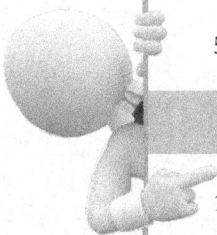

我的运用计划

1. _____

2. _____

3. _____

4. _____

5. _____

第3章

物流团队管理

物流工作需要物流部门全体员工携手才能完成。为了使所有员工能够出色地完成工作，物流经理必须做好物流团队的管理工作，例如员工的配备与招聘、培训与考核等。

学习指引

确定任职要求

◆制订具体的招聘计划
◆员工招聘的渠道
◆招聘面试管理

聘用优秀人才

做好员工培训

◆培训需求的分析
◆培训的方式
◆培训的内容

◆试用考核期内的表现
◆素质评价
◆个人自我评价
◆其他人员的看法

进行试用考核

◆物流部的绩效指标
◆物流部绩效考核标准
◆物流经理绩效指标
◆仓库统计员绩效考核
　指标
◆仓管员绩效考核指标
◆理货员绩效考核指标
◆装卸工绩效考核指标
◆叉车司机/拖车司机绩
　效考核指标

制定绩效指标

◆分析物流人员的绩效
◆绩效考核要点

实行绩效考核

3.1 确定任职要求

物流人员主要负责物流业务的全过程。一般而言，物流人员应具备的要求如图3-1所示。

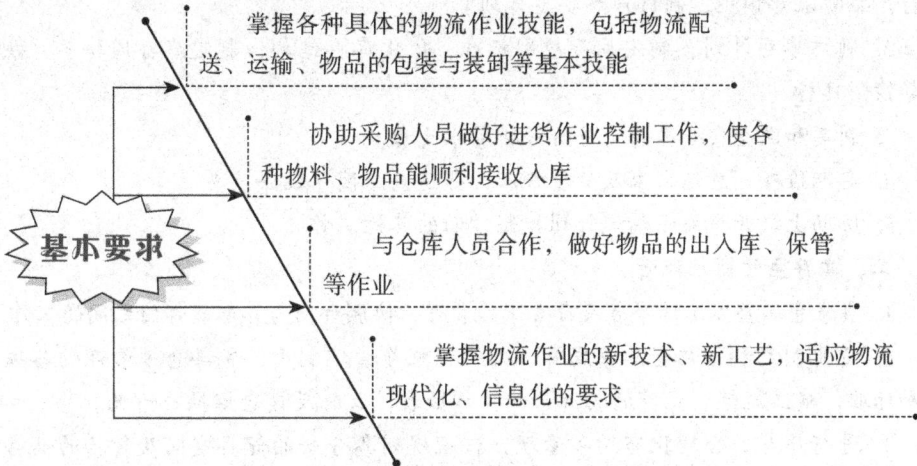

基本要求

掌握各种具体的物流作业技能，包括物流配送、运输、物品的包装与装卸等基本技能

协助采购人员做好进货作业控制工作，使各种物料、物品能顺利接收入库

与仓库人员合作，做好物品的出入库、保管等作业

掌握物流作业的新技术、新工艺，适应物流现代化、信息化的要求

图3-1　物流人员应具备的基本要求

除了要掌握基本的物流作业知识外，物流人员还必须具备良好的素质，具体如图3-2所示。

素质一　物流的运输、配送是物流作业的重点工作，物流人员必须能承受工作压力，能按照相关要求进行物流操作

素质二　具备较强的时间观念。由于物流作业强调及时、准确，因此物流人员必须准时收发货，以保证物流作业的有效性

素质三　在运输、配送的过程中常遇到各种突发情况，物流人员要能及时处理解决各种问题

素质四　物流人员应具备一定的学习能力，要加强物流业务知识的学习，并掌握各种物流技术

素质五　物流人员在作业过程中，经常与采购人员、仓库人员、品质人员、供应商等进行沟通交流，因此应具有一定的协调能力

图3-2　物流人员应具备的素质

下面提供一份××公司物流部各岗位职责的范本，仅供参考。

范本

物流部各岗位职责

一、计划主管岗位职责

1. 收集、分析、制订、审核产品需求计划，结合销售情况作出产品销售预测并进行产品需求量预测，制订产品要货计划。

2. 制订库存计划，制定库存控制标准，优化库存结构，制定库存周转率、缺货率等控制目标。

3. 制定和调整安全库存，每日分析需求走势。

4. 定期检查、总结需求及缺货状况，并追查原因，设法改善。

5. 协助上级开展关于物流计划控制方面的其他工作。

二、库存主管岗位职责

1. 负责仓库整体工作事务及日常工作管理，协调部门与各职能部门之间的工作。

2. 负责制定和修订仓库收发货、作业流程等管理制度，完善仓库管理的各项流程和标准；建立规范、完整的物流仓储操作报表，及时反馈仓储操作情况。

3. 进行库房的合理化布局和管理，合理规划各分仓的储存空间及货物的储存方式，调整仓位；负责制定各仓库储位的规划、标识、防火、防盗、防潮及物料的准确性管理标准。

4. 根据计划部门制订的工作计划，制订部门每月的工作计划，分析、总结部门工作状况及下一步的工作思路，带领并督促员工完成目标任务。

5. 负责分配仓库员工的工作及日常工作监督；充分调动和带领仓库工作人员完成日常工作，做到高效、准确、有序；负责对仓库的运营效率、成本、人员管理、流程改善等方面进行统计、分析、改进。

6. 负责对仓库进、出库等操作进行审核与监督，对各项工作制度的执行情况进行跟踪，签收货仓各级文件和单据。

7. 及时反映仓库的库存状况，确保库房账、卡、物数量一致，确保库存数据的正确性；通过数据统计分析，完成业务数据的整理和分析。

8. 审订和修改货仓的工作规定和工作绩效；检查和审核货仓各级员工的工作进度和工作绩效。

9. 监督各项管理制度的执行，制订质量改善计划。

10. 负责仓库的货物、人员安全及防护，进行安全评估，不断改善库存管理安全，确保仓储物资免受损失；负责仓库安全设施的维护，指导仓库人员的安全行为及仓库的安全，及时回顾并汇报仓库的安全及运行状况，采取预防措施。

11. 组织仓库的日常盘点，确保报表、账目、实物相符；定期组织实物盘存，做到账实相符、账卡相符，出具盘存及分析报告。

（续）

12. 建立安全库存机制，进行存量分析和控制，采取有效措施控制库存成本。

13. 能够按照成本会计的要求提供物料消耗情况并进行有效的控制。

14. 督促各分仓对各类报表准时上呈；负责加强报表填写的准确性和分析管理，根据分析结果提出改进建议并组织落实；对物料数据进行管理和统计。

15. 负责督促、评估和处理不良成品。

16. 对仓库人员进行工作指导、业务知识培训和考核，不断改善其工作效率和工作质量。

17. 负责落实执行品质安全政策的要求，确保ISO 9001得到有效实施。

18. 按时、按质地完成上级交办的工作任务。

19. 负责统计和上报库存管理易耗品的需求，及时与财务部门沟通，及时补充相关管理、作业工具。

20. 负责明确库存盘点缺损率、收货及时率、发货及时率、收发货准确率，并确保单据完整。

三、发货主管岗位职责

1. 严格执行配送计划，组织、指导有关定单货物送达工作。

2. 检查发货过程中货物丢失及损坏情况，并进行问题处理。

3. 全面负责从接收发货单到成品接收并发货的过程控制、货运信息及发货单证管理等工作。

4. 评价及选择货运方案、最佳货运路线、货运方式和最低成本，并针对运输工具及运输方法提出建议。

5. 负责管理发货员，组织、协调、检查发货员的日常业务，对发货员的整体工作负责，保证出货装运及其包装符合客户的要求。

6. 积极配合部门内其他岗位的工作，并与销售部积极合作，提高部门的运作水平和管理水平。

7. 全面负责第三方物流公司、快递公司和客户的沟通、谈判及关系维护。

8. 完成上级领导安排的其他临时性任务。

四、计划员岗位职责

1. 根据年度、季度以及月度销售计划编制仓储和配送计划。

2. 及时整理库存物资和编制配送计划，掌握计划的实施情况，并及时将计划的执行情况反馈给分管领导。

3. 跟踪各项计划的进程，及时提供差异报告。

4. 承接销售部下达的合同发货信息单，掌握产品需求及资源情况，安排配送计划。

5. 及时了解市场需求信息，协调与仓储系统的工作关系。

6. 完成领导交给的其他相关工作。

（续）

五、保管员岗位职责

1. 负责产品的入库接收和出库管理。

2. 负责入库物资检查验收，核对所有出入库产品的规格、数量与单据是否相符，凭提货单发货。

3. 负责出、入库物资数据的核对、整理及录入。

4. 物品到货后要及时入账，准确登记，账目要做到日清月结，分类清楚，账、卡、物相符。

5. 严格按照部门标准库进行仓库管理，要求各类物资摆放整齐，数目清晰，便于发放；库容整洁，无垃圾，无杂物，卫生规格化，并对各类物质的安全、防火和防盗负有直接责任。及时报告破损情况。

6. 配合仓库主管定期盘点仓库各类物资并编制各类上报表格，及时汇报库存不足的情况，每月向公司领导汇报物品消耗及库存情况。

7. 客户退货时要求客户装箱退货，按实际退回的货物正确填写型号、批号、数量，并提交开票员。

8. 协助完成仓库主管交付的其他工作事项。

六、发货员岗位职责

1. 负责发货前的产品齐套、配件齐套及非标装箱单的配套检查。

2. 将货物贴上发货单或快递单并交给承运人。

3. 负责管理各种运输关系。

4. 跟踪货物运输状况，确保货物按时到达。

5. 为货物购买保险。

七、统计员岗位职责

1. 按时收集有关统计资料，及时、准确呈报各种统计报表。

2. 及时提供、准确分析指标计划的完成情况，当好领导的参谋。

3. 负责物流成品仓每日与财务、仓库发货单据衔接及核对工作。

4. 按照上级规定，做好定期报表的布置、检查及综合统计分析工作。

5. 保管并汇编本单位历史统计资料和原始资料。

6. 完成领导临时交代的工作。

3.2 聘用优秀人才

对于物流经理来说，选拔任用符合条件的物流人员是做好人员管理的重要工作。因此，物流经理应对所需人员的聘用工作进行规划。

1. 制订具体的招聘计划

物流经理根据物流人员的任用要求制订相应的招聘计划。一般来说，招聘计划主要包括以下内容：

（1）人员需求清单，包括招聘的职务名称、人数、任职资格要求等内容；

（2）招聘信息发布的时间和渠道；

（3）招聘小组人选，包括小组人员姓名、职务、各自的职责；

（4）应聘者的考核方案，包括考核的场所、大体时间、题目设计者姓名等；

（5）招聘的截止日期；

（6）新员工的上岗时间；

（7）招聘费用预算，包括资料费、广告费、人才交流会费用等；

（8）招聘工作时间表，尽可能详细，以便他人配合；

（9）招聘广告样稿；

（10）其他说明，主要对薪资待遇进行说明。

2. 员工招聘的渠道

一般来说，物流人员的招聘渠道主要有以下几种。

（1）内部招聘

企业应建立内部招聘机制，物流部出现空缺职位和人才需求时，应首先考虑内部应聘者的需求，如内部应聘者无符合空缺职位要求的，可采取外部招聘。内部招聘的主要方式如图3-3所示。

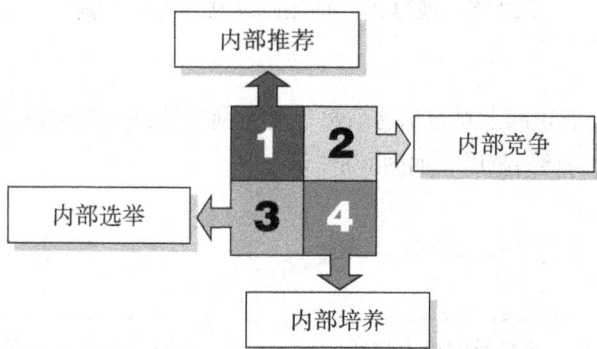

图3-3　内部招聘的方式

（2）校园招聘

校园招聘是许多企业采用的一种招聘渠道，即企业到学校张贴海报，进行宣讲会，吸引即将毕业的学生前来应聘。对于部分优秀的学生，可以由学校推荐；对于一些较为特殊的职位，也可通过学校委托培养后，企业直接录用。

校园招聘的流程如图3-4所示。

投递简历　综合面试　面谈　签订协议

① ② ③ ④ ⑤ ⑥ ⑦ ⑧

笔试　素质测评　体检　岗前培训

图3-4　校园招聘的流程

（3）人才市场招聘

通过人才市场招聘，企业可以快速获得应聘者的详细资料，与其面对面地进行沟通，节省时间和成本。在人才市场举行现场招聘会之前，企业应考虑以下问题，如图3-5所示。

1 该人才市场的求职者的整体学历水平如何，是否符合岗位的学历要求

2 该人才市场的求职者的整体素质水平如何，是否符合企业的岗位素质要求

3 该人才市场的市场定位偏向什么行业或什么职业，是否符合此次招聘岗位对职业和行业的要求

4 该人才市场的收费情况如何

图3-5　通过人才市场招聘应考虑的问题

（4）网络招聘

网络招聘是指企业在网上发布招聘信息，进行简历筛选、笔试及面试。企业通常可以通过以下两种方式进行网络招聘，如图3-6所示。

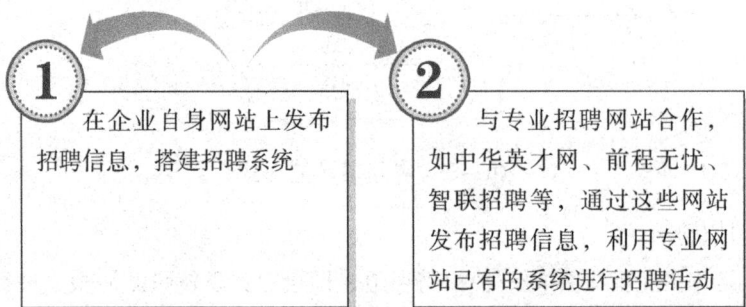

1 在企业自身网站上发布招聘信息，搭建招聘系统

2 与专业招聘网站合作，如中华英才网、前程无忧、智联招聘等，通过这些网站发布招聘信息，利用专业网站已有的系统进行招聘活动

图3-6　网络招聘的方式

小贴士

网络招聘没有地域限制，受众人数大，覆盖面广，而且时效较长，可以在较短时间内获取大量的应聘者信息，但是随之而来的是其中充斥着许多虚假信息和无用信息，因此网络招聘对简历筛选的要求比较高。

3. 招聘面试管理

面试是整个招聘工作中的核心部分，是供需双方通过正式的交谈，使物流经理能够客观地了解应聘者的语言表达能力、反应能力、个人修养、逻辑思维能力、业务知识水平、工作经验等综合情况，使应聘者能够更全面了解企业信息和自己在该企业的发展前景。那么，如何提高面试的效率，通过面试准确地判断适合企业的人才、吸引这些人才，是物流经理必须掌握的技能。

（1）初试

初试主要是对应聘员工进行初步评估，物流经理可以通过初试检验出该员工是否符合本企业的价值观等基本信息。这是选择合适员工的第一步，物流经理一定要高度重视。

（2）复试

如果物流经理和人力资源部认为该员工初步符合部门需求，可以安排复试，对该员工的实际工作水平进行详细的测试。

拓展阅读

物流人员的面试方式与技巧

物流经理在物流人员面试过程中，应注重技巧，充分了解应聘者的潜质和职业性格，择优录用优秀人才。

1. 现场面试

现场面试的技巧如下。

（1）观察应聘者的打扮、穿着是否职业化。

（2）观察应聘者的行为和神情变化，判断其是否紧张。

（3）要求应聘者在规定时间内（一般为1分钟）介绍自己。

（4）注意应聘者的语言表达是否流利，是否很好地表述了自己的观点，以及表达过程中是否有肢体语言和声调变化。

（5）观察应聘者的简历外观是否整洁、语法是否存在错误。

（6）注意应聘者简历上描述的工作经历、工作变动及频率，考虑应聘者每次变动

（续）

工作的原因是否合理，找出其工作变化动机中的疑问。

（7）要求应聘者谈谈之前的工作，遇到的最大的困难，当时的心情，以及困难是如何解决的。

（8）审视应聘者的教育背景与工作的相关性，这可以反映应聘者在选择职业和职业生涯发展方面的考虑。

（9）要求应聘者谈谈自己的优势和劣势。

（10）关注应聘者对薪酬的期望，若期望高于企业现有薪酬水平，应引起注意。

2. 电话面试

电话面试的技巧如下。

（1）留意应聘者接通电话的时间。

（2）留意应聘者接通电话后的第一句话是否很随意。

（3）注意谈话过程中应聘者是否打断过谈话。

（4）核实简历中描述的关键信息，例如专业、工作经历、跳槽原因、期望薪水等。

（5）电话询问应聘者之前的工作经历、爱好、业余时间的安排，以及未来几年的职业规划。

（6）电话询问应聘者之前遇到的最大工作困难是什么，当时的心情怎样，如何克服困难，结果怎样。

（7）评估应聘者在电话沟通中的整体表现。

3. 再次面试

经过多轮面试后，少数应聘者被允许再次面试。再次面试时需要注意的地方如下。

（1）物流经理与招聘主管重新检查简历、先前的面试记录。

（2）核对参考资料，准备书面的、具体的问题清单。

（3）根据已经准备好的问题清单，适时地提问。

（4）如果面谈结果说明应聘者不适合物流工作，请应聘者说服面试官自己能胜任该职务的理由。

（5）如果核对发现应聘者离职原因和时间与其本人叙述的不同，请他们给予解释。

（6）询问报酬、晋升、公司政策等敏感问题，观察他们的身体动作。

（7）诚恳回答应聘者有关职位和公司的问题，并告知其面试结果通知时间。

3.3　做好员工培训

物流岗位对物流人员的操作技能及业务素质有较高的要求。有效地开展培训，为物流人员提供良好的职业规划和晋升空间，是提高物流部绩效及物流人员作业效率的有效办法。

1. 培训需求的分析

培训需求的分析是制订培训计划的基础。物流人员的培训需求分析方法有以下三种，如图3-7所示。

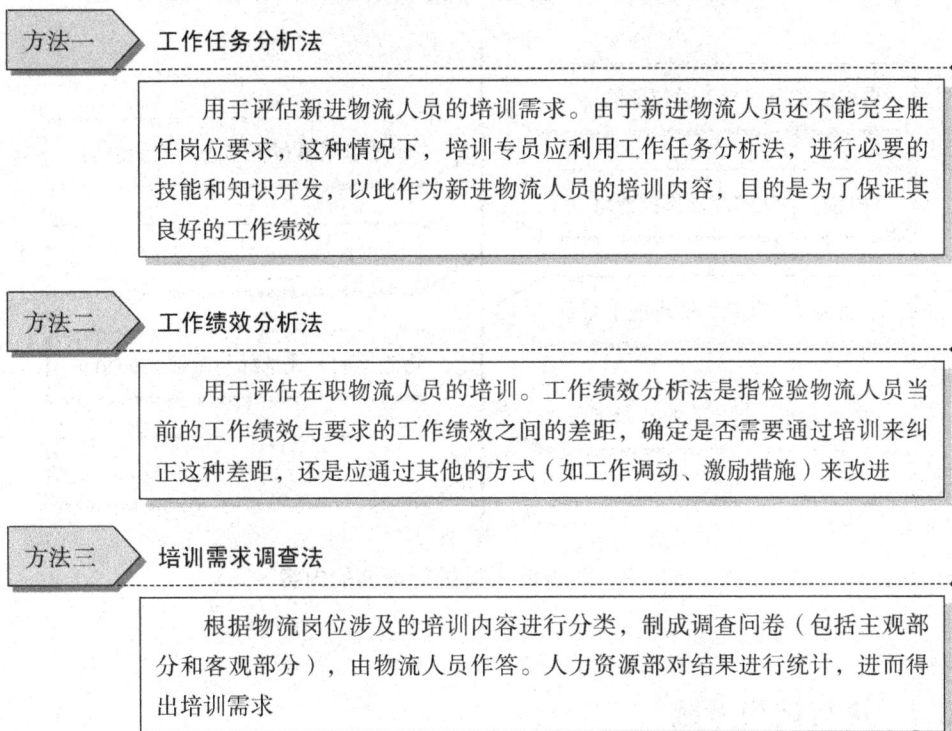

方法一 ▷ **工作任务分析法**

> 用于评估新进物流人员的培训需求。由于新进物流人员还不能完全胜任岗位要求，这种情况下，培训专员应利用工作任务分析法，进行必要的技能和知识开发，以此作为新进物流人员的培训内容，目的是为了保证其良好的工作绩效

方法二 ▷ **工作绩效分析法**

> 用于评估在职物流人员的培训。工作绩效分析法是指检验物流人员当前的工作绩效与要求的工作绩效之间的差距，确定是否需要通过培训来纠正这种差距，还是应通过其他的方式（如工作调动、激励措施）来改进

方法三 ▷ **培训需求调查法**

> 根据物流岗位涉及的培训内容进行分类，制成调查问卷（包括主观部分和客观部分），由物流人员作答。人力资源部对结果进行统计，进而得出培训需求

图3-7　培训需求的分析法

2. 培训的方式

培训的方式主要有以下两种，如图3-8所示。

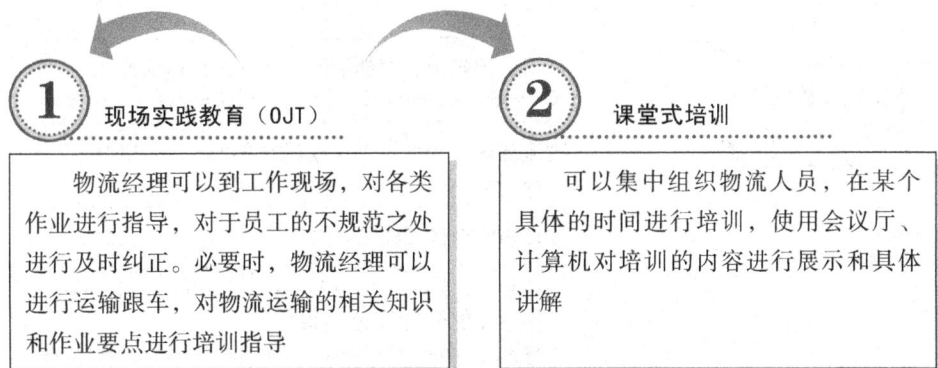

① 现场实践教育（OJT）

> 物流经理可以到工作现场，对各类作业进行指导，对于员工的不规范之处进行及时纠正。必要时，物流经理可以进行运输跟车，对物流运输的相关知识和作业要点进行培训指导

② 课堂式培训

> 可以集中组织物流人员，在某个具体的时间进行培训，使用会议厅、计算机对培训的内容进行展示和具体讲解

图3-8　培训的方式

3. 培训的内容

明确培训内容，可以有效开展物流人员的培训工作，为物流部员工提供良好的职业规划和晋升空间，提高物流人员的素质和技能水平，从而提高物流作业效率。

一般来说，对物流人员的培训主要包括以下内容，如图3-9所示。

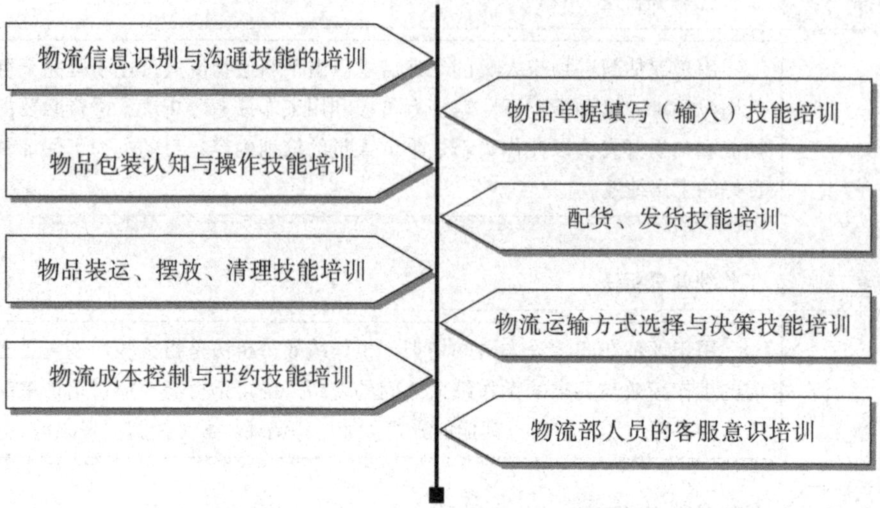

物流信息识别与沟通技能的培训

物品单据填写（输入）技能培训

物品包装认知与操作技能培训

配货、发货技能培训

物品装运、摆放、清理技能培训

物流运输方式选择与决策技能培训

物流成本控制与节约技能培训

物流部人员的客服意识培训

图3-9　对物流人员进行培训的内容

3.4　进行试用考核

物流新进人员的试用考核是物流经理实施培训的重点，物流经理必须做好新进人员的试用考核工作，以确定其是否能胜任物流工作要求。试用考核的内容如下。

1. 试用考核期内的表现

新员工试用考核期内的表现包括以下内容，如图3-10所示。

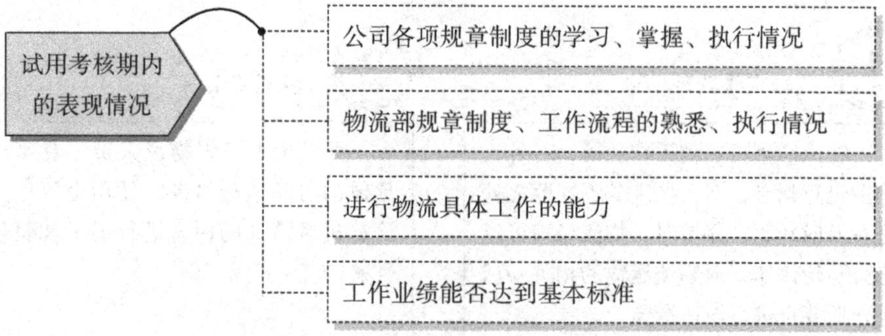

试用考核期内的表现情况

公司各项规章制度的学习、掌握、执行情况

物流部规章制度、工作流程的熟悉、执行情况

进行物流具体工作的能力

工作业绩能否达到基本标准

图3-10　试用考核期内的表现情况

2. 素质评价

素质评价主要包括以下内容。

（1）情绪智商（EQ）测定。

（2）职业定位及潜力测评。

（3）进入物流工作的时间（快慢）、工作积极性与适应程度。

（4）与其他同事工作的配合、协调情况。

3. 个人自我评价

员工对试用期的工作情况进行自我评价总结。

4. 其他人员的看法

（1）物流部其他同事的评价意见。

（2）物流经理的整体印象。

3.5 制定绩效指标

做好物流部薪酬与绩效管理的重点在于确定合理的绩效指标。一般来说，物流经理要制定明确的绩效指标，并以此作为评价考核的依据。

1. 物流部的绩效指标

物流部的绩效指标如表3-1所示。

表3-1 物流部门绩效指标

考核指标	权重（%）	数据提供	指标说明
物资抽检合格率	20	质量管理部	物资抽检合格率=抽样的合格次数÷抽样的总次数×100%。参考质量管理部出具的质量检验报告
物资盘点准确率	20	财务管理部	分类确定标准，一票否决制。依据财务报表及盘点结果
公司内物资吨货储运费用控制率	20	财务管理部/物流管理部	公司内物资吨货储运费用控制率=实际吨货储运成本÷计划吨货储运成本×100%。吨货储运成本指物资内部流转费用，主要包括人力和机械设备所耗费的费用，按品种确定费用控制率及考核标准
装卸计划完成率	15	业务部门/物流管理部	装卸计划完成率=实际完成的装卸量÷双方签字确认的计划装卸量×100%。计划装卸量根据业务部门下达的发货计划量来确定

（续表）

考核指标	权重（%）	数据提供	指标说明
运输计划完成率	15	物流管理部/业务部门	运输计划完成率＝实际完成的运输量÷双方签字确认的计划发运量×100%。计划发运量根据业务部门出具的发货计划来确定（不可抗力除外）
5S现场与安全管理	10	检查通报文件	根据检查办法确定
合计	100		

2. 物流部绩效考核标准

物流部绩效考核标准如表3-2所示。

表3-2　物流部绩效考核标准

考核指标	绩效评估标准					权重（%）
	优秀（100分）	良好（80分）	一般（60分）	可接受（40分）	差（0分）	
物资抽检合格率	物资抽检合格率高于90%	物资抽检合格率高于85%	物资抽检合格率高于80%	物资抽检合格率高于75%	物资抽检合格率低于75%	20
物资盘点准确率	物资盘点准确率高于95%	物资盘点准确率高于90%	物资盘点准确率高于85%	物资盘点准确率高于80%	物资盘点准确率低于80%	20
公司内物资吨货储运费用控制率	公司内物资吨货储运费用控制率达到或低于规定指标	公司内物资吨货储运费用控制率高于规定指标10%	公司内物资吨货储运费用控制率高于规定指标20%	公司内物资吨货储运费用控制率高于规定指标25%	公司内物资吨货储运费用控制率高于规定指标25%	20
装卸计划完成率	装卸计划完成率高于90%	装卸计划完成率高于85%	装卸计划完成率高于80%	装卸计划完成率高于75%	装卸计划完成率低于75%	15
运输计划完成率	运输计划完成率高于90%	运输计划完成率高于85%	运输计划完成率高于80%	运输计划完成率高于75%	运输计划完成率低于75%	15

（续表）

考核指标	绩效评估标准					权重（%）
	优秀（100分）	良好（80分）	一般（60分）	可接受（40分）	差（0分）	
5S现场管理	5S现场管理达标率高于90%	5S现场管理达标率高于85%	5S现场管理达标率高于80%	5S现场管理达标率高于75%	5S现场管理达标率低于75%	10
						100

3. 物流经理绩效指标

物流经理绩效指标如表3-3所示。

表3-3　物流经理绩效指标

考核指标	权重（%）	数据提供	指标说明
部门综合指标	40	本人/总经理	对部门6项考核指标的完成情况进行综合考核
5S现场与安全管理达标率	20	检查通报文件	根据检查办法确认
部门费用控制率	20	财务管理部	部门费用控制率＝实际发生管理费用÷计划管理费用×100%
下属员工管理成效	20	本人/员工/人力资源与公共事务部	对下属员工的指导、教育、考核、投诉以及沟通等状况进行测评（取三方测评结果平均值）
合计	100		

4. 仓库统计员绩效考核指标

仓库统计员绩效考核指标如表3-4所示。

表3-4　仓库统计员绩效考核指标

考核指标	权重（%）	数据提供	指标说明
统计差错次数	30	相关部门/物流管理部	由统计员的责任导致的财务账与实物账不符次数

（续表）

考核指标	权重 （%）	数据提供	指标说明
账实不符次数	30	财务管理部	实际存货数与账面数不符次数
工作完成情况	20	本人/主管	根据工作汇报按工作计划比较
统计报表延误次数	10	主管	根据公司各部门的反映情况确认，由办公自动化（OA）系统造成的问题除外
工作满意度	10	外部单位/ 公司各部门	外部、公司各部门员工对本人投诉次数
合计	100		

5. 仓管员绩效考核指标

仓管员绩效考核指标如表3-5所示。

表3-5　仓管员绩效考核指标

考核指标	权重 （%）	数据提供	指标说明
设备故障次数	30	班长	因设备保养不当、维护不及时导致的设备损害和故障，以及产品损失和出库不及时的次数
设备日常管理维护	30	班长	班长随机抽查保养维护记录、设备运行记录等
工作积极性	20	本人/员工/主管	确认其日常工作表现、出勤率、迟到早退等情况
安全管理达标率	20	5S事务局/公司安全办	根据检查办法确认
合计	100		

6. 理货员绩效考核指标

理货员绩效考核指标如表3-6所示。

表3-6 理货员绩效考核指标

考核指标	权重（%）	数据提供	指标说明
理货数据差错率	60	客户反馈/统计员	理货数据差错率＝差错次数÷理货总次数×100%
物资抽检合格率	10	质量管理部/物流管理部	物资抽检合格率＝所抽取样品中合格品的数量÷所抽取的样品总数×100%。参考质量管理部出具的质量检验报告
作业单据填写的差错次数	10	相应的统计员	作业单据填写的完整、准确性，具体根据内部准则确认
5S管理达标率	10	5S事务局/公司安全办	根据检查办法确认
工作积极性	10	本人/员工/主管	确认其日常工作表现、出勤率、迟到早退等情况
合计	100		

7. 装卸工绩效考核指标

装卸工绩效考核指标如表3-7所示。

表3-7 装卸工绩效考核指标

考核指标	权重（%）	数据提供	指标说明
装卸计划完成率	40	装卸队/物流管理部	装卸计划完成率＝实际完成的装卸量÷计划装卸量×100% 计划装卸量不包括业务临时追加计划，不能超过实际装卸能力，同时还要考虑客户投诉情况
装卸作业完好率	30	装卸队/物流管理部	装卸作业破损率＝装卸过程中人为原因造成的破包数量÷装卸作业总量×100% 装卸作业完好率＝1－装卸作业破损率
5S管理达标率	20	检查通报文件	根据检查办法确认
工作满意度	10	外部单位、公司各部门	公司各部门员工以及客户对装卸队的投诉次数
合计	100		

8. 叉车司机/拖车司机绩效考核指标

叉车司机/拖车司机绩效考核指标如表3-8所示。

表3-8　叉车司机/拖车司机绩效考核指标

考核指标	权重（％）	数据提供	指标说明
安全管理达标率	30	检查通报文件	根据检查办法确认
车辆保养和保洁	20	车队主管	随机抽查
单位工时作业量完成率	20	物流管理部	单位工时作业量完成率＝实际单位工时作业量÷计划单位工时作业量×100% 单位工时作业量（吨/工时）＝货物作业量÷作业人员总工时
工作满意度	20	外部单位、公司各部门	公司各部门员工对本人的投诉次数
劳动纪律	10	主管/班长	根据公司制定的各种规章制度确认
合计	100		

3.6　实行绩效考核

对于所有下属人员，物流经理应进行正确的评价、考核，使物流管理工作更合理、科学。

1. 分析物流人员的绩效

对物流人员进行绩效分析时，应遵循以下步骤，如图3-11所示。

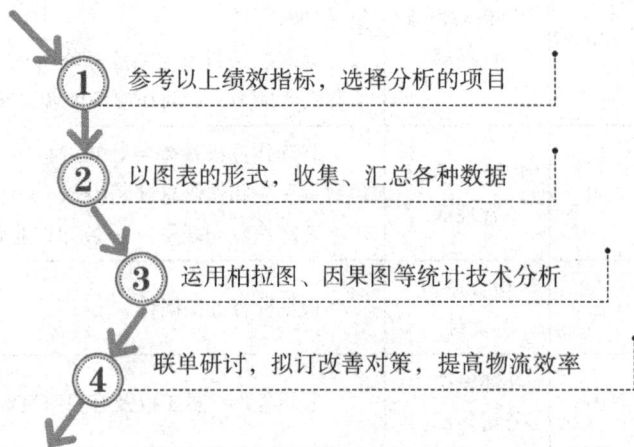

① 参考以上绩效指标，选择分析的项目

② 以图表的形式，收集、汇总各种数据

③ 运用柏拉图、因果图等统计技术分析

④ 联单研讨，拟订改善对策，提高物流效率

图3-11　物流人员绩效分析步骤

2. 绩效考核要点

绩效考核是物流经理发现并改善物流管理问题的重要手段，应认真落实执行，并建立相应的考核办法和制度。在具体实施绩效考核时，物流经理应注意以下事项，如图3-12所示。

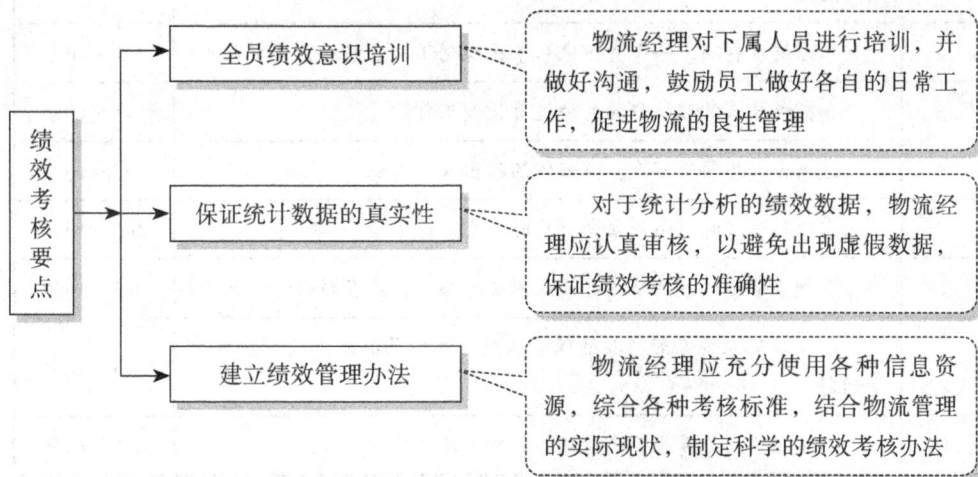

图3-12　绩效考核要点

下面提供一份某公司物流人员绩效考核管理办法的范本，仅供参考。

范本

物流人员绩效考核管理办法

一、目的

提高物流人员的业务素质，达到提升员工能力和提高物流效率的双重目的。

二、适用范围

适用于物流部所有人员。

三、考核细节

1. 奖励细则

如下表所示。

序号	考核细则内容说明	考核标准
1	认真遵守公司规章制度，不迟到、不早退	加1～10分
2	工作态度积极，经常帮助其他同事或新进员工，工作成绩优秀者	加2～10分

（续）

（续表）

序号	考核细则内容说明	考核标准
3	自发地向主管提出物流管理的改善建议，经实施确认能提高物流作业效率	加2～10分
4	工作质量精确，一个月下来从未出现错误，且能提前完成任务	加3～10分
5	积极配合采购部做好物料的进货控制工作	加1～10分
6	遵循出入库管理制度，做好物品的出入库作业	加5～10分
7	在物品运输时，做到安全、及时、有效地运输	加5～10分
8	在物流配送时，严格按作业流程进行操作，没有错误	加5～10分
9	配合仓库人员做好物品的保管工作，库内物品基本没有出现质量问题	加5～10分
10	能熟练使用计算机，会使用各种物流软件	加5～10分

2. 处罚细节

如下表所示。

序号	考核细则内容说明	考核标准
1	迟到、早退（包括会议迟到）	减1～5分
2	未按照要求请假（未提前提出者、无特殊情况电话请假者）	减1～10分
3	旷工（除行政处分外）	减20分
4	不服从管理者（除行政处分外）	减3～20分
5	工作态度消极、不积极者（对工作避重就轻者）	减2～10分
6	工作时间做与工作无关的事情（玩手机、看报纸、聊天、吃零食等）	减1～10分
7	对待错误不主动承认和改善者（除行政处分外）	减1～10分
8	在物流运输时，由于个人原因造成重大事故或损失	减2～20分
9	在进行生产物料的配送时，出现了错误配送	减5～10分
10	没有做好在库物料的保管工作，出现了质量问题，部分金属制品有锈蚀现象	减5～20分

（续）

（续表）

序号	考核细则内容说明	考核标准
11	不按照搬运要求组织搬运，出现搬运安全事故，造成物品质量损坏	减5～10分
12	其他（视实际情况论处）	

四、绩效工资计算细则

1. 员工绩效奖金金额标准如下所示。

（1）试用期一个月以内不计算绩效工资。

（2）试用期一个月满后三个月以内的绩效工资为150元。

（3）三个月以上半年以内的绩效工资为200元。

（4）半年以上的绩效工资为300元。

（5）绩效工资根据在职时间，由财务部门按照本办法自行调整（本部门不再特别申请）。

（6）试用期满但未满全勤者，根据实际缺勤比率扣除绩效工资，即假如员工满勤绩效工资为300元，但他在本月内请假5天，他本月的绩效工资则为300−（5÷22）×100%×300=232（元）。

2. 绩效工资结算方式（总分为100分）

（1）考核分数≥95分的按绩效工资全额结算。

（2）考核分数在90～95分的按绩效工资的90%结算。

（3）考核分数在85～89分的按绩效工资的80%结算。

（4）考核分数在80～84分的按绩效工资的70%结算。

（5）考核分数在75～79分的按绩效工资的50%结算。

（6）考核分数在75分以下的绩效工资为0。

（7）连续三个月绩效分数在75分以下者，将考虑辞退处理。

3. 考核补充

（1）对于因客户或上级指示等原因造成的客户抱怨，与仓库管理员无直接责任的不计算在内。

（2）每天考核，月底汇总。每月月底将考核的结果向本部门所有人员公开。

（3）违反本办法则根据考核标准进行扣分，扣完为止（因工作失职或故意等原因给公司带来重大损失者除扣除绩效分以外，行政处分依据公司厂纪厂规执行）。

学习笔记

通过学习本章的内容，想必您已经掌握了不少学习心得，请仔细记录下来，以便继续巩固学习。如果您在学习中遇到了一些难点，也请如实写下来，方便今后重复学习，彻底解决这些难点。

我的学习心得

1. _____
2. _____
3. _____
4. _____
5. _____

我的学习难点

1. _____
2. _____
3. _____
4. _____
5. _____

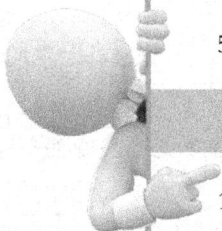

我的运用计划

1. _____
2. _____
3. _____
4. _____
5. _____

第4章

物流采购管理

　　物流采购是企业为保证生产节奏，不断组织各种
材料供应的物流活动。这种活动对企业正常生产起着
保障作用。因此，物流经理必须做好物流采购管理工
作，低成本、少消耗、高质量地组织采购物流活动，
实现企业保证供应的目标。

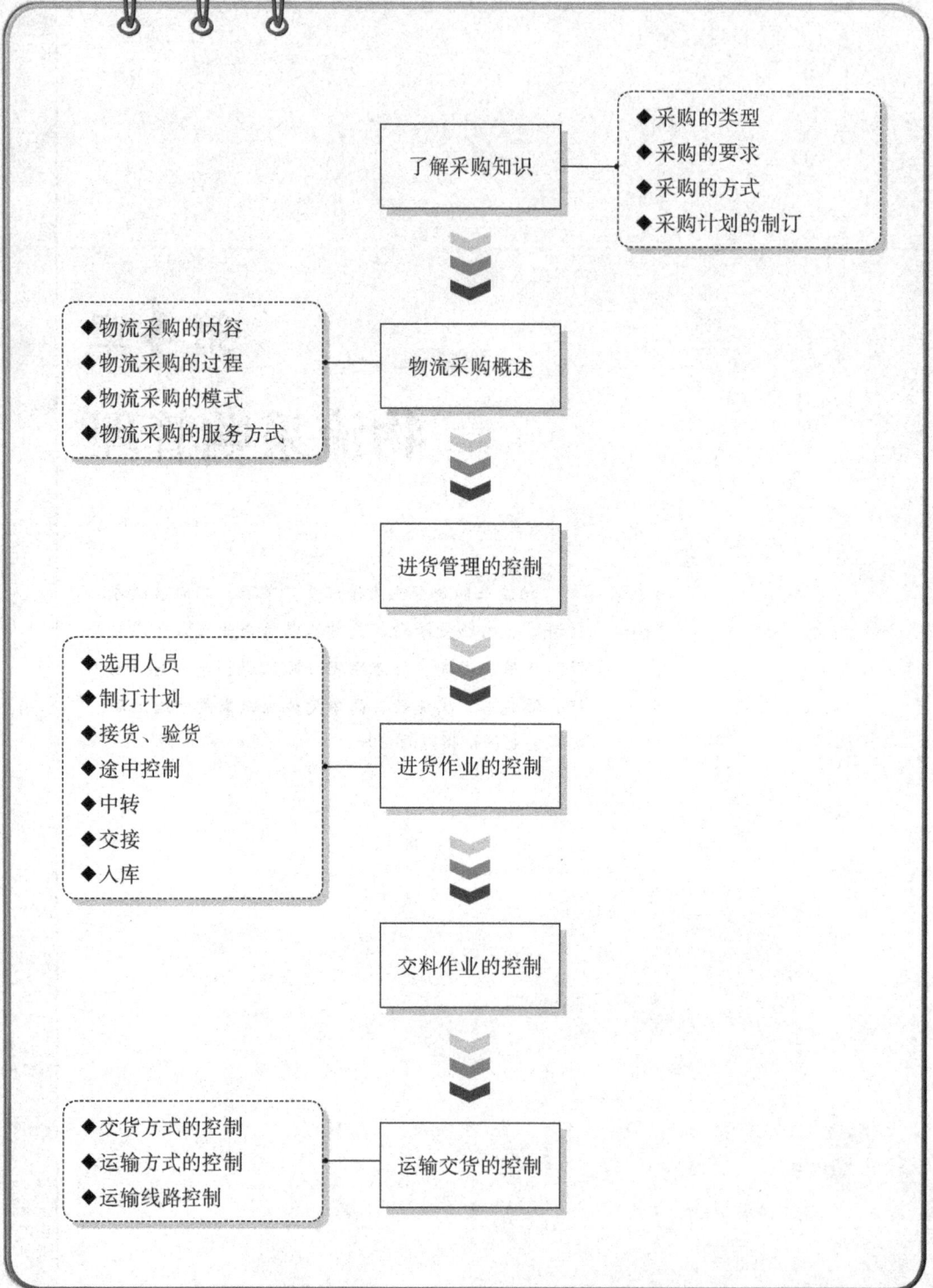

学习指引

了解采购知识

- ◆ 采购的类型
- ◆ 采购的要求
- ◆ 采购的方式
- ◆ 采购计划的制订

物流采购概述

- ◆ 物流采购的内容
- ◆ 物流采购的过程
- ◆ 物流采购的模式
- ◆ 物流采购的服务方式

进货管理的控制

进货作业的控制

- ◆ 选用人员
- ◆ 制订计划
- ◆ 接货、验货
- ◆ 途中控制
- ◆ 中转
- ◆ 交接
- ◆ 入库

交料作业的控制

运输交货的控制

- ◆ 交货方式的控制
- ◆ 运输方式的控制
- ◆ 运输线路控制

4.1 了解采购知识

采购是指在一定的时间、地点条件下通过交易手段，实现从多个备选供应商中，选择购买能够满足自身需求的原材料和商品的活动过程。

1. 采购的类型

按照不同的分类标准，采购有不同的类型，如表4-1所示。

表4-1 采购的类型

分类标准	具体类型	说明
采购的时间	长期合同采购	（1）采购商和供应商通过合同，在一年以上的期限内，保持稳定的交易关系 （2）在合同期内，采购方承诺在供应方采购其所需产品，供应方则保证采购方在数量、品种、规格、型号等方面的需要 （3）主要适用于采购方需求量大、需求稳定的情况
	短期合同采购	（1）采购商和供应商通过合同实现一次交易，以满足生产经营活动的需要 （2）采购双方之间关系不稳定，采购产品的数量、品种随时变化，对采购方来讲有较大灵活性，能够随时调整供应商
采购的具体方式	议价采购	（1）适用于需求量大、质量稳定、定期供应的大宗物资的采购 （2）由买卖双方直接讨价还价，一般不进行公开竞标，而是向固定的供应商直接采购
	招标采购	适用于需求量大且标准化的产品，或者高技术产品，如计算机、通信产品等
	比价采购	在保证产品质量的前提下，降低采购成本，实行优质优量、优价优量的采购方式
采购的地域范围	国内采购	主要在国内市场进行采购，又分为本地市场采购和外地市场采购两种
	国外采购	即向国外厂商采购所需物品。其对象为国内暂时无法生产的产品或价格占明显优势的国外产品

2. 采购的要求

采购就是在确保适当质量的前提下，以合适的价格采购具有合适数量的产品或服务，并在合适的时间交付到合适的地点。一般来说，采购应达到五项要求，如图4-1所示。

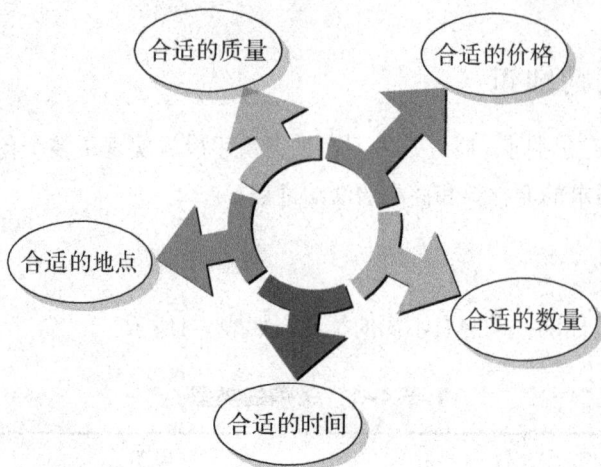

图4-1　采购的要求

（1）合适的质量

质量可认为是对规定的规格和性能的满足。当产品或服务达到一定的规格和性能时，可认为质量合格。产品或服务的质量是采购的基础因素，因为如果所采购的产品或服务的质量不合适，则不能满足企业生产的质量标准要求。

保证质量应该做到"适当"。如果产品质量过高，则会加大采购成本，同时也会造成功能过剩；如果所采购的原材料的质量太差，就不能满足企业生产对原材料品质的要求，会影响最终的产品质量。

（2）合适的价格

采购价格的高低是影响采购成本的主要因素，采购中能够做到以"合适的价格"购买到高质量产品或服务是采购的重要任务。

采购价格应该做到"公平合理"，如果采购价格过高，就会加大采购方的生产成本，进而降低产品的竞争力；如果采购价格过低，供应商利润空间小，或无利可图，将会影响供应商的供货积极性，甚至出现以次充好、降低产品质量的情况。

（3）合适的数量

货品采购数量直接影响到库存量以及生产和销售的持续进行。在采购过程中，要防止超量采购或少量采购。采购量过大，易出现积压现象；采购量小，可能会造成供应中断、采购次数增加，从而增加采购成本。

对于较大数量的采购，供应商往往会提供一定的价格折扣。但是，较大的采购量同样会使库存量和库存成本增加。较大的采购数量获得的折扣价格所带来的好处需要与维持增加的库存所带来的成本相平衡，可按照"经济订购批量"或"拉动式订货量"来进行实际的计算。

（4）合适的时间

采购时要选择适当的采购时间，既要保证供应不间断、库存合理，又不能过早采购而出现积压，占用过多的生产资金和仓储面积，加大库存成本。

采购时间受采购前置期的影响。前置期是指从申请采购到产品入库验收完毕的时间，其内容如图4-2所示。

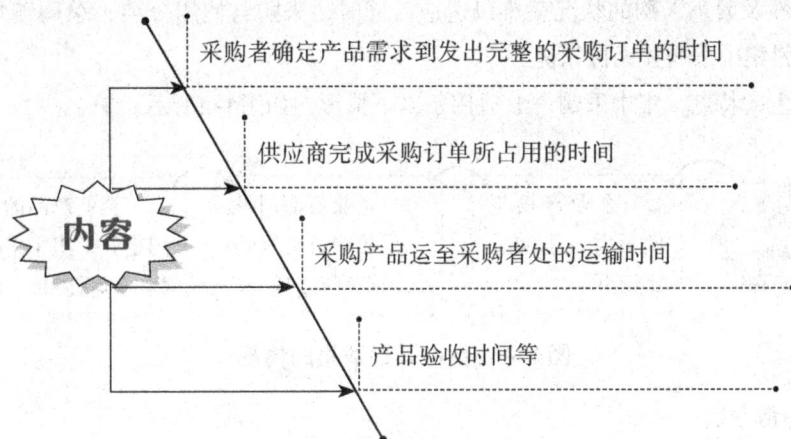

图4-2　采购前置期包括的内容

（5）合适的地点

合适的地点包括合适的供应商地点和合适的送货地点。供应商离采购者越近，运输费用就越低，机动性就越高，协调沟通就越方便，采购成本自然就越低。

如果采购者需要在多个地点使用同一个供应商的产品，那么就需要决定组织配送的最佳途径。一种方法是，如果采购者有一个中心仓库以及一套内部配送系统，那么供应商只需提供一次整装运输，将货品送到采购者的中心仓库，再由采购者负责按不同要求配送；另一种方法是，采购者可以要求供应商向不同地点进行配送。

3. 采购的方式

采购是任何生产活动与任何消费活动的先导，是供应链的重要组成部分。采购一般有以下三种方式，如图4-3所示。

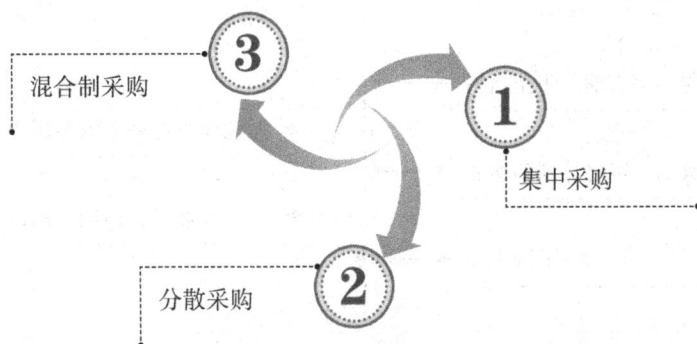

图4-3　采购的方式

（1）集中采购

将采购工作集中于一个部门办理，可以统筹规划供需，避免各部门产生过多的存货，而且采购批量大，价格优惠，也便于统一管理。但是，此种采购的流程时效性较差，对于零星、地域性及紧急采购的状况就难以适应。同时，采购与使用分离，采购绩效比较差，非共同性物料集中采购并无折扣优势。

基于以上的特点，集中采购一般适用于以下情形，如图4-4所示。

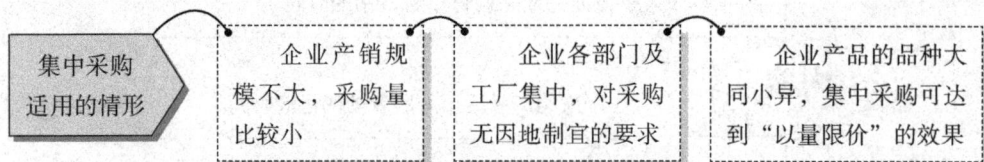

图4-4　集中采购适用的情形

（2）分散采购

与集中采购相反，分散采购就是企业将采购工作分散给各需求部门自行办理。分散采购一般适用于企业规模比较大、工厂比较分散的情形。此外，如果在生产设备、贮藏设施等方面具有独特的差异性时，最好采用分散采购。

（3）混合制采购

混合制采购是兼取集中采购和分散采购的优点而成。凡属于共同性物料、采购金额比较大、进口物资等均集中由企业采购部统一办理。采购金额小，属因地制宜的、临时性的采购，则由各部门自行处理。

4. 采购计划的制订

采购计划就是确定如何进行采购物料，以最好地满足生产需求的过程。制订采购计划时应重点考虑是否采购、采购什么、采购多少、怎样采购及何时采购。

（1）制订采购计划的目的

采购计划应该达到以下目的，如图4-5所示。

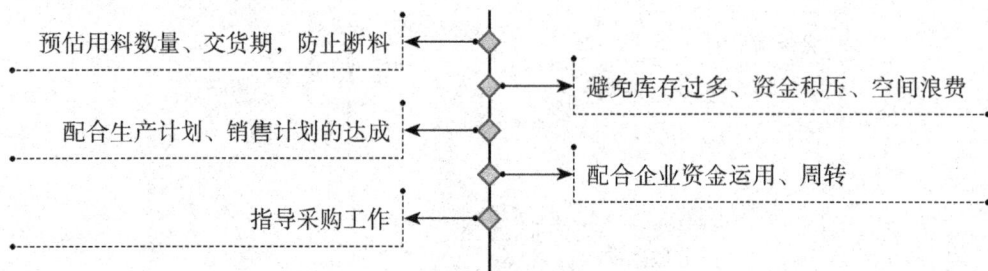

图4-5　采购计划应达到的目的

（2）采购计划的种类

一般而言，采购计划包括年度采购计划、月度采购计划、日采购计划及日常经营需求计划，其具体要求如表4-2所示。

表4-2　采购计划的种类

种类	制定要求
年度采购计划	根据企业年度经营计划，在对市场信息和需求信息进行充分收集和分析的基础上，并依据往年历史数据的对比预测所制订的计划
月度采购计划	在对年度采购计划进行分解的基础上，依据上月实际采购情况、库存情况、下月度需求预测、市场行情制订的当月采购计划
日采购计划	在对月度采购计划进行分解的基础上，依据各部门每日经营所需物品的汇总审核后制订的采购计划
日常经营需求计划	根据每天的经营情况、物品日常消耗情况、库存情况，各部门向采购部报送的日采购需求计划

（3）制订采购计划的流程

采购计划应根据生产加工计划、实际采购能力、采购预算、采购数量计划以及其他相关因素来制订，其具体流程如图4-6所示。

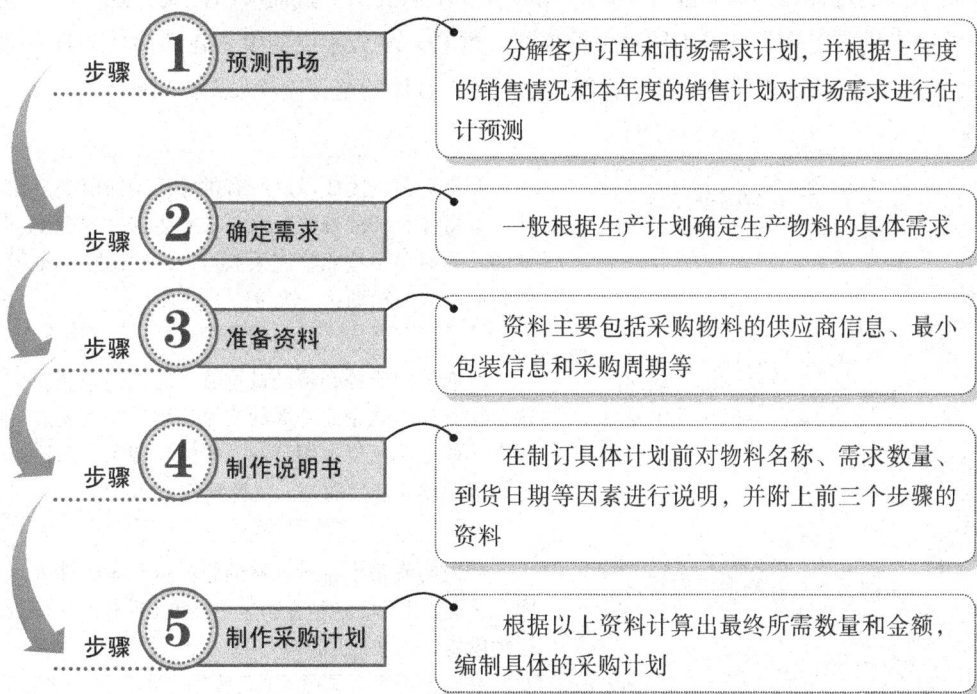

步骤1 预测市场　分解客户订单和市场需求计划，并根据上年度的销售情况和本年度的销售计划对市场需求进行估计预测

步骤2 确定需求　一般根据生产计划确定生产物料的具体需求

步骤3 准备资料　资料主要包括采购物料的供应商信息、最小包装信息和采购周期等

步骤4 制作说明书　在制订具体计划前对物料名称、需求数量、到货日期等因素进行说明，并附上前三个步骤的资料

步骤5 制作采购计划　根据以上资料计算出最终所需数量和金额，编制具体的采购计划

图4-6　制订采购计划的流程

4.2 物流采购概述

物流采购是指包括原材料等一切生产物资的采购、进货运输、仓储、库存管理、用料管理和供应管理，也称为原材料采购物流。物流经理是生产物流系统中相对独立性较强的子系统，并且和生产系统、财务系统等生产企业各部门以及企业外部的资源市场、运输部门有密切的联系。

1. 物流采购的内容

在不同的组织里，物流采购的内容有所不同。

（1）在加工制造型企业，采购的基本上是原材料、零部件、毛坯料及半成品。

（2）零售企业采购的一般是商品，而不会去采购原材料和零部件，并且商品要有销售包装及配套说明书。

（3）在政府、企事业单位里，采购的重点为日常用品，例如笔纸、电脑等。在我们加入WTO以后，政府采购也采取了招标的方式，不像以前那样，固定的几家供应商，现在为了降低成本、提高效率，有时候也采用比较灵活的方式。

（4）观念的采购，例如引进一套培训系统，引进一套软件系统……这也叫采购，只不过是比较特殊的一种采购方式。

2. 物流采购的过程

物流采购过程因不同企业、不同供应环节和不同的供应链而有所区别，这个区别就使企业的物流采购出现了许多不同种类的模式。但是，尽管不同的模式在某些环节具有非常复杂的特点，但是物流采购的基本流程是相同的，具体的制订流程如图4-7所示。

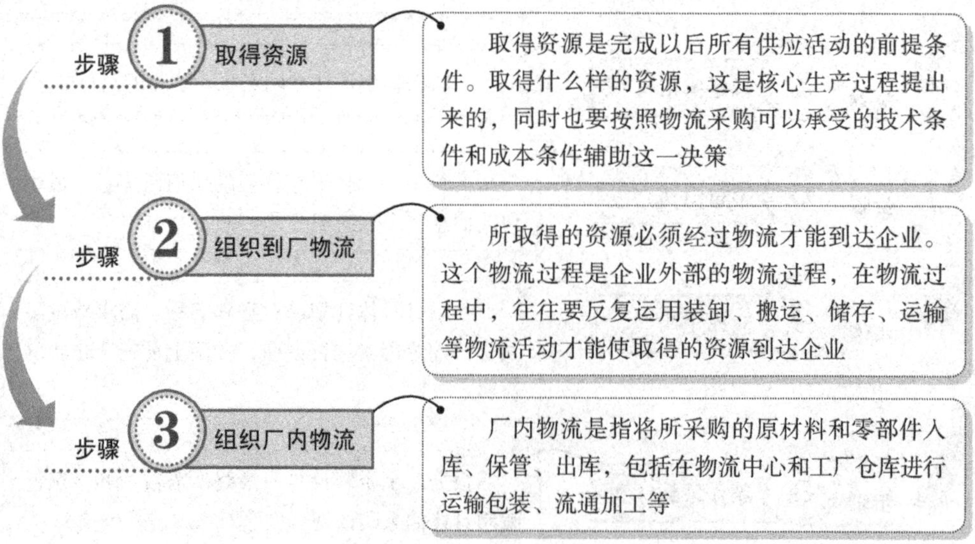

步骤 ① 取得资源 —— 取得资源是完成以后所有供应活动的前提条件。取得什么样的资源，这是核心生产过程提出来的，同时也要按照物流采购可以承受的技术条件和成本条件辅助这一决策

步骤 ② 组织到厂物流 —— 所取得的资源必须经过物流才能到达企业。这个物流过程是企业外部的物流过程，在物流过程中，往往要反复运用装卸、搬运、储存、运输等物流活动才能使取得的资源到达企业

步骤 ③ 组织厂内物流 —— 厂内物流是指将所采购的原材料和零部件入库、保管、出库，包括在物流中心和工厂仓库进行运输包装、流通加工等

图4-7 制订采购计划的流程

3. 物流采购的模式

企业的物流采购有三种组织方式：第一种是委托社会销售企业代理采购的物流方式；第二种是委托第三方物流企业代理采购的物流方式；第三种是企业自供物流方式。这三种方式都有低层次的、高层次的不同管理模式，具体说明如表4-3所示。

表4-3 物流采购的模式

模式	要点	具体说明
委托社会销售企业代理	主要内容	企业作为用户，在买方市场条件下，利用买方的主导权力，向销售方提出对本企业进行供应服务的要求，作为向销售方面进行采购订货的前提条件
	主要优点	采购企业可以充分利用市场经济造就的买方市场优势，对销售方即物流的执行方进行选择和提出要求，有利于实现企业理想的物流采购设计
	主要问题	销售方的物流水平可能有所欠缺，因为销售方毕竟不是专业的物流企业，有时候很难满足企业物流采购高水平化、现代化的要求
委托第三方物流代理	主要内容	这个第三方所从事的采购物流，主要向买方提供服务，同时也向销售方提供服务，在客观上协助销售方扩大了市场
	主要优点	不同的专业物流公司瞄准的物流对象不同，并有着自己特有的形成核心竞争能力的机器装备、设施和人才，这就方便企业有广泛选择的余地，以进行采购物流的优化
企业自供物流	主要内容	由企业自己组织所采购的物品的本身供应的物流活动，这在卖方市场的市场环境状况下，是经常采用的采购物流方式
	主要优点	本企业在组织供应的某些种类物品方面，具有设备、装备、设施和人才方面的优势
	主要问题	如果不考虑本企业的核心竞争能力，不致力发展这个竞争能力，而仍然抱着"肥水不流外人田"的旧观念，也不是不可能取得一些眼前利益，但是这必将以损失战略的发展为代价，是不可取的

4. 物流采购的服务方式

物流采购的服务方式主要两种，如图4-8所示。

准备供应方式 → 即时供应方式

图4-8 物流采购的服务方式

（1）准时供应方式

在买方市场环境下，采购物流活动的主导者是买方。购买者（用户）有极强的主动性，用户企业可以按照最理想的方式选择采购物流；采购物流的承担者，作为提供服务的一方，必须以最优的服务才能够被用户所接受。从用户企业一方来看，准时供应方式是一种比较理想的方式。

准时供应方式是按照用户的要求，在计划的时间内或者在用户随时提出的时间内，实现用户所要求的供应。准时供应方式大多是双方事先约定供应的时间，互相确认时间计划，因而有利于双方做好采购物流和接货的组织准备工作。

采用准时供应方式，可以派生出零库存方式、即时供应方式、到线供应方式等多种新的服务方式。

（3）即时供应方式

即时供应方式是准时供应方式的一个特例，是完全不依靠计划时间而按照用户偶尔提出的时间要求，进行准时供应的方式。这种方式一般作为应急的方式采用。

在网络经济时代，由于电子商务的广泛开展，在电子商务运行过程中，消费者所提出的服务要求大多缺乏计划性，而又有严格的时间要求，因此，在新经济环境下，这种供应方式有被广泛采用的趋势。但这种供应方式由于很难实现计划和共同配送，所以，一般成本较高。

4.3 进货管理的控制

进货过程是将同供应商订货成交的货物从供应商手中安全转移到采购方需求地的过程。它是一个物流过程，是大量物资实体转移的过程，中间要经过包装、装卸、搬运、运输、储存、流通加工等各种物流活动。每一种物流活动，如果不认真操作，都会造成物资的损坏、丢失或错乱。因此，物流经理必须做好采购的进货控制工作。

物流经理在进行采购进货控制时必须符合相关要求，如表4-4所示。

表4-4 进货控制管理的基本要求

要求	具体说明
数量一致	保证进货的品种、数量准确无误，与供货合同的规定一致，尽量减少丢失、遗漏、损坏等差错
质量符合要求	保证进货的品种、质量符合要求，进货途中不发生碰撞损坏、不淋雨、不潮湿、不霉变
安全运输	（1）对各项物流作业要明确提出安全要求，要事先做好各种安全保障措施预防安全事故的发生

（续表）

要求	具体说明
安全运输	（2）要教育作业人员注意安全。事前要同有关作业单位、作业人签订安全协议，大宗货物要购买货物保险 （3）发生安全事故时，要妥善处理，不遗留问题 （4）选择合适、稳重的运输人员，保证运输过程的绝对安全
按时交货	（1）督促供应商按交货期交货，及时发货，不拖延时间，抓好运输环节的运输时间和转运时间 （2）争取在途中不耽误、不拖延，如果出现紧急情况，要亲自督促
节省费用	要精心策划，使运输途中的总费用最省。要选择最经济的运输方式，并合理规划运输路径，节省运输费用
无隐患	（1）要妥善处理好与供应商之间的关系，对于出现的分歧要合理解决，最好不要产生遗留问题 （2）在进货途中，对于沿途出现的各种异常情况要及时处理，不能遗留隐患

拓展阅读

进货管理的关键点

进货管理要抓住以下几个关键点。

1. 制订进货计划

制订进货计划就是要选择好进货方式、运输方式、运输路径和运输人员。

2. 与供应商签合同

在订货合同中要写明进货条款。进货条款的内容应当包括进货方式的选择、进货进度计划、责任承担方式、双方的责任和权利等。

3. 按合同条款实施

在签订订货合同以后，就可以按进货条款进行实施。

（1）供应商包送方式

如果采用供应商包送方式进货，则买方就要按进货进度计划的要求，督促供应商落实进货计划的实施，包括组织人力、物力和财力，制定落实措施，准备货物，初步查验货物质量和数量，准备运输工具，监督包装，搬运等，每一项活动都要一一落实，直到按时发出货物。

（2）委托运输或外包

如果是委托运输或外包，就要督促落实找到第三方运输商，签订合同、领货、验

（续）

货、交货、监督包装、装运，直到发车等环节，更要认真组织和指挥。

（3）自提

如果是自提，要认真组织指挥有关作业单位、作业人提货。这时候更要操心，因为每一步都要自己组织、自己操作、自己负责、自己承担全部费用和风险。

4. 做好作业控制

作业控制的目的是要使各项作业按照预定的计划进度和目标进行，保证按时、安全到货，降低进货成本，降低运输风险。在整个进货过程中，作业环节多、影响因素多、风险大，所以在组织指挥各项活动时，要采取各种方式，加强对整个进货过程各种作业的控制。

4.4　进货作业的控制

要做好进货的作业控制，物流经理就必须亲自处理，最好能监督处理进货过程的每一道作业，尤其对于关键作业如搬运、运输等要做好控制工作。在实际工作中，可从以下几个方面进行控制，如图4-9所示。

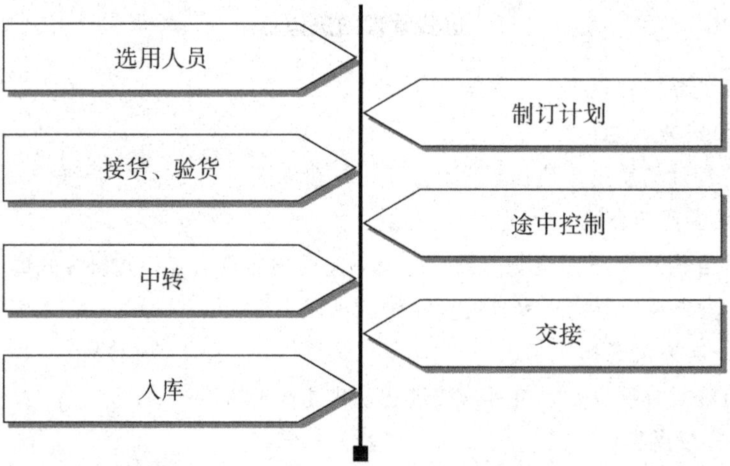

图4-9　进货作业的控制措施

1. 选用人员

要选用有经验、处理问题能力强、活动能力强、身体好的人担任此项工作。进货作业过程中，作业人员要处理各种各样的问题，要接触各种各样的人，要熟悉运输部门的业务和各种规章制度，如果没有一定能力，难以胜任此项工作。

2. 制订计划

物流经理要制订好计划，对各种可能出现的情况制定应对措施，要制定切实可行的进度控制表，对整个进货过程实行任务控制。

3. 接货、验货

物流经理应配合采购主管做好接货、验货工作。这是采购过程中采购方与供应商最后的物资交接流程，是物资所有权的完全性转移。因此，这次交接验收一定要在数量上、质量上严格把好关，做到数量准确、质量合格；要有验收记录且确保准确无误，并要留下原始凭证，例如磅码单、计量记录等；验收完毕，双方签字盖章。

4. 途中控制

物流经理必须和运输人员随时保持联系，跟踪货物运输情况，掌握具体的运输进度，最好能使用进度控制表。

5. 中转

运输途中，可能会因运输工具改变、运输路线改变而需要中转。中转有不同情况，有的是整车重新编组以后再发运，有的是要卸车、暂存仓库一段时间后再装车发运。中转点最容易发生问题，例如整车漏挂、错挂，卸车损坏、错存、错装、少装、延时装车、延时发运等。因此，物流经理应亲自前往监督，并填写运输控制进度表，做好记录。

6. 交接

对于购进的各种物料，物流经理要配合仓库做好运输验收，主要检查有没有包装箱受损、开箱、缺少、货物散失等情况。若包装箱完好无损，数量不少，就可以接收。若包装箱受损、遗失，或货物散失，就要弄清受损或遗失的数量和具体原因，并且做好记录。

7. 入库

货物入库是采购中最实质性的一关，是采购物资的实际接收关，因此要严格做好入库验收工作。数量上要认真清点，确保数量准确；质量上要认真检查，按实际质量标准登记入账。验收完毕，双方在验收单签字盖章。进货管理人员要填写物料进度控制表，做好记录。

到此，采购进货管理工作结束。进货管理人员的物料控制进度表和各项记录应当存档，供以后工作总结、取证查询之用。

4.5 交料作业的控制

在进行收料作业时，对于交料要作出限制，处理好验收的速度，注意平衡交料的流量，管理好物料的验收，以及对收货绩效进行考核，同时必须避免使供应商的交料期意识降低。具体要求如图4-10所示。

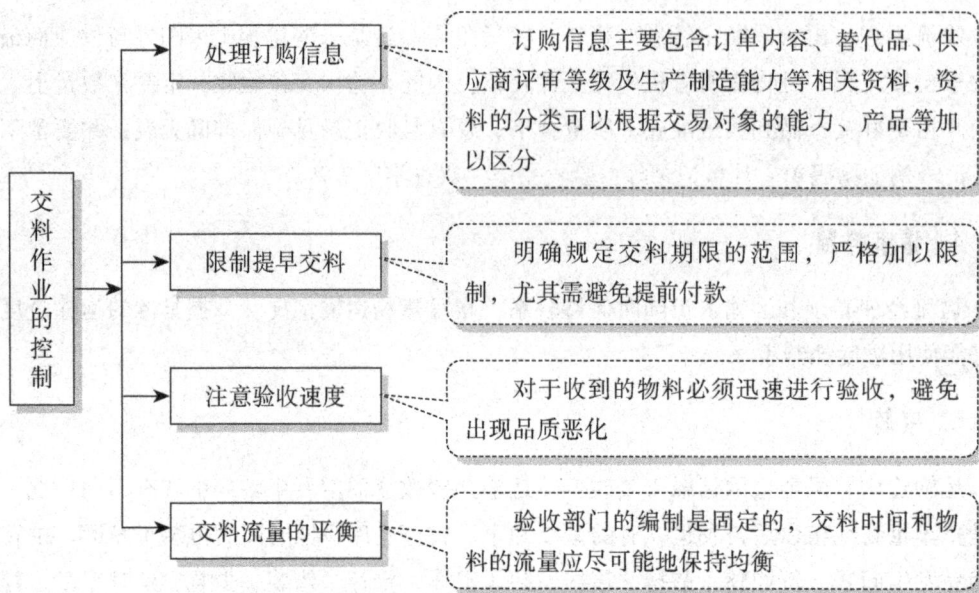

图4-10 交料作业的控制

4.6 运输交货的控制

运输交货进度的控制是进货控制的重点，物流经理要做好以下工作。

1. 交货方式的控制

在采购交货时，一般由供应商负责将物料送到采购方。在实际中，很多供应商都是委托一家运输公司进行运输。在此种情况下，一定要对货物的数量、品质等进行仔细验收，尽量避免出现损坏或交货错误的情形。此外，很多工厂会自己组织物流人员到供应商处提货，因此物流经理要对提货的具体事项做好控制。

2. 运输方式的控制

运输交货时间长短与运输方式的选择有很大的关系。通常可供选择的常用运输方式有四种：铁路、公路、水路和航空运输。运输方式的控制，主要基于物料的数量、性质，交通条件等方面进行考虑，具体内容如图4-11所示。

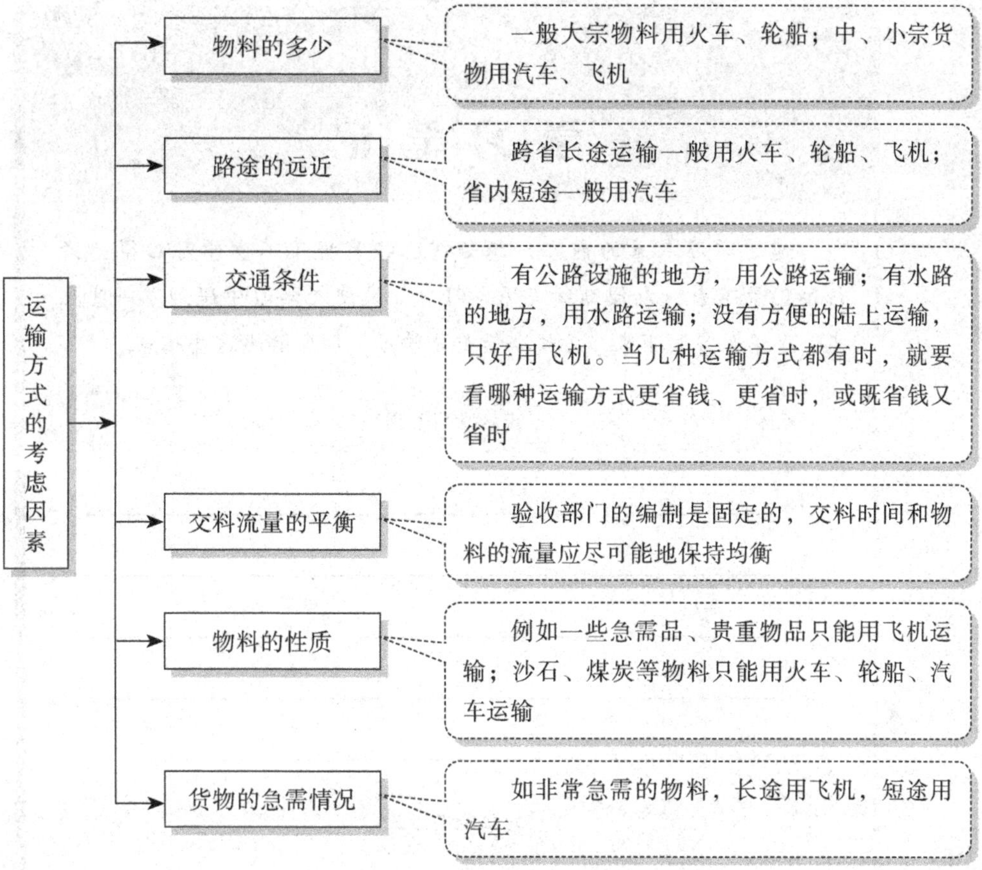

图4-11 运输方式的考虑因素

综合考虑以上几种因素，一般大宗物料、长途运输以选择铁路、水路运输为好；急需品短距离运输选择汽车比较方便；长途、少量、贵重品、急需品选用飞机比较方便；大宗物料、靠近水路用水运比较合适等。

3. 运输线路控制

在确定运输方式以后，就要确定最短路径，以节省运输费用和运输时间。在比较简单的情况下，可以用人工计算的方法求出最短路径；在复杂的情况下，可以用网络图模型求出最短路径。

学习笔记

通过学习本章的内容，想必您已经掌握了不少学习心得，请仔细记录下来，以便继续巩固学习。如果您在学习中遇到了一些难点，也请如实写下来，方便今后重复学习，彻底解决这些难点。

我的学习心得

1. _____
2. _____
3. _____
4. _____
5. _____

我的学习难点

1. _____
2. _____
3. _____
4. _____
5. _____

我的运用计划

1. _____
2. _____
3. _____
4. _____
5. _____

第5章

物流仓储管理

仓储是现代物流的一个重要组成部分，在物流系统中起着至关重要的作用，是企业研究和规划的重点。高效合理的仓储可以帮助企业加快物资流动的速度，降低成本，保障生产的顺利进行，并可以实现对资源的有效控制和管理。

学习指引

了解仓储物流 → ◆仓储在物流中扮演的角色
◆仓储的内涵

◆了解入库物品
◆妥善安排仓容
◆组织人力
◆准备苦垫材料、作业用具
◆装卸搬运方案设定
◆文件单证准备
品入库的准备

物品接运作业 → ◆车站、码头提货
◆专用线接车
◆仓库接货

◆物品搬运要求
◆物品搬运方法
物品装卸搬运

控制物品的验收 → ◆物品入库验收程序
◆验收异常问题处理

◆办理交接手续
◆登账
◆立卡
◆建档
办理入库手续

在库物品保管 → ◆仓库内温湿度的变化
◆温湿度的测定
◆仓库温湿度的控制和调节

◆金属制品的防锈处理
◆物品的霉变腐烂防治
◆仓库虫害的防治
在库物品养护

物品出库准备工作 → ◆准备各种单据
◆做好出库准备工作

◆初核
◆配货
◆待运
◆发货
◆复核并登账
物品出库的程序

做好物品标志工作 → ◆准备工作
◆刷标志要求
◆专人负责

5.1 了解仓储物流

仓储物流就是企业利用自建或租赁库房、场地，储存、保管、装卸搬运、配送货物。传统的仓储定义是从物资储备的角度给出的。现代"仓储"不是传统意义上的"仓库""仓库管理"，而是在经济全球化与供应链一体化背景下的仓储，是现代物流系统中的仓储。

1. 仓储在物流中扮演的角色

随着物流向供应链管理的发展，企业越来越强调仓储作为供应链中资源提供者的独特角色。仓储角色的变化，用一句话概括，就是仓库向配送中心的转化，具体如图5-1所示。

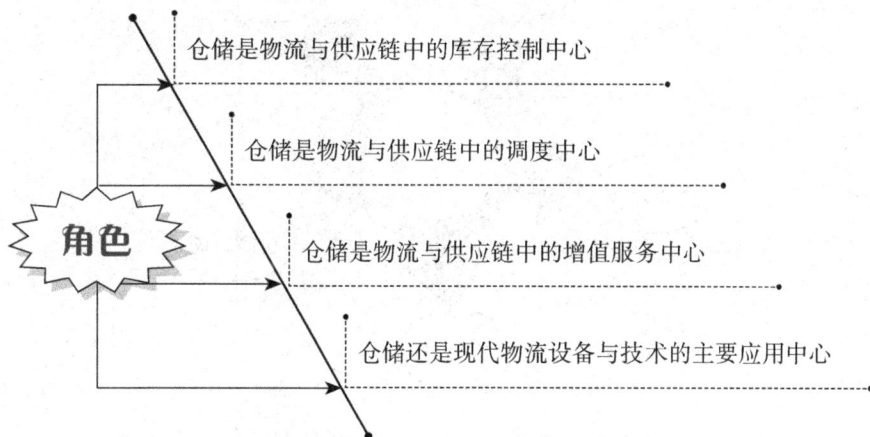

图5-1　仓储在物流中扮演的角色

（1）仓储是物流与供应链中的库存控制中心

库存成本是主要的供应链成本之一。在美国，库存成本约占总物流成本的三分之一。因此，管理库存、减少库存、控制库存成本就成为仓储在供应链框架下降低供应链总成本的主要任务。

（2）仓储是物流与供应链中的调度中心

仓储直接与供应链的效率和反应速度相关。人们希望现代仓储处理物品的准确率能达到99%以上，并能够对特殊需求作出快速反应。因此，客户和仓库管理人员应不断提高精确度、及时性、灵活性和对客户需求的反应程度等方面的目标。

（3）仓储是物流与供应链中的增值服务中心

现代仓储不仅提供传统的储存服务，还提供与制造业的延迟策略相关的后期组装、包装、打码、贴唛、客户服务等增值服务，提高客户满意度，从而提高供应链上的服务水平。可以说，物流与供应链中的绝大部分增值服务都体现在仓储上。

（4）仓储还是现代物流设备与技术的主要应用中心

供应链一体化管理是通过现代管理技术和科技手段的应用而实现的，效率促进了供应链上的一体化运作，而软件技术、互联网技术、自动分拣技术、光导分拣、RFID、声控技术等先进的科技手段和设备的应用，则为提高仓储效率提供了实现的条件。

2. 仓储的内涵

现代意义上的仓储，是以满足供应链上下游的需求为目的，在特定的有形或无形的场所，运用现代技术对物品的进出、库存、分拣、包装、配送及其信息进行有效的计划、执行和控制的物流活动。从这个概念可以看出，仓储有五个基本内涵，如图5-2所示。

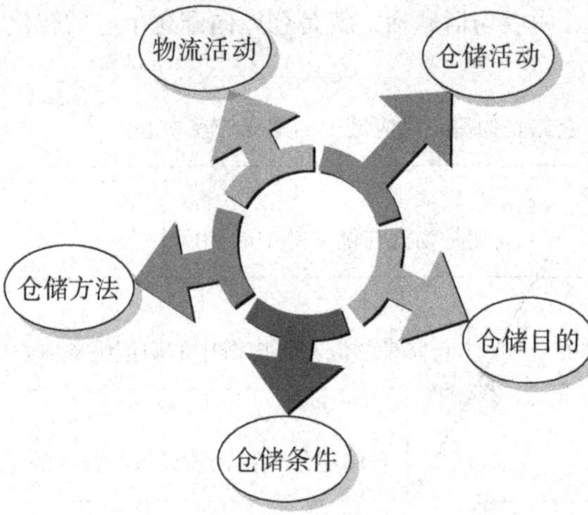

图5-2　仓储的内涵

（1）物流活动

仓储首先是一项物流活动，或者说物流活动是仓储的本质属性。仓储不是生产、不是交易，而是为生产与交易服务的物流活动中的一项。这表明仓储只是物流活动之一，物流还有其他活动，仓储应该融于整个物流系统之中，应该与其他物流活动相联系、相配合。这一点与过去的"仓库管理"是有重大区别的。

（2）仓储活动

仓储活动包括物品的进出、库存、分拣、包装、配送及信息处理六个方面。

① 可以说，物品的出入库与在库管理是最基本的仓储活动，也是传统仓储的基本功能，只不过管理手段与管理水平得到了提升。

② 物品的分拣与包装，过去也是有的，但现在更普遍、更深入、更精细，甚至已经与物品的出入库及在库管理相结合，共同构成了现代仓储的基本功能。

③ 之所以将"配送"作为仓储活动、仓储的基本功能之一，是因为配送不是一般意义

上的运输，而是仓储的自然延伸，是仓库发展为配送中心的内存要求，如果没有配送，仓储也就仍然是孤立的仓库。

④至于信息处理，已经是现代经济活动的普遍现象，当然也是仓储活动的内容之一，离开了信息处理，也就不能称其为现代仓储了。

（3）仓储目的

仓储的目的是为了满足供应链上下游的需求。这与过去仅仅满足"客户"的需求在深度与广度方面都有重大区别。

①谁委托、谁提出需求，谁就是客户。

②客户可能是上游的生产者，可能是下游的零售业者，也可能是企业内部，但仓储不能仅仅满足直接"客户"的需求，也应满足"间接"客户即客户的客户需求。

③仓储应该融入到供应链上下游之中，根据供应链的整体需求确立仓储的角色定位与服务功能。

（4）仓储条件

仓储的条件是指特定的有形或无形的场所与现代技术，如图5-3所示。

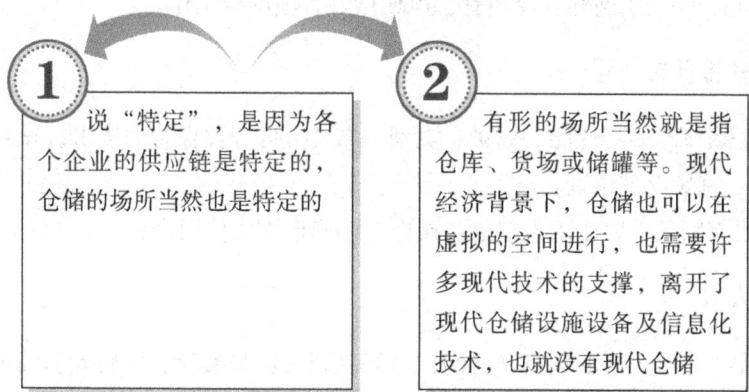

①说"特定"，是因为各个企业的供应链是特定的，仓储的场所当然也是特定的

②有形的场所当然就是指仓库、货场或储罐等。现代经济背景下，仓储也可以在虚拟的空间进行，也需要许多现代技术的支撑，离开了现代仓储设施设备及信息化技术，也就没有现代仓储

图5-3　仓储的条件

（5）仓储方法

仓储的方法与水平体现在有效的计划、执行和控制等方面。计划、执行和控制是现代管理的基本内涵，科学、合理、精细的仓储当然离不开有效的计划、执行和控制。

5.2　物品入库的准备

物流经理必须事先组织人员做好充分的准备，以保证迅速、准确地接收物品。其具体的准备工作如图5-4所示。

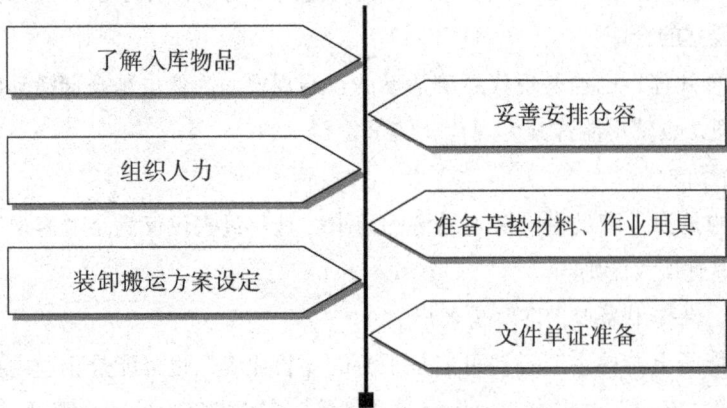

图5-4　物品入库前的准备

1. 了解入库物品

物流经理应提前了解入库物品的品种、规格、数量、包装状态、到库时间等必要信息，并提前（至少一天）通知仓库主管，以便做好各项准备工作。

2. 妥善安排仓容

（1）根据入库物品的性能、数量、类别，结合分区分类保管的要求，核算所需的货位面积（仓容），确定存放位置。

（2）如果有物品需要使用重型设备操作，要确保货位使用设备。

3. 组织人力

（1）根据物品进出库的数量和时间，做好收货人员和搬运、堆码人员等劳动力的安排工作。

（2）采用机械操作的要定人、定机，应事先安排作业序列，做好准备。

4. 准备苫垫材料、作业用具

在物品入库前，根据所确定的苫垫方案，准备相应的材料，并组织苫垫铺设作业，对作业所需要的用具要准备妥当。

5. 装卸搬运方案设定

（1）根据物品、货位、设备条件和人员等情况，合理科学地制定卸车搬运方案，保证作业效率。

（2）大批量物品的入库，必须要有装卸搬运机械的配合，要提前做好设备的申请调用。

6. 文件单证准备

物流经理应准备物品入库所需要的各种报表、单证、记录簿等，如入库记录、理货检验单、料卡、残损单等，并预填妥善，以备使用。

5.3 物品接运作业

物品接运的主要任务是及时准确地从交通运输部门提取物品。不同的入库方式，其交接方式有所不同。以下就托运入库方式下的物品交接处理进行阐述说明。

1. 车站、码头提货

对于汽车运输和水路运输，物流人员在提货时应遵循相关程序，具体如图5-5所示。

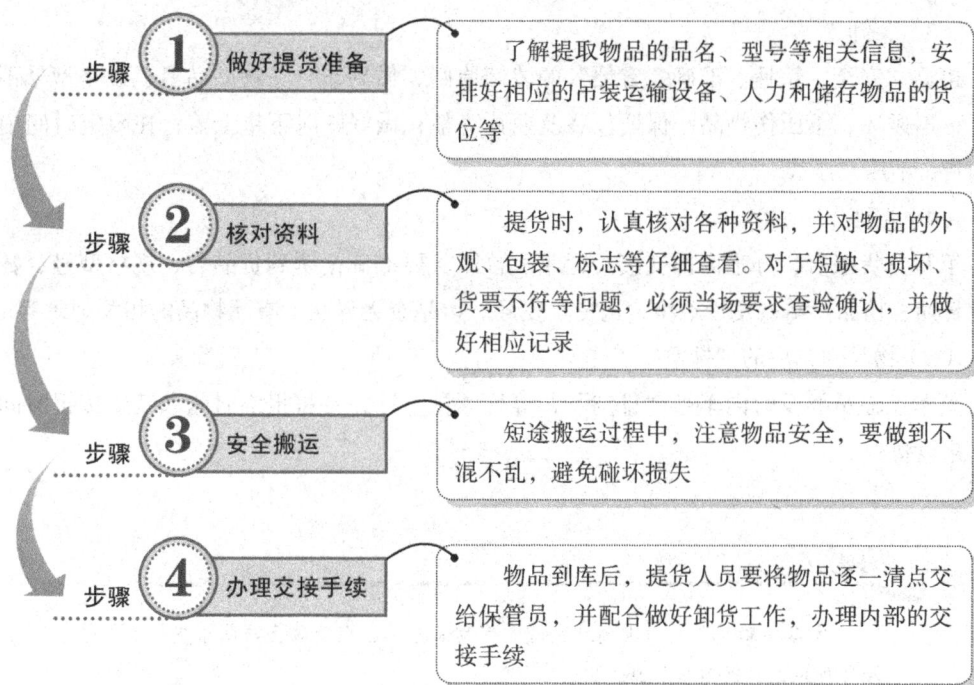

步骤		
步骤 ①	做好提货准备	了解提取物品的品名、型号等相关信息，安排好相应的吊装运输设备、人力和储存物品的货位等
步骤 ②	核对资料	提货时，认真核对各种资料，并对物品的外观、包装、标志等仔细查看。对于短缺、损坏、货票不符等问题，必须当场要求查验确认，并做好相应记录
步骤 ③	安全搬运	短途搬运过程中，注意物品安全，要做到不混不乱，避免碰坏损失
步骤 ④	办理交接手续	物品到库后，提货人员要将物品逐一清点交给保管员，并配合做好卸货工作，办理内部的交接手续

图5-5　车站、码头提货程序

2. 专用线接车

专用线接车是仓库直接与铁路部门在库内发生物品交接的一种方式，交接时要做好下列几个方面的工作。

（1）做好接车卸货准备工作

接到专用线到货通知后，应立刻确定卸货的位置，力求缩短场内搬运距离，组织好卸车所需要的机械和人员以及有关资料，做好准备，确保能够按时完成卸货作业。

（2）车皮到达后的检查

车皮到达后应检查实物状况，把好物品入库第一关。检查的主要内容如表5-1所示。

表5-1　专用线接车检查内容表

检查项目	检查内容
车皮封闭情况	检查车皮封闭情况是否良好，车卡、车窗、铅封、苫盖等有无异状
物品情况	（1）根据铁路运单和有关凭证核对到货品名、规格型号和标志，并仔细点清件数，查看外观质量和包装捆扎情况 （2）查看货物有无进水、受潮、污染、弯曲等损坏现象
发现异常处理	发现问题时应会同铁路司检人员当场复查确认，当场编制有关记录，留作处理问题时的依据

（3）装卸

遵循"安全、快速、准确、方便"的装卸原则，做到车号、物品品名、规格型号不混不乱；不碰坏、不压伤物品；保证包装及捆扎完整；做好临时下垫上盖；在限定时间内卸完到货，不压车压线。

（4）记账

填写到货账目，办理内部交接接运收货台账。要准确记明到货品名、规格型号、数量到货日期、物品发站、发货单位、送货车皮号、物品有无异状、有无物品的相关记录等。

（5）物品卸完后的"排空"工作

整车运输员要及时向车站"排空"，等待"排空"，并将报空时间和铁路接报时间记录下来以备查。

小贴士

整车运输员要及时准确地做好受卸物品标记，在实物上写明车皮号、件数和卸货日期，以便验收时识别。

3. 仓库接货

仓库接货是指仓库受货主委托直接到供货单位提货或供货单位将物品直接送货入库的接货方式。

（1）仓库接受货主委托直接到供货单位提货时，仓库应根据提货通知了解所提货物的性能、规格，准备好提货所需的机械、工具、人员，配备保管员在供方当场检验质量、清点数量，并做好验收记录，接货与验收合并一次完成。

（2）库内接货。存货单位或供货单位将货物直接运送到仓库储存时，应由保管员或验收人员直接与送货人员办理交接手续，当面验收并做好记录。

5.4 物品装卸搬运

物品进库后，物流经理要组织相关人员，合理选用装卸、搬运机械，按照装卸搬运计划迅速将物品转移到规定的货位存放。

1. 物品搬运要求

一般来说，在进行装卸搬运时要遵循以下三个要求，如图5-6所示。

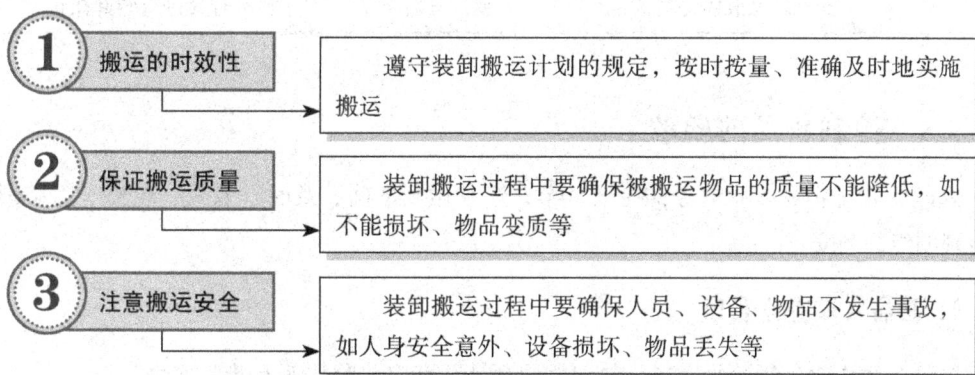

图5-6 物品搬运的要求

2. 物品搬运方法

由于物品自身重量、尺寸、形状及数量等物理特征的不同，所以在搬运的过程对其所采用的装卸、搬运工具也应有所不同。其具体说明如表5-2所示。

表5-2 物品搬运方法

物品类型	物品说明	搬运要求
成件物品	一般是指每件重量不超过50千克、体积不超过0.5立方米的物品，其包装形状有软包装、半硬包装及硬包装三种	可选用人工装卸、利用各种手推车、人工胶带输送机、固定吊杆及搬运车、各种移动叉车等方式进行
长、大、重物品	主要包括大型设备、集装箱等，一般装在敞车和平车上进行运输，并保管在露天场地或大型仓库内	（1）采用起升质量为3吨、5吨、10吨及以上的移动式起重机 （2）配备各种器具，如偏正式夹钓、电磁铁盘、长大横梁带吊钩等 （3）作业量较大时，还可采用龙门起重机和桥式起重机

（续表）

物品类型	物品说明	搬运要求
罐装物品	一般以油罐车装载进库的油料和桶装油料为主，会挥发出有毒气体，并有燃烧或爆炸的危险	（1）对于油罐车转载进库的油料，采用电动离心式油泵或油泵管路系统搬运 （2）对于桶装油料，可用各种带桶夹的移动式起重机或叉车 （3）必须做好安全防护措施
散装物品	水泥、矿石等散装的物品	采用备有自动抓斗的起重机、刮板机、高台站输送机等
危险品	主要包括化工品、压缩气体、易燃液体等危险品	做好相关防护措施，可对其先进行成件包装，然后再使用各种设备对其进行装卸搬运

5.5 控制物品的验收

入库验收是物品入库业务的主要环节，必须做到准确、及时、有效，物流经理必须进行合理的组织与安排。

1. 物品入库验收程序

物品验收作业包括验收准备、核对资料凭证、确定验收比例及验收实物。

（1）检验准备

为保证及时、准确地完成验收工作，提高验收效率，减少劳动力的消耗，仓库验收工作必须有计划有准备地进行。验收准备工作包括的内容如图5-7所示。

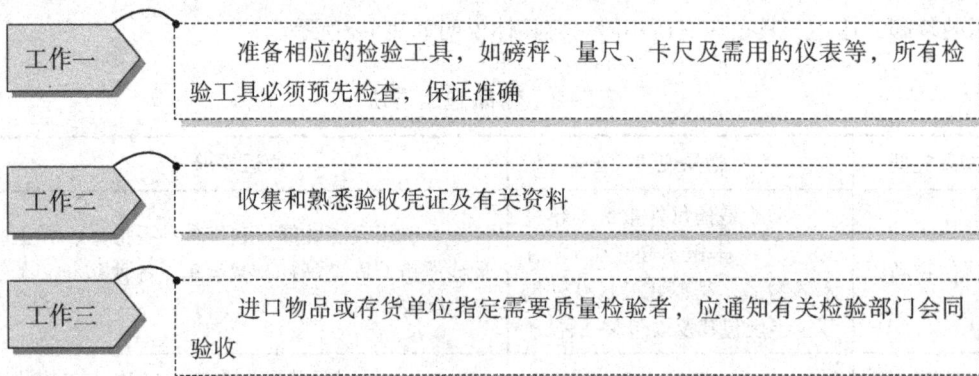

工作一　准备相应的检验工具，如磅秤、量尺、卡尺及需用的仪表等，所有检验工具必须预先检查，保证准确

工作二　收集和熟悉验收凭证及有关资料

工作三　进口物品或存货单位指定需要质量检验者，应通知有关检验部门会同验收

图5-7　验收准备工作

（2）核对资料凭证

核对资料凭证主要所指的内容如图5-8所示。

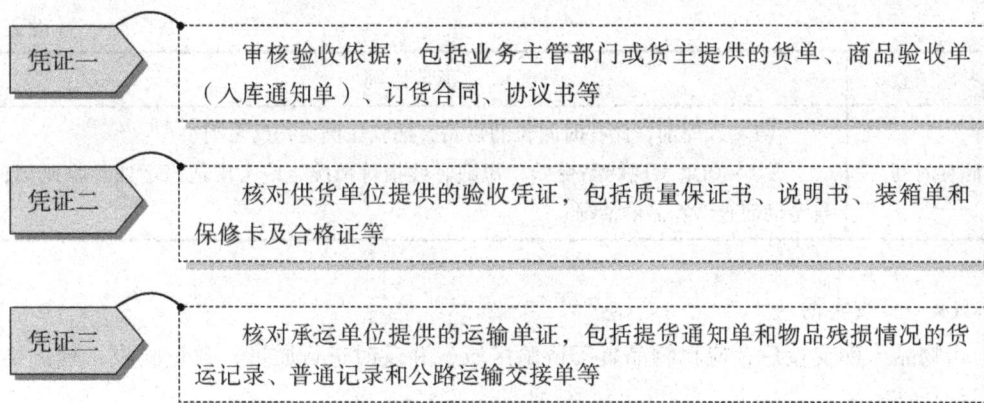

凭证一	审核验收依据，包括业务主管部门或货主提供的货单、商品验收单（入库通知单）、订货合同、协议书等
凭证二	核对供货单位提供的验收凭证，包括质量保证书、说明书、装箱单和保修卡及合格证等
凭证三	核对承运单位提供的运输单证，包括提货通知单和物品残损情况的货运记录、普通记录和公路运输交接单等

图5-8 核对资料凭证的内容

小贴士

在整理、核实、查对以上凭证时，如果发现证件不齐全或不符等情况时，应立即与货主或供货单位及有关业务部门及时联系解决。

（3）确定验收比例

由于受仓库条件及人力的限制，对于某些批量大，在短时间内难以全部验收或全部打开包装会影响物品质量的物品，可采用抽验方法，并根据物品性质事先确定好抽验比例。在确定验收比率时，应综合考虑各种因素，具体如表5-3所示。

表5-3 验收比例的考虑因素

考虑因素	确定比例
物品价值	（1）物品价值高的，抽验比例大，反之则小 （2）有些价值特别大的物品应全部检验，如精密仪表等
物品的性质	物品性质不稳定的或质量变化大的，验收比例大，反之则小
气候条件	在梅雨季节，怕潮物品抽验比例大，在冬季怕冻物品抽验比例大，反之则小
运输方式和运输工具	对采用容易影响物品质量的运输方式和运输工具的物品，抽验比例大，反之则小
厂商信誉	厂商信誉好，抽验比例小，反之则大
生产技术	生产技术水平高或流水线生产的物品，产品质量较为稳定，抽验比例小，反之则大

（续表）

考虑因素	确定比例
储存时间	（1）入库前，储存时间长的物品，抽验比例大，反之则小 （2）如果发现物品变质、短缺、残损等情况，应考虑适当增加验收比例，直至彻底查清物品的情况

（4）验收实物

当物品入库交接后，应将物品置于待验区域，并及时进行质量、数量验收，具体要求如表5-4所示。

表5-4　验收实物的要求

验收要求	具体说明
数量检验	数量检验是保证物品数量准确与否的重要步骤，按物品性质和包装情况，数量检验主要有计件、检斤等形式。在进行数量检验时，必须注意同供货方采用相同的计量方法。采取何种方式记数要在验收记录中作出记载，出库时也要使用同样的计量方法，避免出现误差
质量检验	质量验收方法主要有仪器检验和感官检验两种。仪器检验是利用各种检测设备对物品的规格、成分、技术标准等进行物理、化学和生物的性能分析。感官检验则是用感觉器官——视觉、听觉、触觉、嗅觉和味觉来检验物品质量。但是，感官检验有一定的主观性，容易受验收人员的经验、生理状态和操作的环境条件等所左右

小贴士

为弥补感官检验的不足，并提高验收效率，在进行验收时，最好能结合相关的仪器，对物品的内在特性进行检验。

2. 验收异常问题处理

物品在入库过程当中发生异常时，可按以下方式进行处理。

（1）凡必要的证件不齐全时，到库物品应堆放在待验区，待证件到齐后再进行验收。

（2）凡有关证件已到库，但在规定时间内物品尚未到库，则应及时查询处理。

（3）供货单位提供的质量证书与存货单位的进库单、合同不符时，物品等待处理不得动用，并通知存货单位，按存货单位提出的办法进行处理。

（4）凡数量差异在允许的误差以内，仓库可按应收数入账。若超过误差范围，应查对核实，做好验收记录，提出意见并送存货单位处理，该批物品不准动用。

（5）当规格、质量、包装不符合要求或错发时，先将合格品验收；不合格品或错发部分应分开并进行查对，核实后将不合格情况和错发程度做好记录，单独存放保管，由存货单位与供货单位交涉处理。

> **拓展阅读**

物品入库验收技巧

1. 数量验收

这里所说的数量验收，主要是指两种情况：一种是计件物品的件数；另一种是计重物品的重量。

计件物品要清点全部件数。计算方法通常是采取轧点计算，即先将物品排成一列，每列排若干行。每行堆一定的件数，轧点有多少列，多少行，每行有多少件，三者相乘即得总数。如果物品包装大小不一，可分为排列堆放，分别轧点，将各个轧点数加在一起，即为该批物品的总件数。对数量较多、清点费时的物品，如纽扣、发夹、钢笔尖、螺丝钉、铰链等物品，一般只能按它的打、笨、小盒或千只、百只等单位数量进行验收。成套的机电设备，可分别查清主件、部件、零件和维修用的小工具等。

物品以重量计算者，就需要过磅或按理论换算的方法求得。前者是仓库中常用的方法，后者适用于规格、长度一致的部分大五金物品。物品的重量一般有毛重、皮重、净重之分。毛重是指物品重量包括包装重量在内的实重。净重是指物品的本身重量，即毛重减去皮重的余数。我们通常所说的物品重量，是指物品的净重。实际上物品大都有包装，这就涉及如何方便、准确扣除皮重的问题。在仓库中一般采用的方法有以下两种。

（1）平均扣除皮重。就是按一定的比例将物品包装板除下来进行过磅，求得每个包装皮的平均重量，然后将未拆除的物品件数进行过磅，待过磅完毕，从总重量（毛重）内扣除全部皮重（求得的平均皮重乘以物品件数），即得净重。用此法求净重，其准确程度与拆除过秤的包装是否具有代表性关系甚大，所以一定要合理选择应拆包装或分类挑选拆除过秤，尽可能使净重更准确。

（2）除皮核实。对按件标明重量（包装上刷有毛重、皮重、净重）的物品，可先挑选几件以毛重过磅，如磅得毛重与包装上所注明的毛重相差不超过合理磅差（公差），则再拆除几件包装核实皮重，如皮重与包装上所注皮重亦不超过合理磅差，就可以证明包装上所标的三种重量是准确的，对其余包装严密和捆扎完好的，即可以进行抄码，不再一一过磅。如发现所标重量不准确，则仍应按平均扣除皮重的方法进行过磅。

不论采取哪种方法，都需填制磅码单，将核计总数与实际件数进行核对，防止漏

（续）

码、漏磅。磅秤使用之前，要作校正，以保证检验正确。

有的大型仓库设有地中衡（地磅），进行整车过磅时，要注意车辆实重（作为皮重）的准确性。例如，整车五金钢材，用地磅过秤入库，在扣除空车皮重时，要注意车上随行的工人，送货人员数是否与进、出时一样，带有拖车的车辆，两节车身不能同时一次过秤，应分开拖车，分别过秤，力求准确。

2. 质量验收

质量验收是指检查客户所提供的物品质量是否完好。通常，质量验收与入库物品的抽样验收是紧密结合、同时进行的。

目前，质量验收的方法主要有仪器检验和感官检验两种。仪器检验是利用各种试剂、仪器和机器设备，对物品的规格、成分、技术标准等进行物理、化学和生物的性能分析。各地仓库运用此方法的不多，大部分检验仪器是由业务部门、专业检验机构等专业单位负责。感官检验法，则是用视觉、听觉、触觉、嗅觉和味觉来检验物品质量，这是现在常用的检验法，其优点是简便易行，不需要检验设备；缺点是带有一定的主观性，容易受验收人员的经验、生理状态和操作的环境条件等所左右，局限性很大，无统一的标准。

为弥补感官检验的不足，并提高验收效率，仓储人员应根据物品性能和特点，研究采用不同的验收方法。在验收时还要从仓库保管养护的要求出发，一般应多注意有无生霉、起锈、氧化、老化、脱漆、受潮、水湿、虫蛀、溶化、挥发、渗漏、干涸、风化、变色、砂眼、变形、油污、沉淀、浑浊、发脆、破损等外观缺陷异状的情况，创造条件，采用先进的技术手段，进行物品内在质量的必要检验。

（1）视觉检验。主要是观察物品的外观质量，看外表有无异状。如针织品的变色、油污，竹、木制品、毛织品的生虫，金属制品的氧化、生锈，药品水剂的浑浊、沉淀、渗漏、破损等。操作过程中，还可根据物品的不同特点采用不同的方法，以提高工作效率。

（2）听觉检验。即通过轻敲某些物品，细听发声，鉴别其质量有无缺陷。如对原箱未开盖的热水瓶，可转动箱体，听其内部有无玻璃碎片撞击之声，从而辨别有无破损。

（3）触觉检验。一般直接用手探测包装内物品有无受潮、变质等异状。例如，针、棉织品是否受潮，有无发脆；胶质品、胶囊剂类有无溶化、发黏。

（4）嗅觉、味觉检验。工作人员用鼻和舌鉴别物品有无发生变质或串味等现象。例如，检验香水等有无挥发失香，茶叶、香烟有无异味等。

3. 包装验收

物品在运销过程中一般都有包装，包装的好坏与干湿，对物品的安全储存、运输有着直接的关系。因此，对物品包装必须严格进行验收。凡客户对物品包装有具体规定的（如箱板的厚度，打包铁皮的箍数，纸箱、麻袋、草包的质量要求），仓库都要

（续）

按规定进行验收。物品经过长期运输，多环节装卸搬运，外包装会出现变异，往往包藏着隐患。因此在物品的交接中，要特别注意外包装是否完好。外包装异常，一般有以下几种情况。

（1）人为的撬起、挖洞、开缝，通常是被盗的痕迹。

（2）水渍、黏湿，是雨淋、渗透或物品本身出现潮解、渗漏的表现。

（3）污染，是由于装配不当而引起物品间互相玷污、染毒或物品本身腐败所致。

（4）由于包装、结构性能不良或在装卸搬运过程中乱摔乱扔、摇晃碰撞而造成的包装破损。

为了保证验收工作的顺利进行，提高验收工作质量，在有条件的大型仓库内，可建立一定的验收机构，设立专职验收员，配备必要的检验、测试等仪器、工具。同时，还应调配必要的辅助人员和划定一定的验收操作场所，以便与接货工作环节紧密衔接，缩短收货作业时间，提高工作效率。

5.6　办理入库手续

经过验收合格的物资，可以正式入库保管。物资一经验收入库，就必须办理登账、立卡、建档等一系列入库手续。

1. 办理交接手续

交接手续是仓库对收到的物品向送货人进行的确认，表示已接收物品。办理交接手续的工作内容如图5-9所示。

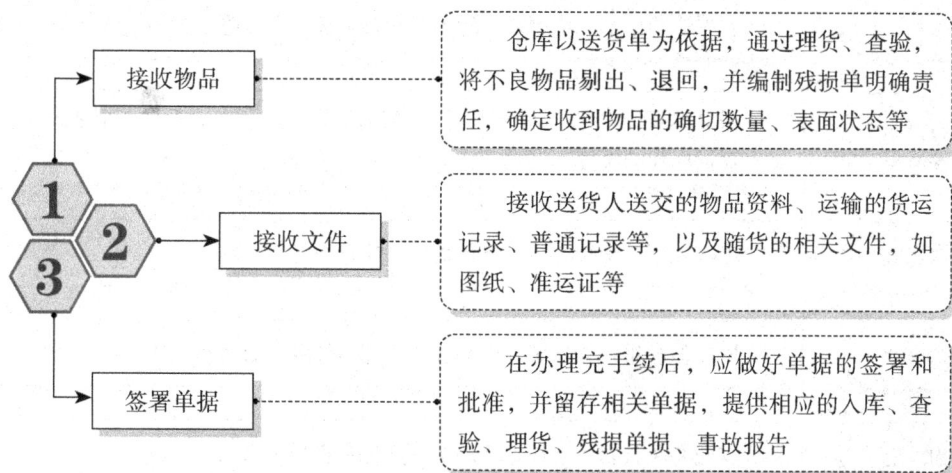

图5-9　办理交接手续的工作内容

2. 登账

物品验收后，仓库根据验收情况制作入库单或明细账，详细记录入库物品的实际情况，并针对短少、破损等情况在备注栏内进行填写和说明。

3. 立卡

物品入库或上架后，将物品名称、规格、数量或出入状态等内容填在货卡上，称为立卡。立卡又称为料卡、货牌，插放在物品下方的货架支架上或摆放在货垛正面的明显位置。

除此之外，还有用于表明物品所处业务状态或阶段的立卡，包括待检、合格、不合格等状态标示卡。

4. 建档

对于接收的各种物品，应建立相应的存货档案。

存货档案应一货一档设置，将该物品入库、保管、交付的相应单证、报表、记录、作业安排、材料等的原件或者复制件存档。

（1）存货档案的内容

存货档案包括内容如图5-10所示。

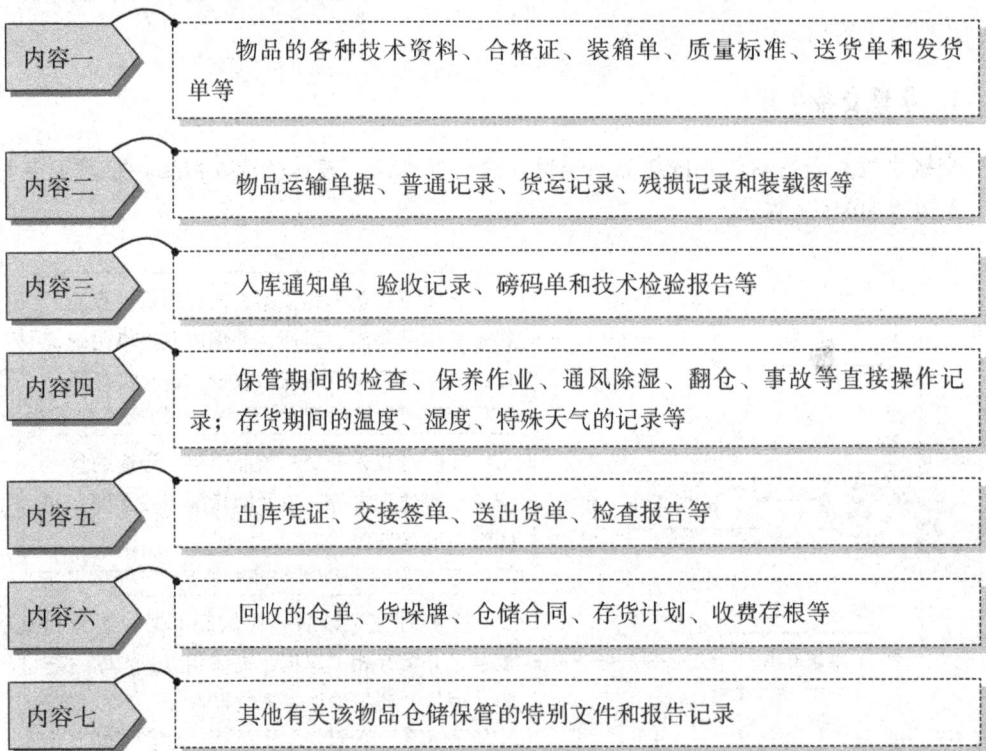

内容一	物品的各种技术资料、合格证、装箱单、质量标准、送货单和发货单等
内容二	物品运输单据、普通记录、货运记录、残损记录和装载图等
内容三	入库通知单、验收记录、磅码单和技术检验报告等
内容四	保管期间的检查、保养作业、通风除湿、翻仓、事故等直接操作记录；存货期间的温度、湿度、特殊天气的记录等
内容五	出库凭证、交接签单、送出货单、检查报告等
内容六	回收的仓单、货垛牌、仓储合同、存货计划、收费存根等
内容七	其他有关该物品仓储保管的特别文件和报告记录

图5-10　存货档案的内容

（2）存货档案的保管

物品档案应统一编号，妥善保管。某种物品全部出库后，除必要的技术证件必须随货同行不能抄发外，其余均应留在原档案内，并将物品出库证件、动态记录等整理好一并归档。

小贴士

物品档案部门资料的保管期限，应根据实际情况酌定。对于有关库存的气候资料、物品储存保管的试验资料等，应长期保存。

5.7　在库物品保管

仓储物品保管是物品储存过程中的一项重要工作，是保证物品在储存期间质量完好的关键环节，物流经理必须组织人员做好物品的保管工作。

1. 仓库内温湿度的变化

仓库内温度变化一般受库外温度的影响，一般来说，夜间库内温度比库外高，白天库内温度比库外低。湿度也容易受库外湿度的影响，但密封较好的库房受到的影响较小，而且库内各区域的温度也因具体情况而有所差异。

小贴士

一般来说，夏季降低库房内温度的适宜时间是夜间10时以后至次日早晨6时，而降低湿度的适宜时间是上午6时以后至下午4时。

2. 温湿度的测定

一般来说，仓库内常用干湿球温度表进行测定。

在库外设置干湿表，为避免阳光、雨水、灰尘的侵袭，应将干湿表放在百叶箱内。百叶箱中温度表的球部离地面高度为2米，百叶箱的门应朝北，以防观察时受阳光直接照射。箱内保持清洁，不放杂物，以免妨碍空气流通。

在库内，干湿表应安置在空气流通、不受阳光照射的地方，不要挂在墙上，挂置高度与人的眼睛高度相当，约1.5米。

每日必须定时对库内、库外的温湿度进行观测记录，一般在上午8～10时，下午2～4时各观测一次。记录资料要妥善保存，定期分析，总结规律，以便掌握物品保管的主动权。

3. 仓库温湿度的控制和调节

在仓库的保管实践中，主要采用密封、通风与吸潮相结合的办法对仓库温湿度进行控制和调节。

（1）密封

密封即把物品尽可能严密地封闭起来，减少外界不良气候条件的影响，以达到安全保管的目的。物流人员在具体操作时，应注意以下事项，如图5-11所示。

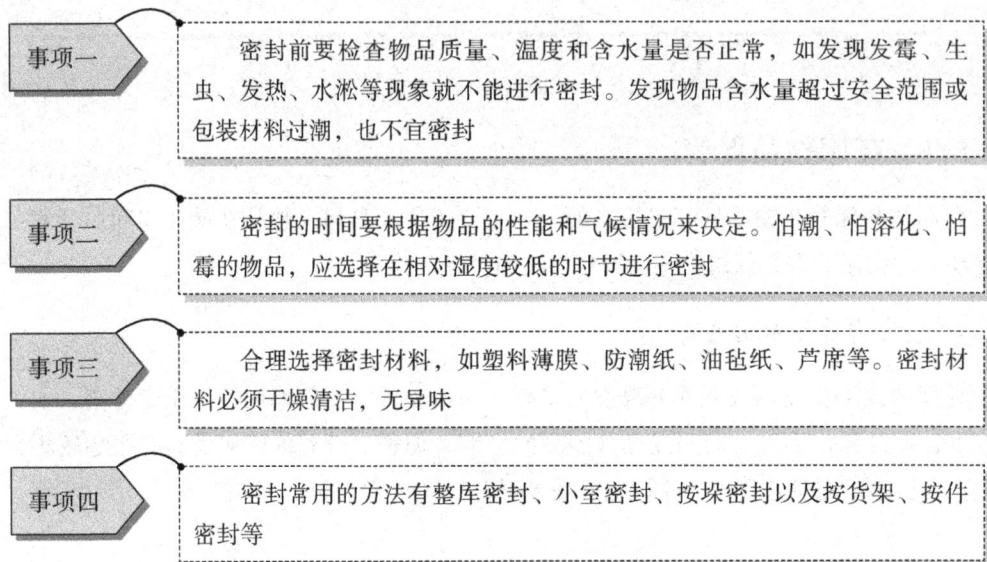

事项一　密封前要检查物品质量、温度和含水量是否正常，如发现发霉、生虫、发热、水渍等现象就不能进行密封。发现物品含水量超过安全范围或包装材料过潮，也不宜密封

事项二　密封的时间要根据物品的性能和气候情况来决定。怕潮、怕溶化、怕霉的物品，应选择在相对湿度较低的时节进行密封

事项三　合理选择密封材料，如塑料薄膜、防潮纸、油毡纸、芦席等。密封材料必须干燥清洁，无异味

事项四　密封常用的方法有整库密封、小室密封、按垛密封以及按货架、按件密封等

图5-11　密封操作注意事项

（2）通风

通风是指利用库内外空气温度不同而形成的气压差，使库内外空气形成对流，以达到调节库内温湿度的目的。库内外温度差距越大时，空气流动就越快；如库外有风，借风的压力更能加速库内外空气的对流。

（3）吸潮

在梅雨季节或阴雨天，当库内湿度过高，不适宜物品保管，而库外湿度过大，不宜进行通风散潮时，可以在密封库内用吸潮的办法降低库内湿度。

仓库中通常使用的吸潮剂有氯化钙、硅胶等。但现在，仓库都普遍使用机械吸潮方法，主要使用吸湿机，将库内的湿空气通过抽风机吸入吸湿机冷却器内，使它凝结为水而排出。吸湿机一般适宜于储存棉布、针棉织品、贵重百货、医药仪器、电工器材和烟糖类的仓间吸湿。

5.8 在库物品养护

物流经理应对存储在仓库的物品进行养护管理，要针对不同物品的物理、化学特征和特点，采用科学的物品养护方法，防止物品的霉变、腐蚀、虫蛀等，从而保证物品的使用价值。

1. 金属制品的防锈处理

金属锈蚀是指金属受到周围介质的化学作用或电化学作用而被损坏的现象。在仓库内进行金属保管的，应主要从防锈和除锈两方面进行。

（1）防锈处理

防锈主要是针对影响金属锈蚀的外界因素进行的，具体措施如表5-5所示。

表5-5　金属的防锈措施

措施	具体要求
控制和改善储存条件	（1）储存金属物品的露天货场，要尽可能远离工矿区，特别是化工厂，应选择地势高、不积水、干燥的场地 （2）较精密的五金工具、零件等金属物品必须在库房内储存，并禁止与化工物品或含水量较高的物品同库储存
涂油	主要是在金属制品表面涂（或浸或喷）一层防锈油脂薄膜 （1）软膜防锈油。可以采取按垛油封、按包油封或个体油封的方式 （2）硬膜防锈油。多用于露天存放的钢材，方法以喷涂为佳
气相防锈	（1）利用一些具有挥发性的化学药品，使其在常温下迅速挥发，让空间饱和，并使其挥发出来的气体物质吸附在物品表面，可以防止或延缓物品的锈蚀 （2）气相防锈剂有气相防锈纸、粉末法、溶液法等

（2）除锈处理

目前的除锈方法有手工除锈、机械除锈和化学除锈三种，如图5-12所示。

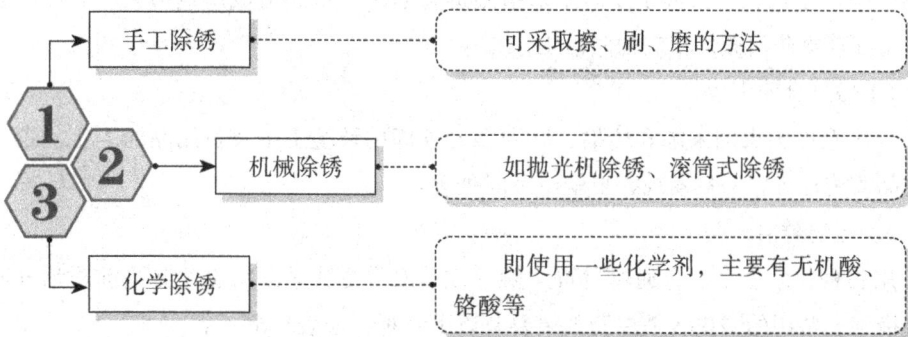

手工除锈 ┄┄ 可采取擦、刷、磨的方法

机械除锈 ┄┄ 如抛光机除锈、滚筒式除锈

化学除锈 ┄┄ 即使用一些化学剂，主要有无机酸、铬酸等

图5-12　除锈的方法

2. 物品的霉变腐烂防治

物品霉变的防治主要针对物品霉变的外因——微生物产生的环境条件，而采取相应的技术措施，主要通过做好物品保管和使用药物防腐两种方法来进行。

（1）合理保管物品

合理保管物品需达到的要求如图5-13所示。

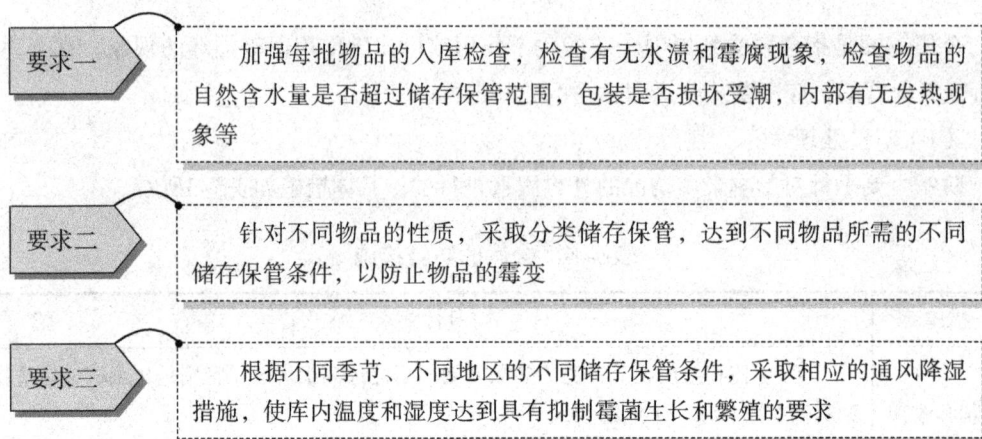

要求一	加强每批物品的入库检查，检查有无水渍和霉腐现象，检查物品的自然含水量是否超过储存保管范围，包装是否损坏受潮，内部有无发热现象等
要求二	针对不同物品的性质，采取分类储存保管，达到不同物品所需的不同储存保管条件，以防止物品的霉变
要求三	根据不同季节、不同地区的不同储存保管条件，采取相应的通风降湿措施，使库内温度和湿度达到具有抑制霉菌生长和繁殖的要求

图5-13 合理保管物品的要求

（2）药剂防霉腐

药剂防霉腐是指将对霉腐微生物具有抑制和杀灭作用的化学药剂加到物品上，以达到防止霉腐的目的。

防霉腐药剂的种类很多，常用的工业防腐药剂有亚氯酸钠、水杨酰苯胺、多聚甲醛等。此外，由于多数霉腐微生物在有氧条件下才能正常繁殖，所以，在一些工业品仓库中，会采用氮气或二氧化碳气体全部或大部分取代物品储存环境的空气，使物品上的微生物不能生存，以达到防霉腐效果。

3. 仓库虫害的防治

物品中发生害虫时，如不及时采取措施进行杀灭，常会造成严重损失。因此，必须从仓库卫生和药物防治做好相应的防治工作。

（1）做好仓库卫生

要杜绝仓库害虫的来源和传播，必须做好仓库的环境卫生及备用品的卫生消毒，并对在库物品实施检查，一旦发现害虫就应及时处理。

（2）药物防治

使用各种化学杀虫剂，通过胃毒、触杀或熏蒸等方式杀灭害虫，是当前防治仓库害虫的主要措施。常用的防虫、杀虫药剂主要有以下几种，如表5-6所示。

表5-6　常用的防虫、杀虫药剂

杀虫药剂	具体说明
驱避剂	即利用易挥发并具有特殊气味和毒性的固体药物，使挥发出来的气体在物品周围经常保持一定的浓度，从而起到驱避毒杀仓库害虫的作用。常用驱避剂药物有精萘、对位二氯化苯、樟脑精（合成樟脑）等
杀虫剂	即通过触杀、胃毒方式杀灭害虫，常用于仓库及环境消毒的有敌敌畏、敌百虫等
熏蒸剂	即使用药剂的蒸气通过害虫的气门及气管进入体内，从而引起中毒死亡。常见的药剂有氯化苦、溴甲烷、磷化铝、环氧乙烷和硫磺等。熏蒸方法可根据物品数量多少，结合仓库建筑条件，酌情采用整库密封熏蒸、帐幕密封熏蒸、小室密封熏蒸和密封箱、密封缸熏蒸等形式

小贴士

各种杀虫剂都是有毒的，尤其是熏蒸剂有剧毒，使用时必须严格落实安全措施。

5.9　物品出库准备工作

物品出库也称发货，是仓库根据业务部门开出的物品出库凭证，按其所列的物品编号、名称、规格、牌号、单位、数量等项目，组织物品出库登账、配货、复核、包装、分发出库等一系列作业的总称。

物品出库前，要做好以下准备工作。

1. 准备各种单据

在通常情况下，仓库调度人员在物品出库的前一天接到从外运公司送出来或从其他方面送来的提货单后，应按去向、船名、关单等，分理和复审提货单，及时、正确地编制好有关班组的出库任务单、配车吨位、机械设备单以及提货单等，分别送给工班长、机械班和保管员或收发、理货员，以便做好出仓准备工作。

2. 做好出库准备工作

保管员从调度人员手中接到出仓通知后，应做好准备工作，具体如图5-14所示。

工作一	在进出仓业务通告牌上写明出仓物品的品名、规格、数量以及货位货号、发往地点等，以利于工班的及时配合
工作二	按提货单所写的入库凭证号码，核对储存凭证（即为保管员的账），以储存凭证上所列的货位货号寻找到该批物品的货垛，然后将提货单与储存凭证、桩脚卡、物品进行核对，确认无误后要做好出仓标记以确保单货相符
工作三	保管员应和堆桩工协商撤桩方法。若堆桩工和保管员意见不统一，一般应按保管员的意见办理
工作四	在有理货条件的情况下，可先按物品去向、关单将出仓物品运到理货场地上，并理好货，以利于运输车辆一到即能进行装车作业。对运到理货场地上的物品，应写明关单

图5-14　出库准备工作

5.10　物品出库的程序

一般来说，物品出库应按照以下程序进行，如图5-15所示。

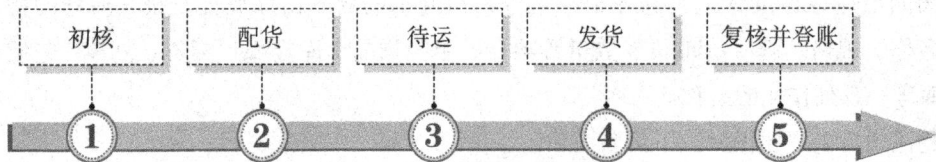

图5-15　物品出库的程序

1. 初核

初核的内容如下所示。

（1）审核物品出库凭证，主要是审核正式出库凭证填写的项目是否齐全，有无印鉴。

（2）所列提货单位名称、物品名称、规格重量、数量、唛头、合约号等是否正确，单上填写字迹是否清楚，有无涂改痕迹。

（3）提货单据是否超过了规定的提货有效日期，如发现问题，应立即联系或退请业务单位更正，不允许含糊不清地先行发货。

2. 配货

保管人员应按出库凭证所列的项目内容进行配货。

（1）属于自提出库的物品，不论整零，保管人员都要将货配齐，经过复核后，再逐项点付给提货人，当面交接，以清责任。

（2）属于送货的物品，应按分工规定，由保管人员在包装上刷写或粘贴各项必要的发运标志，然后集中送到理货场所待运。

3. 待运

送货的物品，不论整件或拼箱的，均须进行理货，集中待运。待运物品，一般可分公路、水路、铁路等不同的运输方式、路线和收货点，进行分单（票）集中，便利发货。

4. 发货

运输部门人员持提货单到仓库时，保管员或收发货员应逐单一一核对，并点货交与运输人员，划清责任。发货结束，应在随车清单上加盖"发讫"印记，并留据存查。发货时，应同时填发物品出门证，交给提货人员，以便仓库门岗卡口人员查验放行。

小贴士

> 仓库发货，原则上是按提货单当天一次发完，如确有困难不能当日提取完毕的，应分批提取。保管员须向提货人交代分批提取手续，每批次发货时均应记录并核对，谨防差错。

5. 复核并登账

保管人员发货后，应及时核对物品储存数，同时检查物品的数量、规格等是否与批注的账面结存数相符，然后再进行入账处理。

5.11　做好物品标志工作

做好物品标志工作是保证及时、正确地完成出口发运任务的重要环节。如果标志刷错、刷坏，就会造成发运上的混乱和差错，影响对外履约，甚至造成客户索赔。因此，要高标准、严要求地做好刷唛工作。

1. 准备工作

接到标志单后，首先要核对标志，核对物品品种、件数，并在备查本上登记标志单号码，以防遗失；还要准备好标识用料和工具；对多品种、多规格的小批物品要分品种、分规格提前刷好，切忌边刷唛边发货，以免错刷。

2. 刷标志要求

标志要清晰整洁，部位适当，不错刷、不漏刷、不反刷、不倒刷、不歪刷。标志刷好后，应复核一遍，检查有无漏刷、错刷现象。

3. 专人负责

刷标志工作要指定专人负责，有条件的要成立刷标志小组。刷标志人员要努力学习外语，以便识别标志，防止差错。如发现标志刷错，要立即设法擦净或用墨涂去后重刷，涂时要注意整洁。

学习笔记

通过学习本章的内容，想必您已经掌握了不少学习心得，请仔细记录下来，以便继续巩固学习。如果您在学习中遇到了一些难点，也请如实写下来，方便今后重复学习，彻底解决这些难点。

我的学习心得

1. _____

2. _____

3. _____

4. _____

5. _____

我的学习难点

1. _____

2. _____

3. _____

4. _____

5. _____

我的运用计划

1. _____

2. _____

3. _____

4. _____

5. _____

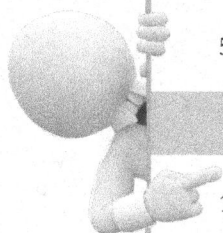

第 **6** 章

物流现场改善

　　一家企业的现场管理水平，能反映出该企业的库存水平、物流质量、生产计划达成率、生产效率、物流成本等。物流现场的建设与改善是整个企业物流管理的重要组成部分，直接关系到企业的生产效率和物流成本。

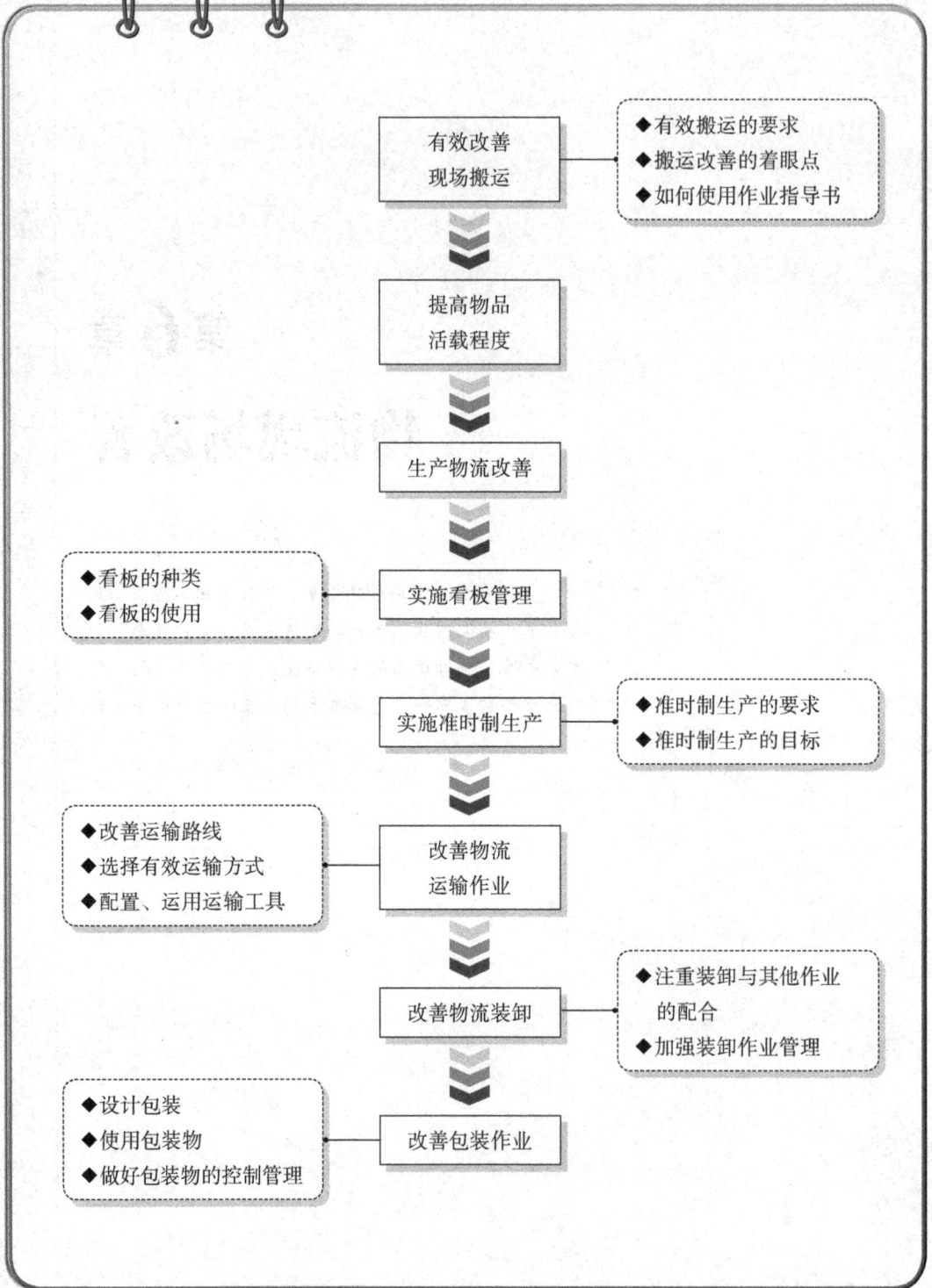

学习指引

有效改善
现场搬运

◆有效搬运的要求
◆搬运改善的着眼点
◆如何使用作业指导书

提高物品
活载程度

生产物流改善

◆看板的种类
◆看板的使用

实施看板管理

实施准时制生产

◆准时制生产的要求
◆准时制生产的目标

◆改善运输路线
◆选择有效运输方式
◆配置、运用运输工具

改善物流
运输作业

改善物流装卸

◆注重装卸与其他作业
  的配合
◆加强装卸作业管理

◆设计包装
◆使用包装物
◆做好包装物的控制管理

改善包装作业

6.1 有效改善现场搬运

搬运工作是物流作业的重点。在实际作业中，搬运不合理会造成很大的浪费。因此，物流经理要做好搬运改善，提高物流效率。

1. 有效搬运的要求

搬运必须注重效率，应尽量减少无效的移动（包括距离、重量、时间、次数）。在搬运时应注意做好以下工作，如图6-1所示。

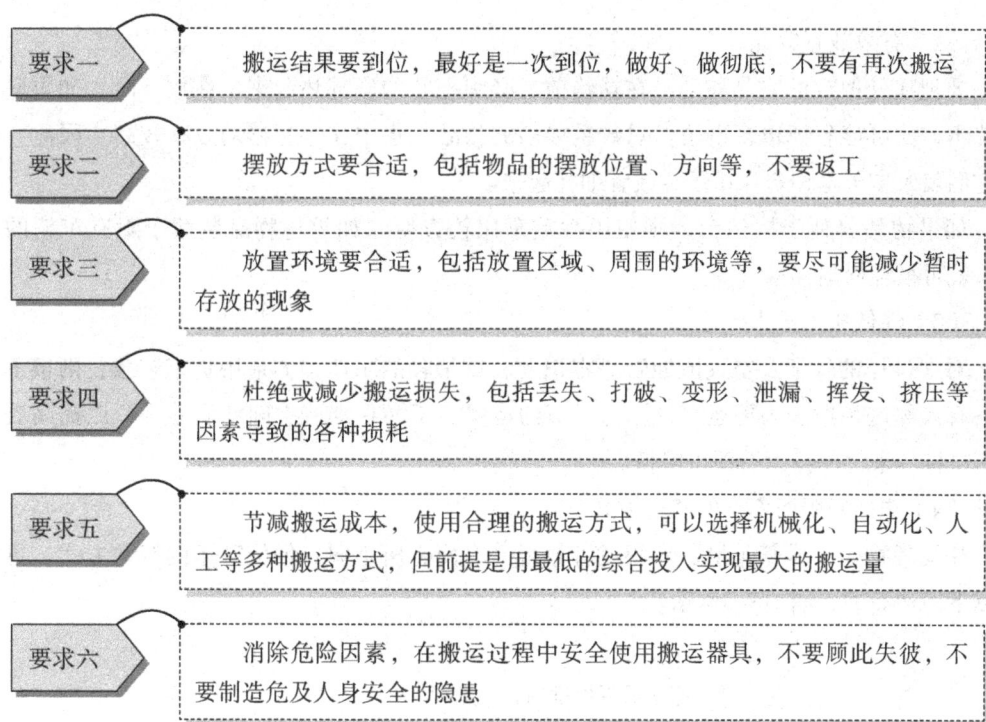

要求一	搬运结果要到位，最好是一次到位，做好、做彻底，不要有再次搬运
要求二	摆放方式要合适，包括物品的摆放位置、方向等，不要返工
要求三	放置环境要合适，包括放置区域、周围的环境等，要尽可能减少暂时存放的现象
要求四	杜绝或减少搬运损失，包括丢失、打破、变形、泄漏、挥发、挤压等因素导致的各种损耗
要求五	节减搬运成本，使用合理的搬运方式，可以选择机械化、自动化、人工等多种搬运方式，但前提是用最低的综合投入实现最大的搬运量
要求六	消除危险因素，在搬运过程中安全使用搬运器具，不要顾此失彼，不要制造危及人身安全的隐患

图6-1 有效搬运的要求

2. 搬运改善的着眼点

根据有效搬运的要求，物流经理在进行搬运改善时可从以下个几方面着手。

（1）做好整理及整顿

物流搬运主要是距离、高度的移动，因此首先必须确保安全通路，从整理及整顿着手改善。只要进行整理及整顿，不必花很大力气，就能获得安全的生产环境，减少浪费，甚至能防止材质的误用，效率也可大幅提高。具体工作可从五方面着手，如图6-2所示。

图6-2　整理及整顿的要求

（2）有效放置物品

要把随处散放的物品移动，在挂钩前，必须把它的底部垫起来。在放下时，如果底下有枕木，就可能省掉很多事情。对数量很多的物品，集中在一起移动效率较高。因此，可将它们装入袋子里、塞入箱子，或者捆扎起来。

如果物品排列于搬运台，则使用举重车比较方便。如果将物品装载于附有车轮的台车，就可很轻松地移动。

（3）降低搬运成本

对大口径的管子及空气流通管等容积大、重量轻的东西，如果用货车装载，则很不经济。有人称这种做法为搬运空气。为了节约运费，不妨在那些空间塞满零件，以提高效率化。这样一来，单位运费即可降低。

（4）选择舒服而安全的搬运方式

搬运货物时，尽管重量、容积或者数量等方面有所不同，但依搬运的劳动方式，可分为以下四种类型，如图6-3所示。

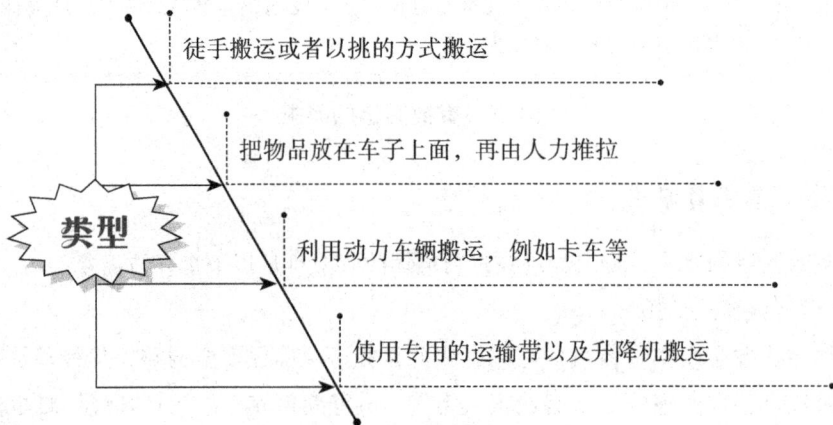

图6-3　搬运的类型

（5）缩短搬运距离

一旦卡车载运货物入厂，就必定产生卸货的工作。卸完了货，卡车回去，作业就告一段落。但那些卸下来的货物，总要对它们进行移动处理，即必须做好搬运工作。一般来说，对于各种金属材料、木材以及塑胶等物品，最好及时进行搬运，可使用各种搬运工具如叉车、手推车等。

3. 如何使用作业指导书

《搬运作业指导书》是一种规范性文件，它为搬运作业提供了指导和依据。它适用于企业内部发生的搬运和装卸作业，内容主要包括搬运人员的职责、搬运工具的使用方法、搬运方式的选择要求、搬运过程中的注意事项、搬运事故处理方法、装载和卸下物品的方法等。

下面是某公司搬运作业指导书的范本，仅供参考。

范本

搬运作业指导书

1. 目的

以合理的搬运、储存、包装、防护及交付作业方式，确保物料从进厂至交付的过程中，均符合品质要求。

2. 适用范围

公司内所有材料、半成品、成品等物品的搬运。

3. 权责

3.1 物资部负责该指导书的编制、修改及更新。

3.2 公司内所有物品搬运人员应严格按该指导书进行搬运。

3.3 品质部负责监督搬运人员按该指导书执行。

4. 内容

4.1 搬运方式包括人工、手推车、油压拖板车等。

4.2 化学液体（瓶）的搬运。

4.2.1 搬运化学液体瓶时一般使用手推车，量少的可以人工搬运。

4.2.2 使用手推车时注意车上不可堆积超过两层，玻璃瓶禁止堆积。

4.2.3 手推车搬运货物禁止拉行，速度不可过快，以正常行走速度为准。

4.2.4 用手搬运化学药品瓶时应一手拿好瓶子把手，一手托住瓶子底部，禁止单手提装有药品的瓶子（空瓶除外），以防药瓶滑脱造成破碎或药品泄露。

4.2.5 用完的药品瓶子，或正在使用中的化学品瓶子，在搬运前都要检查瓶盖是否拧紧，以防搬运时不小心碰翻，造成泄漏。

（续）

4.3 特殊气体瓶（含空瓶）的搬运。

4.3.1 搬运人员必须具备一定的相关知识，并依据供应商提供的操作流程实施作业。

4.3.2 搬运时必须使用专门的气瓶推车，避免任何碰撞，搬运时禁止拉行。

4.4 油压拖板车一般用于搬运重量大、不方便搬运的物品，如机器设备或备件、大型柜子、工作台等，操作一般由专业人员进行。操作时应注意重量摆放均衡，不可转弯过快，避免发生碰撞、倾倒。

4.5 所有物品在搬运过程中应轻拿轻放，防止容器或包装箱被撞击，防止容器倒塌、翻转、重压、泄露，确保人身安全。

4.6 公司外人员搬运。

4.6.1 公司外货物到到达后，货物相关责任人到场后方可卸货。

4.6.2 搬运大件物品需使用机动叉车时，由相关责任人通知采购人员联系搬运公司。

4.6.3 货物卸货后由相关责任人指挥运到仓库或车间指定位置，使用工具及方法遵从4.2、4.3、4.4、4.5的说明。

6.2 提高物品活载程度

物品的活载程度是指移动物品的难易程度。例如，放在货架上的物品就比堆放的物品容易搬运，前者的活载程度就大些；放在托盘上的物品比放在传送带上更难搬运，则前者的活载程度就小些。在实际生产中，为了便于搬运作业，物流经理应尽可能提高存放物品的活载程度。部分物品的活载程度和活性系数，如表6-1所示。

表6-1 物品活载程度表

状态	说明	处置时所费的人工				耗费的人工数	活性系数
		收集	扶起	抬高	移动		
散放	散乱放置在地板、台架上	○	○	○	○	4	0
装箱	放车集装箱、箱子、袋子、装置内或捆成捆儿放在一起	×	○	○	○	3	1
支垫	放置在平板架、木棒、枕木上，以便随时能举起来	×	×	○	○	2	2
装车	放置在推车上	×	×	×	○	1	3
移动	放置在移动的传送带或斜槽上	×	×	×	×	0	4

（续表）

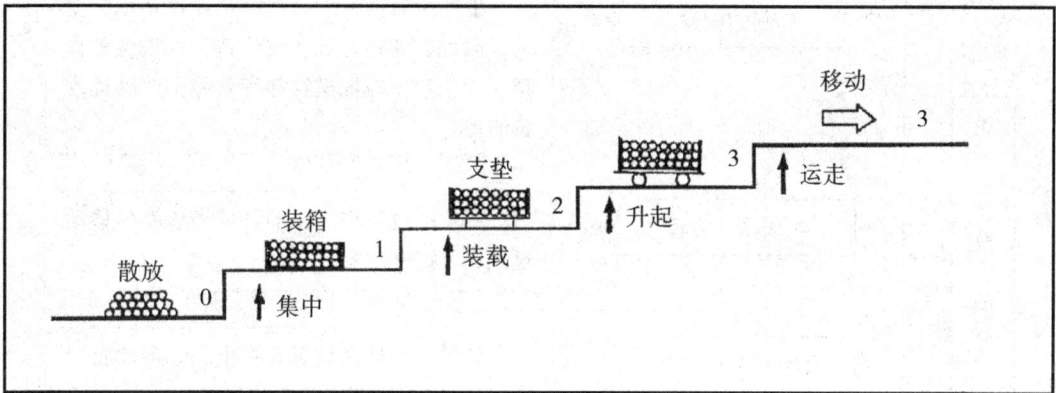

根据以上分析，物流经理在提高物品的活载程度时可采取以下方法，如图6-4所示。

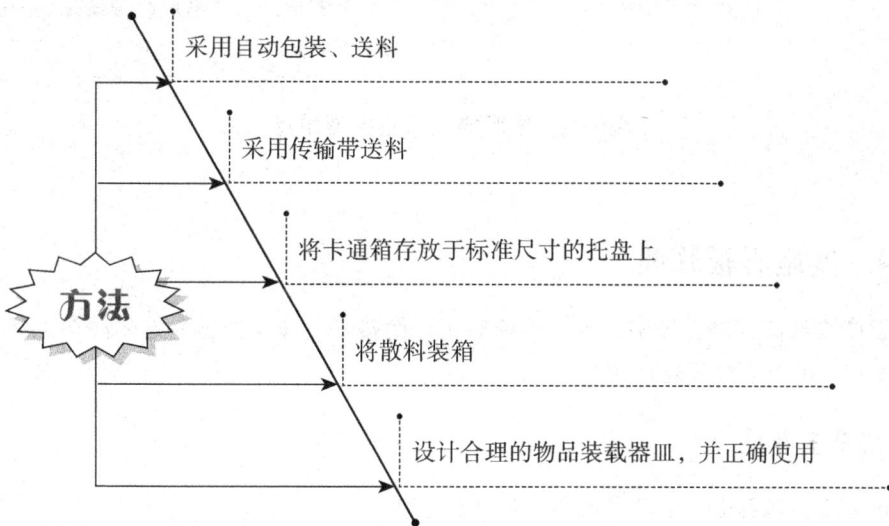

图6-4　提高活载程度的方法

6.3　生产物流改善

生产物流是原材料从投入生产后，经过下料、发料，运送到各个加工点和储存点，以在制品的形态，从一个生产单位流入另一个生产单位，按照规定的生产工艺过程进行加工、储存的全部过程。

由于生产物流活动是制造企业每个生产加工过程的连接，因此，为保证生产过程始终处于最佳状态，物流经理在进行生产物流改善时应从生产的各个环节入手，如图6-5所示。

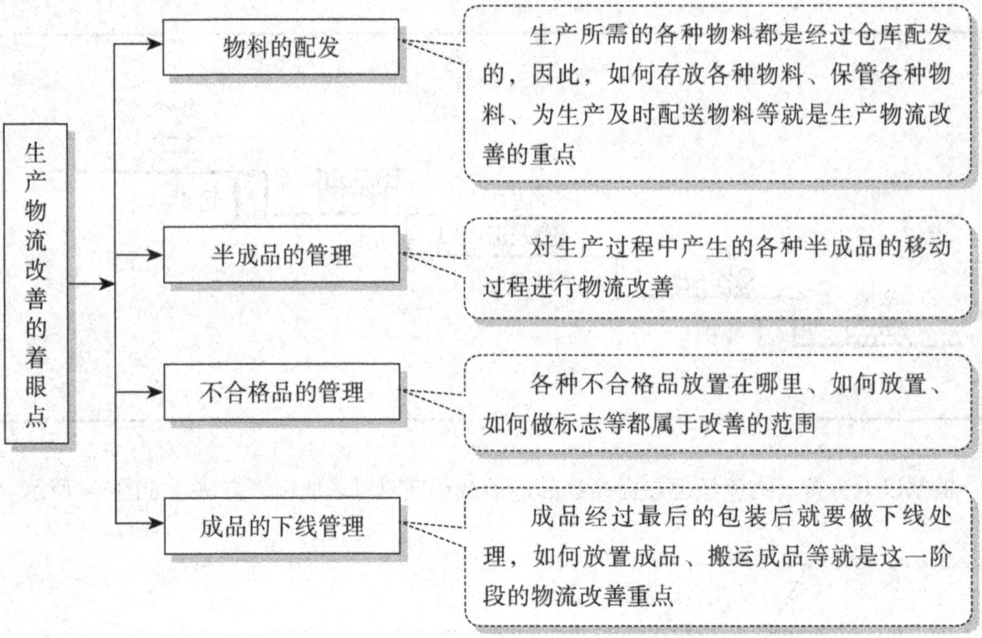

图6-5　生产物流改善的着眼点

6.4　实施看板管理

在生产物流的控制管理中，为了使前后工序衔接好、减少物料或零部件在工序中的移动浪费现象，可以采取看板管理的方式。

1. 看板的种类

看板分为传送看板、生产看板和临时看板三种。

（1）传送看板

传送看板用于指挥零部件在前后工序之间的移动，可分为工序之间看板和外协看板，具体如表6-2所示。

表6-2　传送看板的类型

类型	具体说明
工序之间看板	它是工厂内部后道工序到前道工序领取所需零部件时使用的看板
外协看板	这种看板与工序之间看板相似，只是"前道工序"不是内部的工序而是供应商，是针对外部协作厂家所使用的看板。对外订货看板上须记载进货单位的名称和进货时间、每次进货的数量等信息

（2）生产看板

生产看板用于指挥各工序的生产，可分为工序内看板和信号看板，如表6-3所示。

表6-3　生产看板的种类

类型	具体说明
工序内看板	工序内看板是各工序进行加工时所用的看板。工序内看板规定了所生产的零部件和数量，它只在工作地和出口存放处之间往返
信号看板	信号看板是在进行成批生产的工序所使用的看板。信号看板挂在成批制作出的产品上。当该批产量减到基准数时摘下看板，送回生产工序，然后生产工序按该看板的指示开始生产。另外，零部件出库到生产工序，也可利用信号看板来进行指示配送

（3）临时看板

临时看板指进行设备维护、设备修理、临时任务时所使用的看板。

2. 看板的使用

在看板管理中，将物流与信息流区分为工序之间的物流与信息流以及工序内的物流与信息流，分别由传送看板与生产看板进行控制。

（1）传送看板

传送看板指挥零部件在前后两道工序之间的移动，零部件必须与产品一起移动。

当后道工序需要补充零部件时，传送看板就被送至前道工序的出口存放处，并附在放置所需零部件的容器上，同时取下该容器上的生产看板，放入生产看板专用盒中，传送看板附在装有零部件的容器上，从前道工序的出口存放处搬运到后道工序的入口存放处。

当后道工序开始使用其入口存放处容器中的零部件时，传送看板就被取下，放入传送看板专用盒中。

小贴士

每一个传送看板只对应一种零部件。每一种零部件总是存放在规定的、相应的容器内，所以，一个传送看板对应的容器也是一定的。

（2）生产看板

生产看板用于控制工序内的物流与信息流，指挥各工序的生产。生产看板规定了所生产的零件及数量，它只在作业点与其出口存放处之间往返。

当后道工序传来的传送看板与该作业点出口存放处容器上的生产看板相同时，该作业点作业人员取下生产看板放入生产看板专用盒内。该容器连同传送看板一起被送到后道工序的入口存放处。

该作业点作业人员按顺序从生产看板专用盒内取走生产看板，并按生产看板的具体内容，从作业点的入口存放处取出要加工的零部件，加工完规定的数量之后，将生产看板附于容器上，放置于该作业点出口存放处。当生产看板专用盒中没有看板时，则停止生产。

小贴士

在一条生产线上，无论是生产单一品种还是多品种的产品，按这种方法所规定的顺序和数量进行生产，既不会延误也不会产生过多的中间库存。

6.5 实施准时制生产

在现代工厂中，为了控制好物流时间，很多工厂都开始向准时制生产的方向发展，以消除各种无效的物流活动和物流浪费现象。

1. 准时制生产的要求

准时制生产要求很简单，但物流控制要求很高，实施起来有很大难度。准时制生产要求进行全面质量管理，建立质量保证体系，而不只是通过检验来发现缺陷，目的是从根本上保证产品质量。在生产准备方面，要求加快速度，否则如果没有库存，将很难满足不断变化的市场需求。此外，还要求员工具有全员参与意识，每位员工都是管理者。上级只是提出目标和处理问题的原则，各级员工可以在自己的权限内处理工作范围内发生的问题。

2. 准时制生产的目标

准时制生产的目标是消除无效劳动和浪费，如图6-6所示。

目标一　最大限度地降低库存

零库存准时制生产要求最大限度地降低库存，认为任何库存都是浪费，必须予以消除。在生产现场，生产线需要多少就供应多少，生产活动结束时现场应没有多余的库存品

目标二　最大限度地追求零废品

准时制生产中，每道工序都力求达到最高水平，消除各种会产生不合格品的因素，限制废品流动造成的损失，每一个需求方都拒绝接受废品，让废品只能停留在供应方，不让其继续流动而损害后面的工序

目标三 ▷ 实现最大的节约

生产要消耗材料和劳务，还会产生装卸搬运和仓储等费用，所以生产多余的产品不是财富，而是一种浪费，因此准时制生产要求节约。它的生产指令是由生产线终端开始，根据订单依次向前一道工序发出的

图6-6 准时制生产的目标

6.6 改善物流运输作业

企业物流的改善主要从各个具体环节着手，物流运输就是改善的重点项目。实施有效运输是降低物流成本的主要途径之一。

1. 改善运输路线

企业运输包括企业内运输和企业外运输两个部分。

（1）企业内运输路线是否合理主要取决于企业平面位置的规划，企业应合理规划企业车间、仓库的位置，以及车间内机器设备的位置，优化企业内的物流路线，使物流在企业内的搬运短程化、直线化，减少物料在企业内的迂回、倒流、重复和过远运输。

（2）对于企业外运输路线的选择，企业应尽量就近组织物料供应和产品销售，避免相向、重复、迂回、倒流等各种不合理运输，以缩短物资在途时间，加快物流速度，降低物流成本。

2. 选择有效运输方式

（1）直达运输有利于减少中转环节和装卸次数，从而加快物流速度，减少途中损耗，适用于大宗物资、急需物资和专用物资的运输，反之则应采用中转运输。

（2）与独立运输相比，联合运输可以提高运载工具效率，降低物流成本，所以物流经理应彻底跳出企业本位的狭隘观点，尽可能组织联合运输。

3. 配置、运用运输工具

物流经理应根据各种运输工具的特点，结合所运物资的特性、数量、运输路程的远近以及运输任务的缓急等因素，并考虑到运输费用和包装、装卸、储存费用的相关性，来合理选择运输工具，如图6-7所示。

工具一 ▷ 优化产品设计，改进产品包装，充分利用运输工具的容积，提高技术装载量

工具二	改进运输方式，合理组织轻重配装、拆零装载、压载装载、散装运输以及改进堆码等，以充分利用运输工具的容积和装载量
工具三	提高装卸技术，尽可能利用机械化装卸，保证快装快卸，加快车船周转
工具四	利用回空的车船，组织双程运输，利用空余运力，组织捎脚运输、消除车船空驶
工具五	积极开展集装箱运输
工具六	加强对自有运输工具维修、保管和使用的管理工作，严格控制各项费用支出

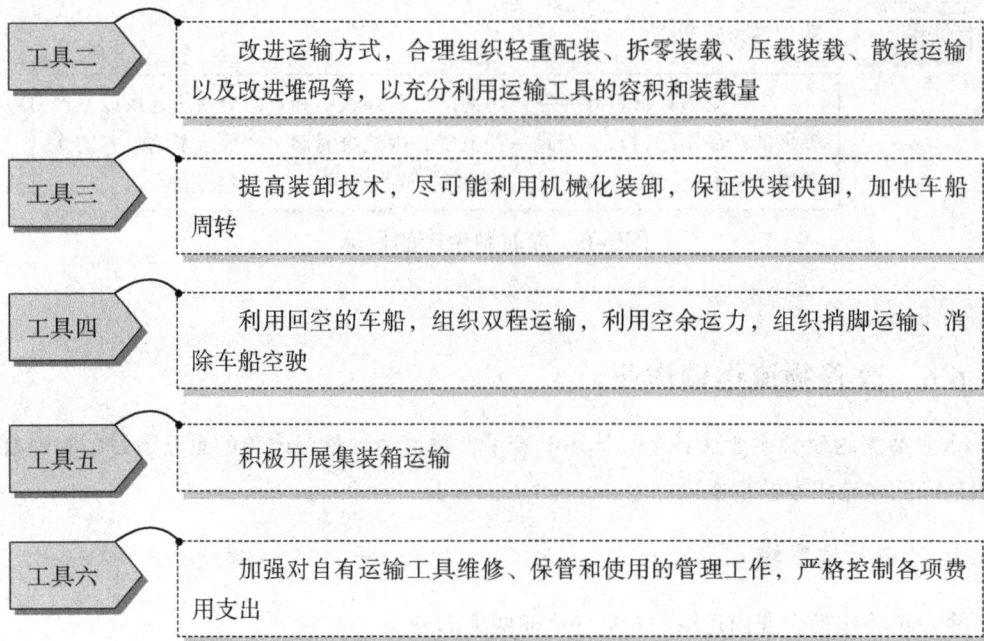

图6-7　合理选择运输工具

6.7　改善物流装卸

为了降低物流成本，改善物流作业，物流经理必须重视装卸环节的合理性。

1. 注重装卸与其他作业的配合

装卸一般都与包装、运输、储存等作业相联系，因此在改善时应考虑装卸与其他作业的配合，提高装卸的灵活性。

（1）装时就要考虑到卸的方便，考虑到包装、储存的方便以及运输的合理等。

（2）包装、储存时也要考虑到以后装卸的方便，如确定包装单位重量、体积及使用材料时，就应考虑到装卸方式的要求。人工装卸时，重量、体积都不能过大，机械装卸则无须考虑。

2. 加强装卸作业管理

首先要提高装卸速度，尽可能快装快卸，减少压车压船占库的损失；其次要提高装卸质量，减少装卸过程中的丢失、破损。

小贴士

在装卸改善时，尽可能实施装卸机械化，既能提高装卸速度和质量，也保证了装卸的安全。

下面是某公司装卸搬运岗位作业指导书的范本，仅供参考。

范本

装卸、搬运岗位作业指导书

1. 目的

加强对货物装卸、搬运者的管理，对作业过程进行控制，确保过程符合规定。

2. 适用范围

本规定适用于××公司装卸、搬运的作业人员。

3. 职责

3.1 装卸、搬运工应经过培养训练，并考试合格，必须具备较高的安全意识和素质，具有安全装卸、搬运技能。

3.2 忠于职守、爱岗敬业，必须有团结协作精神。

4. 工作程序

4.1 操作基本要求。

4.1.1 严格遵守易燃、易爆及化学危险物品装卸运输相关规定。装卸粉散材料及散发毒气的物品时，应佩戴必要的防护用品。

4.1.2 工作前应认真检查所用工具是否完好可靠，不得超负荷使用。

4.1.3 装卸时应轻装轻放，重不压轻，大不压小，堆放平稳，捆扎牢固。

4.1.4 人工搬运、装卸物件应视物件轻重配备人员。杠棒、跳板、绳索等工具必须完好可靠。多人搬运同一物件时要有专人指挥，并保持一定间隔，一律顺肩，步调一致。

4.1.5 堆放物件不可歪斜，高度要适当，对易滑动件要用木块垫塞。不得将物件堆放在安全道内。

4.1.6 用机动车辆装运货物时不得超载、超高、超长、超宽。如必须超高、宽、长装运，应按交通安全管理规定执行，要有可靠措施和明显标志。

4.1.7 装车时，随车人员要注意站立位置。车辆行驶时，不准站在物件和前栏板之间。车未停妥不得上下。

4.1.8 装卸货物应挂规定吊点，起吊装箱件时应先检查箱体底脚是否牢固完好，

（续）

按吊线标志吊挂，并经试吊确认稳妥后方可起吊。

4.1.9　使用卷扬机、钢管滚动滑移货物时，要有专人指挥，路面要坚实平整，绳索套结要找准重心，保持直线行进，有棱角快口部位应设垫衬，卸车或下坡应加保险绳，货物前后和牵引钢丝绳边不得站人。

4.1.10　装运易燃易爆化学危险物品时，严禁与其他货物装混。要轻搬轻放，搬运场地不得吸烟。车厢内不得坐人。

4.1.11　装卸时，应根据吊位变化，注意站立位置。严禁站在吊物下面。

4.1.12　铁路车辆装运物件时，不得超过车厢允许高度和宽度。铁路两侧1.5米以内不得堆放装卸物件，不得在车厢底下或顶上休息。

4.1.13　在高栏板车厢装卸，货物起重驾驶员无法看清车厢内的指挥信号时，应设中间指挥，正确传递信号。

4.2　工作程序。

4.2.1　搬运重物之前，应采取防护措施，戴防护手套、穿防护鞋等，衣着要全体、轻便。

4.2.2　搬运重物之前，应检查物体上是否有钉、尖片等物，以免造成损伤。

4.2.3　应使用手掌紧握物体，不可只用手指抓住物体，以免脱落。

4.2.4　靠近物体，将身体蹲下，用伸直双腿的力量，不要用背脊的力量，缓慢平稳地将物体搬起，不要突然猛举或扭转躯干。

4.2.5　传送重物时，应移动双脚而不是扭转腰部。当需要同时提起和传递重物时，应先将脚指向欲搬往的方向，之后再搬运。

4.2.6　不要一下子将重物提至腰以上的高度，应先将重物放于半腰高的工作台或适当的地方，纠正好手掌的位置，然后再搬起。

4.2.7　搬运重物时，应特别小心工作台、斜坡、楼梯及一些易滑倒的地方，经过门口时，应确保门的宽度，以防撞伤或擦伤手指。

4.2.8　搬运重物时，重物的高度不得超过人的眼睛。

4.2.9　当有两人或两人以上一起搬运重物时，应由一人指挥，以保证步伐统一，同时提起及放下物体。

4.2.10　用小车推物时，无论是推、拉，物体都要在人的前方。

4.3　基本要点

4.3.1　搭肩：一人或两人搭肩时，接件人应一脚在侧面，一脚在后半蹲，手臂伸直抓住货件站起。搭肩人应将货件悠起到所需高度但不应超过肩高。

4.3.2　肩扛：承接货件时不得弯腰，可以屈膝歪头，应使货件重心位于肩上，手扶货件直立行走。圆形、易滑货件要扛单件行走，不得叠放两件及多件，必要时可捆扎为件。超过50千克的桶和超过35千克的液体货物不得肩扛。

（续）

　　4.3.3　落肩：将货件落放到指定的位置，垂直落下时，接触地面之前应以手臂牵拉制动防止摔撞；既有垂直距离又有水平距离时，应以凹形弧线摆动，在水平运动阶段进入目的位置。搬取货件的高度不应超过操作者的肩高，放下较重货件时应曲膝下蹲，平稳落地。易碎品、贵重品、箱装、桶转以及纸袋等怕掉的货物应有专人接肩。

　　4.3.4　抬：以扁担、扛棒将捆绑好的货件抬起离地40厘米左右走行，每个货件至少要有4根绳受力（有固定单索点的货件或专用索具可以用两根绳受力），伙抬人员要屈膝直腰绷直绳索喊号同时站起，落下时也应缓慢同时落下。绳索在扁担（扛棒）上的分布要使重量平衡分配到每个人，扁担（扛棒）的长度应使人与货件保持适当的距离，以便行走。捆绑货件时应使其重心尽量位于绳套下部，绳索的夹角不应小于30°，防止货件在绳套中翻动。

　　4.3.5　抱、挟：双臂伸开围拢抓住高过膝部的货件，贴靠身体前部或侧面髋骨处，上身同时相应后仰，取放货件时应蹲起蹲放。

　　4.3.6　滚：双脚岔开，双手抓牢货件上部将货件倾斜，使货件重心移到接近支承边缘，转动货件，使其按指定方向滚动。防止压脚，挤手和货件摔倒。

　　4.3.7　铲：两手分握锹柄端部及中部，以屈腿助力水平铲入料堆（或以脚斜下方向蹬入）先撬动锹头，再端起转身以惯性甩出物料。不得以腹部顶推铁锹柄铲取物料。

　　4.3.8　背：上身前俯将货件贴向后背，双臂向后伸开，两手抠住货件底部，将货件贴紧髋骨处行走；怕摔的不变形货件要有人接取放下。

　　4.4　搬运装卸防火。

　　4.4.1　搬运、装卸易燃、易爆物资时，必须轻拿轻放，严防震动、撞击、重压、摩擦和倒置，不得使用能产生火花的工具，不得穿外露钎子鞋，并应在可能产生或积聚静电的设备上安装可靠的接地装置。

　　4.4.2　进入易燃、可燃物资库区的蒸汽机车和内燃机车时，必须装置防火罩。蒸汽机车要关闭风箱和送风器，且不得在库区清炉。仓库应派专人负责监护。

　　4.4.3　运输易燃、易爆物资的车辆，应当将物资苫盖严密。押运人员不得携带火种、打火机、雷管和导火索登车。

　　4.4.4　对散落、渗漏在车辆上的易燃、易爆物资必须及时清除干净，妥善处理。

　　4.4.5　各种机动车辆在装卸易燃、易爆物资时，有排气管的一侧不准靠近物资。

　　4.4.6　库房、站台、作业区、油泵房、货场装卸作业之前和结束之后，要彻底进行安全检查。

　　4.4.7　油库在装卸油时，必须做好防火、防爆、防静电着火的准备工作，专职消防队要到作业现场监护，并做好灭火准备。

　　4.4.8　雷雨时禁止装卸易燃油料，并要切断电源。

6.8 改善包装作业

为了做好包装改善，降低物流成本，物流经理应特别注意包装在物流中的经济性，认真研究包装与运输、装卸、储存等环节的适应性，提高包装技术，力求合理包装。在方便物流、保证物资安全的前提下，尽可能降低包装成本，具体措施如图6-8所示。

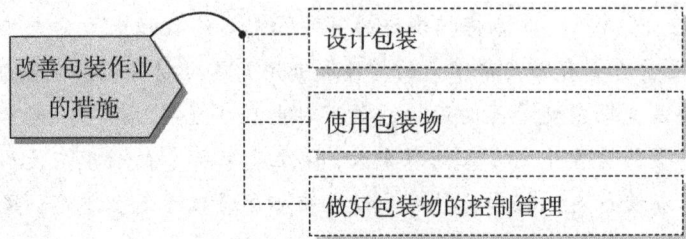

图6-8 改善包装作业的措施

1. 设计包装

包装设计要与装卸、储存和运输条件相适应，保证包装功能与成本相适应，避免包装功能过剩。企业在做包装设计时要推动功能成本分析，尽可能简化和改进不必要的包装，尽可能选用廉价的包装材料。

2. 使用包装物

对于周转使用的包装物，注意加速包装物的周转，制定包装物周转率指标，并加强考核，延长包装物使用年限和使用次数。还要注意搞好包装物的回收利用，避免使用过程中产生损失和浪费。

3. 做好包装物的控制管理

做好包装物的控制管理，可从以下两个方面入手，如图6-9所示。

① 收发管理
购入包装物时，主管部门必须记账掌握，并制定包装物的消耗定额，根据限额领料凭证发料，严格控制使用数量

② 领用计划的控制管理
各使用部门应按需要时间提交使用计划，交主管部门据以加工或购置，如因逾期无计划造成供应不及时或计划不准确造成供应量过多过少，均应追究责任

图6-9 包装物的控制管理

学习笔记

通过学习本章的内容，想必您已经掌握了不少学习心得，请仔细记录下来，以便继续巩固学习。如果您在学习中遇到了一些难点，也请如实写下来，方便今后重复学习，彻底解决这些难点。

我的学习心得

1. _____

2. _____

3. _____

4. _____

5. _____

我的学习难点

1. _____

2. _____

3. _____

4. _____

5. _____

我的运用计划

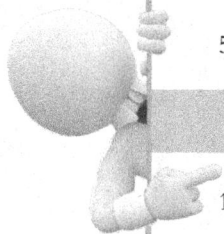

1. _____

2. _____

3. _____

4. _____

5. _____

第7章

物流配送中心管理

　　配送中心是以组织配送性销售或供应，执行实物配送为主要职能的流通型物流结点。配送中心是物流领域中社会分工、专业分工进一步细化之后产生的。

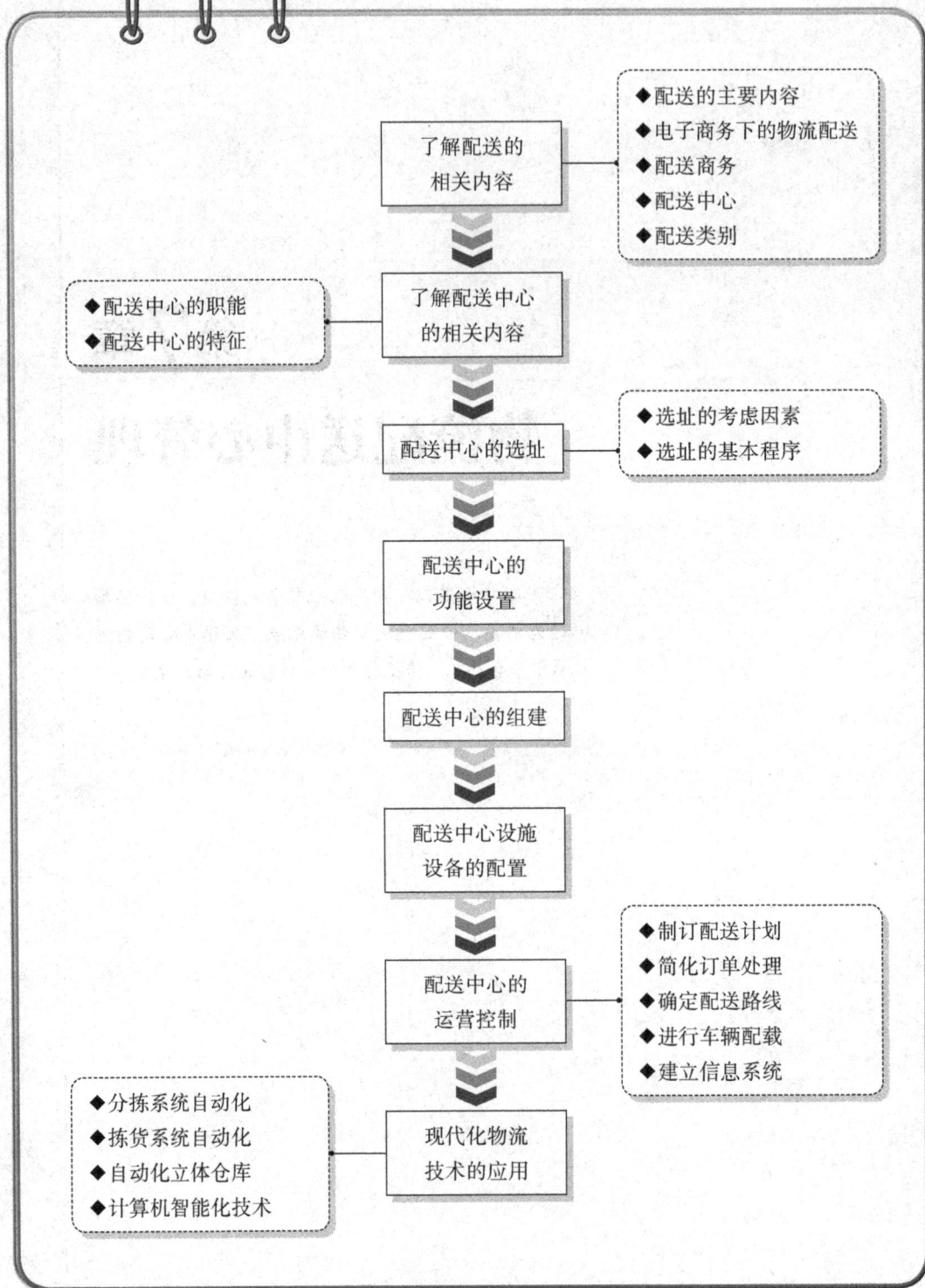

学习指引

了解配送的
相关内容

- ◆ 配送的主要内容
- ◆ 电子商务下的物流配送
- ◆ 配送商务
- ◆ 配送中心
- ◆ 配送类别

- ◆ 配送中心的职能
- ◆ 配送中心的特征

了解配送中心
的相关内容

配送中心的选址

- ◆ 选址的考虑因素
- ◆ 选址的基本程序

配送中心的
功能设置

配送中心的组建

配送中心设施
设备的配置

配送中心的
运营控制

- ◆ 制订配送计划
- ◆ 简化订单处理
- ◆ 确定配送路线
- ◆ 进行车辆配载
- ◆ 建立信息系统

- ◆ 分拣系统自动化
- ◆ 拣货系统自动化
- ◆ 自动化立体仓库
- ◆ 计算机智能化技术

现代化物流
技术的应用

7.1　了解配送的相关内容

物流配送是指按照用户的订货要求，在配送中心或其他物流联结点配备货物，并以最合理的方式送交用户。

1. 配送的主要内容

配送的主要内容包括以下的几个方面，如图7-1所示。

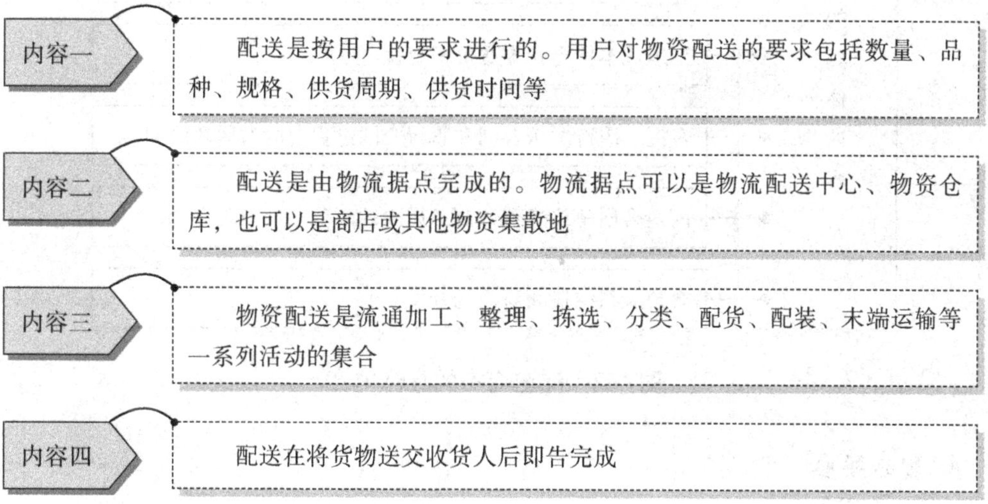

内容一：配送是按用户的要求进行的。用户对物资配送的要求包括数量、品种、规格、供货周期、供货时间等

内容二：配送是由物流据点完成的。物流据点可以是物流配送中心、物资仓库，也可以是商店或其他物资集散地

内容三：物资配送是流通加工、整理、拣选、分类、配货、配装、末端运输等一系列活动的集合

内容四：配送在将货物送交收货人后即告完成

图7-1　配送的主要内容

2. 电子商务下的物流配送

电子商务下的物流配送是信息化、现代化、社会化的物流配送。它是指物流配送企业采用网络化的计算机技术和现代化的硬件设备、软件系统以及先进的管理手段，针对社会需求，严格、守信地按用户的订货要求，进行一系列分类、编配、整理、分工、配货等理货工作，定时、定点、定量地交给没有范围限度的各类用户，满足其对商品的需求。

这种新兴的物流配送以一种全新的面貌成为流通领域的革新先锋，代表了物流配送的发展趋势。

3. 配送商务

配送商务是指配送经营人与需要产品配送服务的委托人之间的基于配送活动的经济联系，是双方基于配送产品交换的经济活动，两者在经济上完全独立。无论是独立经营的配送企业，还是兼营的配送业务，都需要与客户发生商务关系。即使是执行内部生产计划的企业内部配送，也可能涉及采用公共运输等的对外商务关系。配送商务的具体内容如图7-2所示。

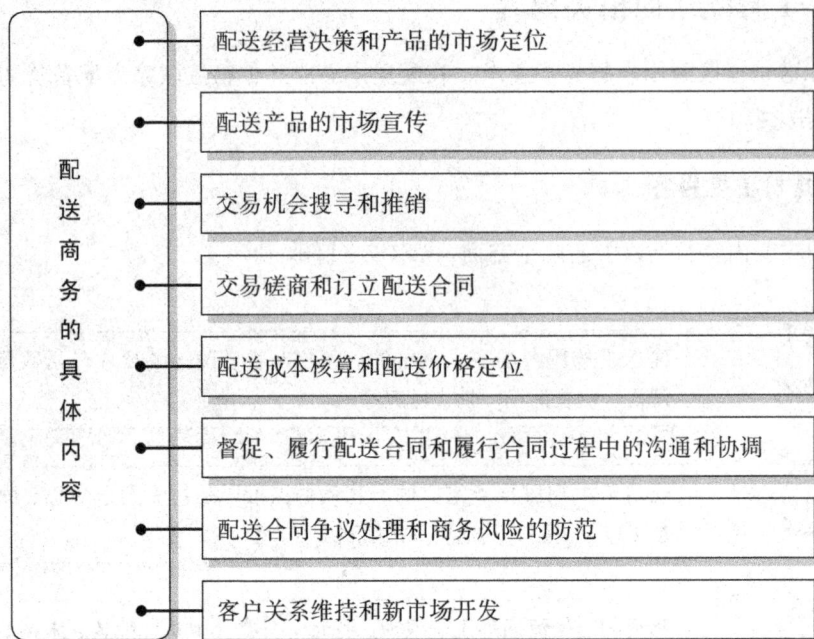

图7-2　配送商务的具体内容

4. 配送中心

配送中心是从事货物配备（集货、加工、分货、拣选、配货）并组织针对用户的送货活动，以高水平实现销售和供应服务的现代流通设施。物流配送中心是物流配送的据点，对企业物流有重大影响。

配送中心属于物流中心的范畴，也是物流中心中数量较多的一种。它很好地解决了用户多样化需求和厂商大批量专业化生产的矛盾，因此逐渐成为现代化物流的标志。

5. 配送类别

配送按类别主要可分为定时配送、定量配送、定时定量配送、定时定路线配送、即时配送、共同配送这六种方式。

（1）定时配送

定时配送是按规定的时间间隔进行配送，每次配送的品种、数量可按计划执行，也可以在配送之前以商定的联络方式通知配送时间和数量，如表7-1所示。

表7-1　定时配送的形式

形式	具体说明
小时配	（1）接到配送订货要求之后，在1小时之内将货物送达 （2）主要适用于一般消费者突发的个性化需求所产生的配送要求，也经常用作配送系统中应急的配送方式
日配	接到订货要求之后，在24小时之内将货物送达，是定时配送中实行较为广泛的方式
准时配送	（1）在规定的时间将货物配送至客户处。它比日配更为精密，能更好地降低库存 （2）可以通过协议计划来确定，也可以通过看板方式来实现
快递	综合利用"小时配""日配"等在较短时间内实现送达，但不明确送达的具体时间

小贴士

定时配送时间固定，易于安排工作计划。但是在配送物品的种类和数量发生变化时，配货、装货难度较大，也会使安排配送运力出现困难。

（2）定量配送

定量配送是指按规定的批量，在一个指定的时间范围内将货物送达。这种配送方式由于配送数量固定、备货工作较为简单，所以可以通过与用户协商，按托盘、集装箱及车辆的装载能力确定配送数量，能够有效利用托盘、集装箱等集装方式，也可以做到整车配送，以提高配送效率。由于定量配送时间限制不严格，因此可以将不同用户所需的物品凑成整车后配送，运力利用率较高。对于用户来说，每次接货都处理同等数量的货物，有利于人力、物力的准备。定量配送适合以下领域，如图7-3所示。

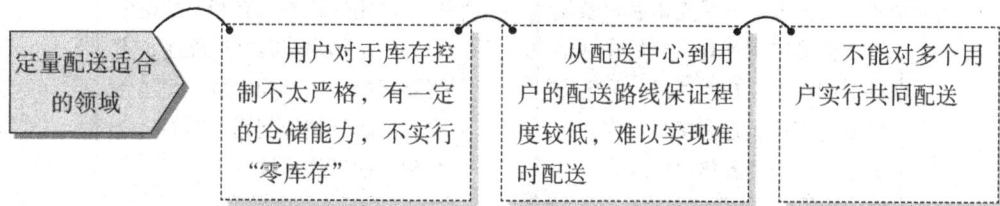

定量配送适合的领域	用户对于库存控制不太严格，有一定的仓储能力，不实行"零库存"	从配送中心到用户的配送路线保证程度较低，难以实现准时配送	不能对多个用户实行共同配送

图7-3　定量配送适合的领域

（3）定时定量配送

定时定量配送是按照规定的配送时间和配送数量进行配送，兼有定时配送和定量配送的特点，成本较高，如图7-4所示。

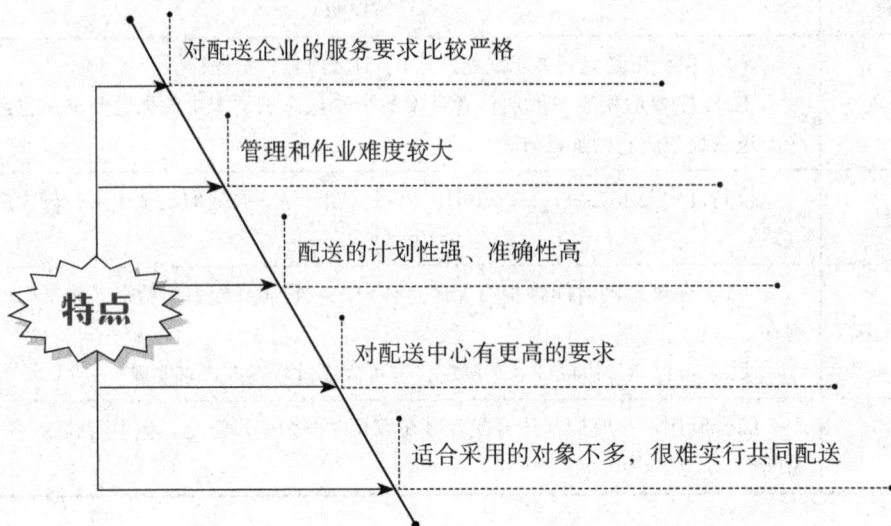

对配送企业的服务要求比较严格

管理和作业难度较大

配送的计划性强、准确性高

特点

对配送中心有更高的要求

适合采用的对象不多，很难实行共同配送

图7-4　定时定量配送的特点

小贴士

定时定量配送适合生产和销售稳定、产品批量较大的生产制造企业和大型连锁零售业的部分商品配送。

（4）定时定路线配送

定时定路线配送是通过对客户分布状况的分析，设计出合理的运输配送路线，根据运输路线到达站点的时间表确定运行路线进行配送，其特点如图7-5所示。

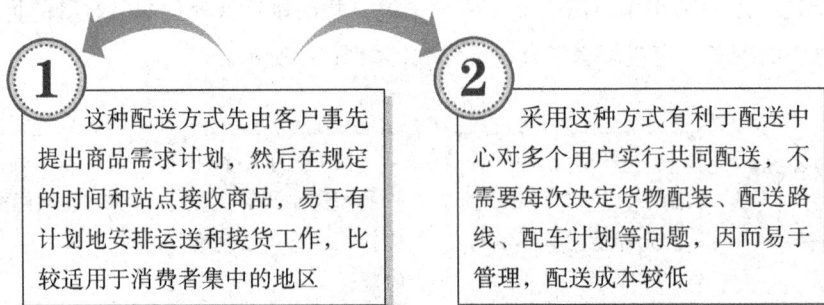

1 这种配送方式先由客户事先提出商品需求计划，然后在规定的时间和站点接收商品，易于有计划地安排运送和接货工作，比较适用于消费者集中的地区

2 采用这种方式有利于配送中心对多个用户实行共同配送，不需要每次决定货物配装、配送路线、配车计划等问题，因而易于管理，配送成本较低

图7-5　定时定路线配送的特点

（5）即时配送

即时配送是指按用户提出的时间要求和商品品种、数量要求，及时地将商品送达指定

的地点。这种配送方式灵活性很高，属于应急配送方式。即时配送可以满足用户的临时性需要，对配送速度及时间要求严格，因此，通常只有配送设备完备、具有较高管理和服务水平以及作业组织和应变能力的专业化配送中心才能广泛地开展即时配送业务。

小贴士

完善和稳定的即时配送服务可以使用户保持较低的库存量，实现准时制生产和经营。采用这种配送方式的商品，用户可以实现保险储备为零的零库存。

（6）共同配送

共同配送是为了提高物流效益，对多个用户实行共同配送，以实现配送效率最大化为目的的一种配送形式。共同配送是几个配送中心联合起来，共同制订计划，对某地区用户进行配送，具体执行时共同使用配送车辆。共同配送的主要优点如图7-6所示。

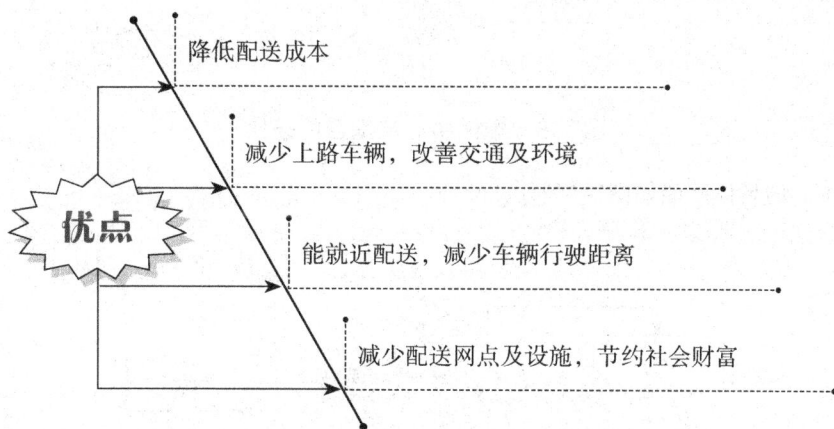

图7-6　共同配送的优点

共同配送的优势很明显，所以得到广泛应用。共同配送可分为以下几种形式，如图7-7所示。

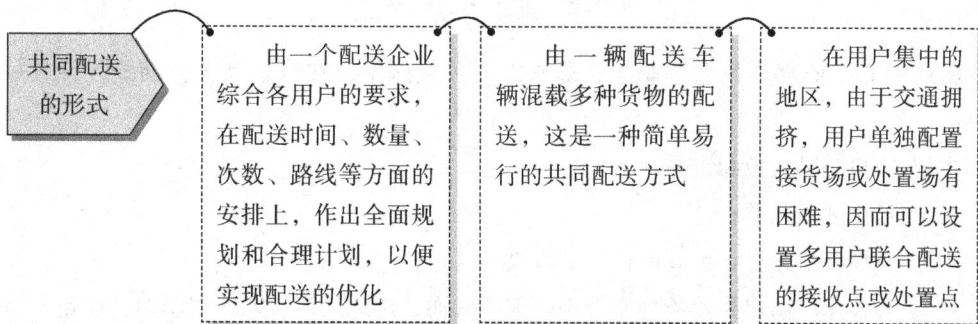

图7-7　共同配送的形式

135

7.2 了解配送中心的相关内容

配送中心是指接受供应者所提供的多品种、小批量的货物,通过集货、倒装、储存保管、分类、分拣、配货以及流通加工、信息处理等作业后,根据用户的订货要求将配齐的货物送交收货人,以高水平实现销售和供应服务的现代组织机构和物流设施。

1. 配送中心的职能

《中华人民共和国国家标准:物流术语(GB/T 18354—2006)》中规定,从事配送业务的物流场所和组织应符合以下条件,如图7-8所示。

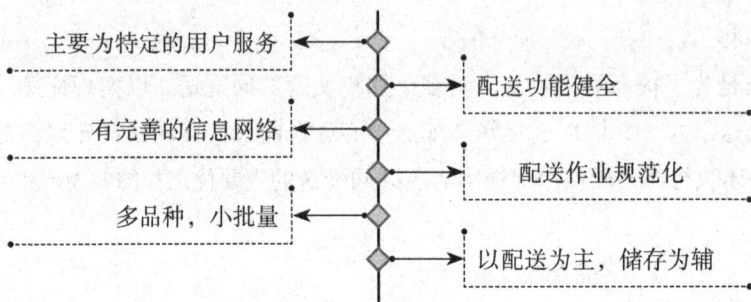

图7-8 配送中心应配合的条件

配送中心的具体职能如图7-9所示。

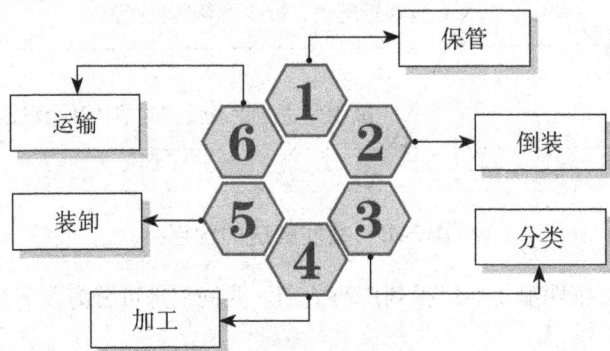

图7-9 配送中心的职能

配送中心一般都具备上述职能。通常来说,配送中心在以下几个方面能发挥较好的作用:

(1)减少交易次数和流通环节;

(2)产生规模效益;

(3)减少客户库存,提高库存保证程度;

(4)与多家厂商建立业务合作关系,能有效而迅速地反馈信息,控制商品质量。

2. 配送中心的特征

配送中心具备以下特征，如图7-10所示。

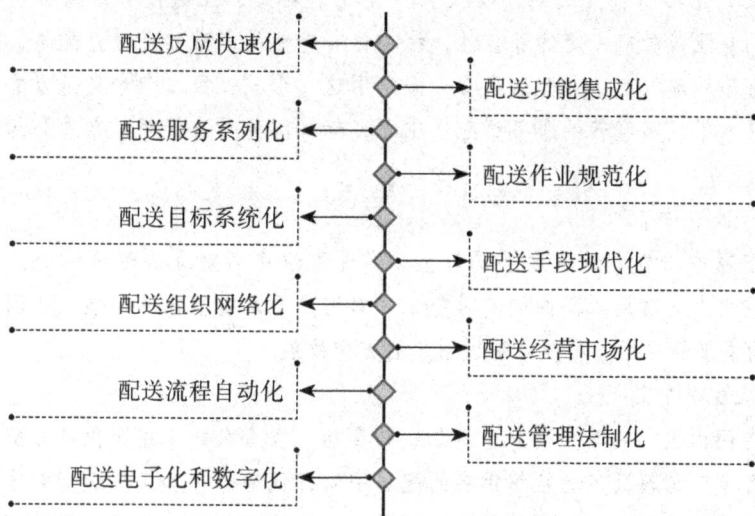

配送反应快速化
配送服务系列化
配送目标系统化
配送组织网络化
配送流程自动化
配送电子化和数字化
配送功能集成化
配送作业规范化
配送手段现代化
配送经营市场化
配送管理法制化

图7-10　配送中心的特征

配送中心应具备的条件如图7-11所示。

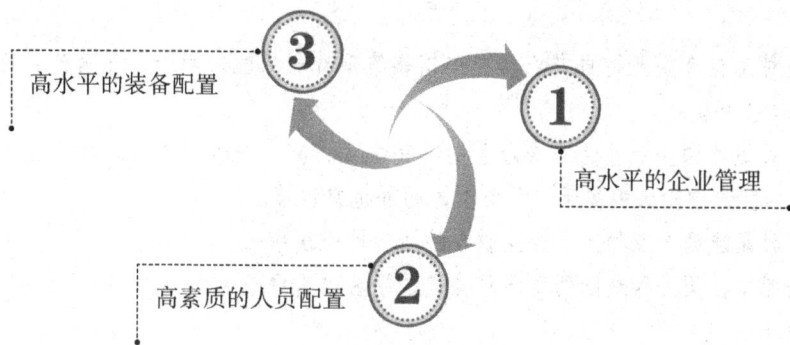

高水平的装备配置　③
高素质的人员配置　②
高水平的企业管理　①

图7-11　配送中心应具备的条件

> **拓展阅读** ←

配送中心的类别

　　物流配送业在过去几十年中获得了飞速发展，也形成了许多形态，从理论上和配送中心的作用上，可以有许多理想的分类，从国内外处于实际运转的配送中心来看，主要有如下类别。

（续）

1. 专业配送中心

专业配送中心大体上有两个含义，一是配送对象、配送技术是属于某一专业范畴，在某一专业范畴有一定的综合性，综合这一专业的多种物资进行配送，目前在石家庄、上海等地建的制造业配送中心大多采用这一形式；第二个含义是以配送为专业化职能，基本不从事经营的服务型配送中心，如《国外物资管理》杂志介绍的蒙克斯帕配送中心。

2. 柔性配送中心

柔性配送中心在某种程度上是与上述专业配送中心对立的配送中心，它不向固定化、专业化方向发展，而向能随时变化、对用户要求有很强适应性、不固定供需关系、不断向发展配送用户和改变配送用户的方向发展。

3. 供应配送中心

这是专门为某个或某些用户（例如联营商店、联合公司）组织供应的配送中心。例如，为大型连锁超级市场组织供应的配送中心；代替零件加工厂送货的零件配送中心，可使零件加工厂对装配厂的供应合理化。上海地区几家造船厂的配送钢板中心就属于供应型配送中心。

4. 销售配送中心

这是以销售经营为目的、以配送为手段的配送中心。销售配送中心大体有以下三种类型。

第一种是生产企业将自身产品直接销售给消费者的配送中心。在国外，这种类型的配送中心很多。

第二种是流通企业作为自身经营的一种方式，建立配送中心，以扩大销售。我国目前拟建的配送中心大多属于这种类型，国外也有很多。

第三种是流通企业和生产企业联合的协作性配送中心。

比较起来，国外和我国的发展趋势都以销售配送中心为主。

5. 城市配送中心

这是以城市为配送范围的配送中心，由于城市一般处于汽车运输的经济里程，这种配送中心可直接配送到最终用户，且采用汽车进行配送。所以，这种配送中心往往和零售经营相结合，由于运距短、反应能力强，因而从事多品种、少批量、多用户的配送较有优势。某些资料介绍的"批发商共同配送中心"便属于这种类型。我国已建的北京食品配送中心也属于这种类型。

6. 区域配送中心

这是以较强的辐射能力和库存准备，向省际、全国乃至国际范围的用户配送的配送中心。这种配送中心配送规模较大，一般而言，用户较大，配送批量也较大，而且往往是配送给下一级的城市配送中心，也可以配送给营业所、商店、批发商和企业用户，虽然也从事零星配送，但不是主体形式。这种类型的配送中心在国外十分常见，

（续）

阪神配送中心、美国马特公司的配送中心、蒙克斯帕配送中心等都属于这种类型。

7. 储存型配送中心

这是有很强储存功能的配送中心。一般来讲，在买方市场下，企业成品销售需要有较大库存支持，其配送中心可能有较强储存功能；在卖方市场下，企业原材、零部件供应需要有较大库存支持，这种供应配送中心也有较强的储存功能；大范围配送的配送中心需要有较大库存，也可能是储存型配送中心。

我国目前扩建的配送中心都采用集中库存形式，库存量较大，多为储存型配送中心。

瑞士GIBA—GEIGY公司的配送中心拥有规模上居于世界前列的储存库，可储存4万个托盘；美国赫马克配送中心拥有一个有163 000个货位的储存区，存储能力巨大。

8. 流通型配送中心

这是基本上没有长期储存功能，仅以暂存或随进随出方式进行配货、送货的配送中心。这种配送中心的典型方式是，大量货物整进并按一定批量零出，采用大型分货机，进货时直接进入分货机传送带，分送到各用户货位或直接分送到配送汽车上，货物在配送中心里仅作少许停滞。例如，阪神配送中心内只有暂存功能，大量储存则依靠大型补给仓库。

9. 加工配送中心

这是指许多材料都要在配送中心内进行加工的配送中心。加工配送中心的实例目前不多。我国上海市和其他城市已开展的配煤配送，配送点中进行了配煤加工，上海几家船厂联建的船板处理配送中心都属于这一类型。

7.3 配送中心的选址

配送中心是物资的集疏地，其所在位置直接涉及集疏距离的远近和配送的经济性。由于配送中心一旦建成就难以更改，因此在选址时必须考虑好相关的影响因素。

1. 选址的考虑因素

一般来说，在进行选址时，主要从成本信息、运输条件、业务信息等方面进行考虑，具体内容如表7-2所示。

表7-2　配送中心选址的考虑因素

考虑因素	具体内容
成本信息	供货地至配送中心的运输成本，配送中心至客户的配送成本，与设施、土地有关的费用以及人工费、管理费等

（续表）

考虑因素	具体内容
运输条件	（1）选址应接近交通运输枢纽，使配送中心成为物流过程中一个恰当的结点 （2）在有条件的情况下，配送中心应尽可能靠近铁路货运站、港口及公路
业务信息	供货企业至配送中心的运输量、向客户配送的物品数量、配送中心储存的物品数量、在配送路线上的其他业务量等
流通条件	选址要考虑其流通职能要求，例如是否兼备流通加工与包装功能，配送中心的服务范围，发货频率等
其他因素	（1）用地条件，必须充分考虑配送中心的占地，包括土地来源、地价低等 （2）各备选地址的配送路线和距离 （3）需要的车辆、作业人员数量 （4）装卸方式、装卸机械费用等

2. 选址的基本程序

配送中心的选址和布局必须在充分调查分析的基础上，综合考虑自身经营特点、商品特性及竞争形势、交通状况等方面的因素。在详细分析现状及未来变化的基础上，要使配送中心的建设具有一定程度的柔性，从而提高其对市场变化的适应能力。

一般来说，配送中心的选址须经过外部条件的论证、内部业务量的预测、地址的选定这三个基本程序，如图7-12所示。

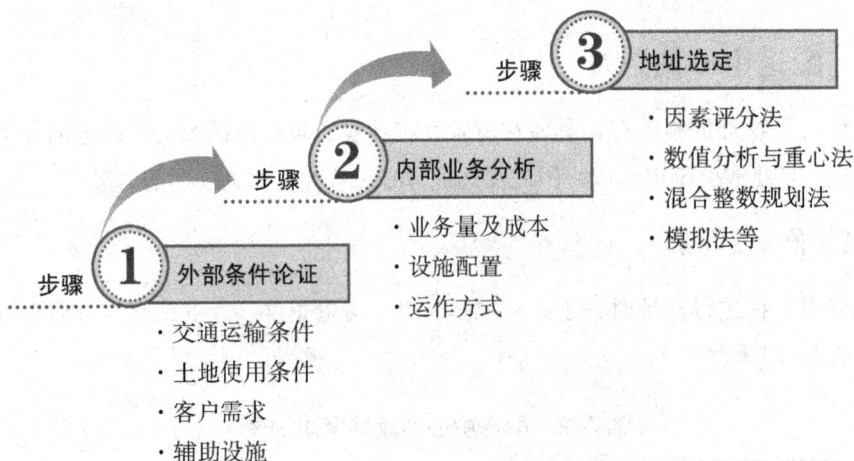

图7-12　配送中心的选址程序

7.4 配送中心的功能设置

配送中心重视物品流通的全方位功能，同时具有储存保管、流通营销、分拣配送、流通加工及信息提供的功能，如图7-13所示。

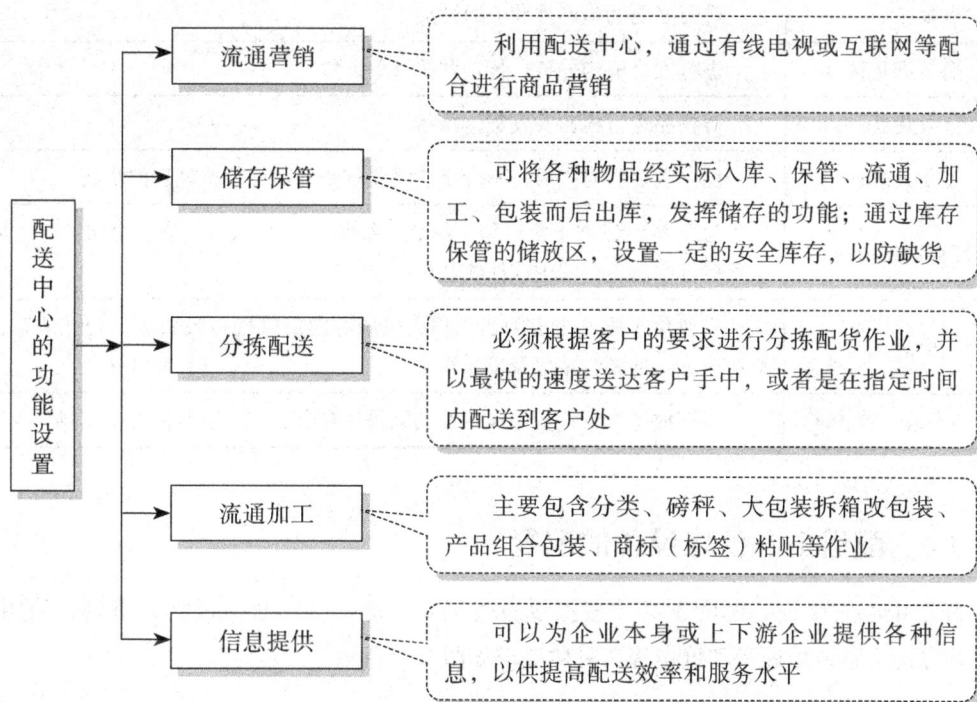

图7-13 配送中心的功能设置

7.5 配送中心的组建

配送中心是以组织配送式销售和供应，执行实物配送为主要功能的流通型物流结点。组建配送中心是一个系统工程，其系统规划包括许多方面内容，应主要从物流系统规划、信息系统规划、运营系统规划这三个方面进行规划。

一般来说，配送中心应具备以下功能区域，如表7-3所示。

表7-3 配送中心应具备的功能区域

功能区域	具体说明
进货区	供收货、验货、卸货、搬运及货物暂停
储存区	通常配有多层货架和用于集装单元化的托盘，对暂时不必配送或作为安全储备的货物进行保管和养护

（续表）

功能区域	具体说明
理货区	对进货进行简单处理，货物被区分为直接分拣配送、待加工、入库储存和不合格需清退的货物，分别送往不同的功能区
加工区	进行必要的生产性和流通性加工
分拣配货区	进行发货前的分拣、拣选和按订单配货
发货区	对物品进行检验、发货、待运
退货处理区	供存放进货时残损、不合格或需要重新确认、等待处理的货物
废弃物处理区	对废弃包装物（塑料袋、纸袋、纸箱等）、破碎货物、变质货物、加工残屑等废料进行清理或回收利用
管理区	一般位于配送中心的出入口，供中心内部管理行政事务、处理信息、洽谈业务、处理订单以及发布指令
设备存放及维护区	供存放叉车、托盘等设备及其维护（充电、充气、紧固等）工具

7.6 配送中心设施设备的配置

配送中心设施设备的配置必须根据设备情况来权衡，如形状、尺寸、重量、使用方法、作业能力、占地面积和价格等，具体要求如图7-14所示。

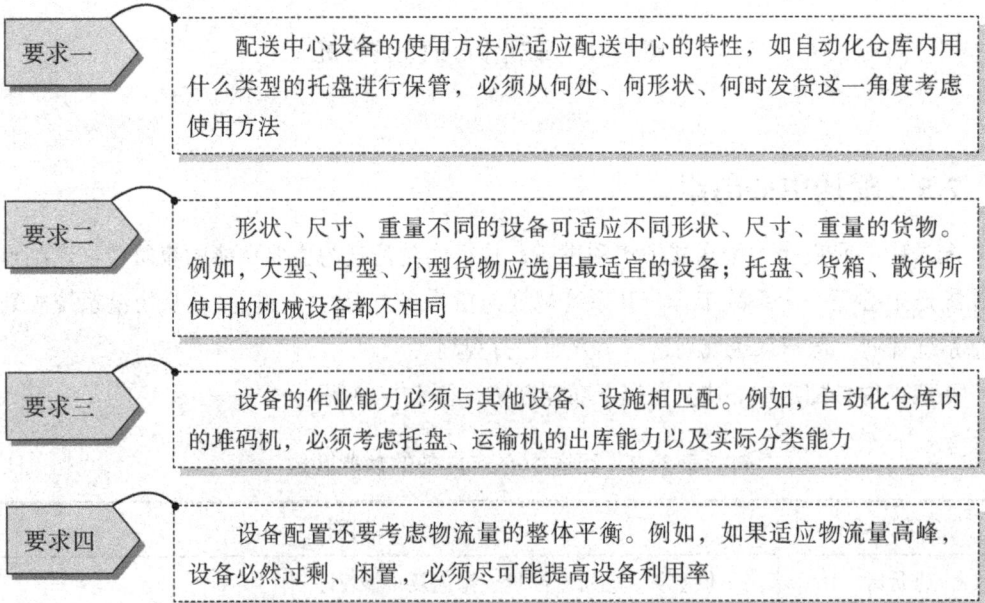

要求一　　配送中心设备的使用方法应适应配送中心的特性，如自动化仓库内用什么类型的托盘进行保管，必须从何处、何形状、何时发货这一角度考虑使用方法

要求二　　形状、尺寸、重量不同的设备可适应不同形状、尺寸、重量的货物。例如，大型、中型、小型货物应选用最适宜的设备；托盘、货箱、散货所使用的机械设备都不相同

要求三　　设备的作业能力必须与其他设备、设施相匹配。例如，自动化仓库内的堆码机，必须考虑托盘、运输机的出库能力以及实际分类能力

要求四　　设备配置还要考虑物流量的整体平衡。例如，如果适应物流量高峰，设备必然过剩、闲置，必须尽可能提高设备利用率

图7-14　配送中心设施设备配制要求

7.7　配送中心的运营控制

配送中心运营成本是指配送中心在分货、配货、送货等过程中所发生的各项费用的总和，包括包装费用、装卸搬运费用、人员工资等。配送中心运营成本管理要点如图7-15所示。

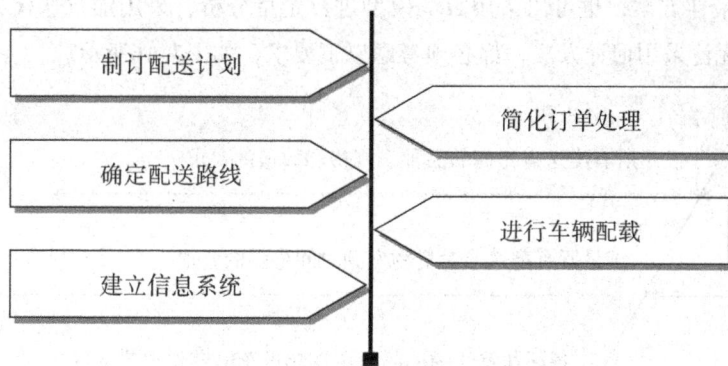

图7-15　配送中心运营成本管理要点

1. 制订配送计划

配送中心成本中一般有40%以上来源于送货过程。因此，合理配送、严格配送作业管理尤为重要。在配送活动中，临时配送、紧急配送或无计划的随时配送，以及车辆装载不满、浪费里程等都会大幅度增加配送成本。因此，必须加强配送的计划性，用提价等办法对非正规的配送需求加以限制。

2. 简化订单处理

订单处理是指从接受订货到发运交货，并包括受理客户对收到货物的反馈的单据处理全过程。配送中心应尽力简化订单处理，缩短配送时间，减少订单处理费用，从而降低配送成本，具体内容如表7-4所示。

表7-4　订单处理的简化工作

简化事项	操作要点
下达指示	（1）订单审核简化，实施审核自动化，如采用电子自动订货系统（EOS） （2）成交通知简化，可采用电子数据自动交换系统（EOI），实现即时交换数据
备货整装	主要从库存核对、运输安排、整装备运等方面进行有效安排，保证协调衔接
制单发运	及时制作发运单及办理有关货物的各种证件和运输凭证，确保按时、按质、按量安全发运，发运后应立即通知接货人

3. 确定配送路线

采用科学的方法确定合理的配送路线，是配送活动中的一项重要工作。确定配送路线的方法很多，既可以采用方案评价法，即拟订多种方案，以使用的车辆数、司机数、油量、行车的难易度、装卸车的难易度及送货的准时性等作为评价指标，对各个方案进行比较，从中选出最佳方案；也可以采用数学模型进行定量分析，采用加权迭代方法优化出最佳送货路线。无论采用何种方法，都必须考虑以下要求，如图7-16所示。

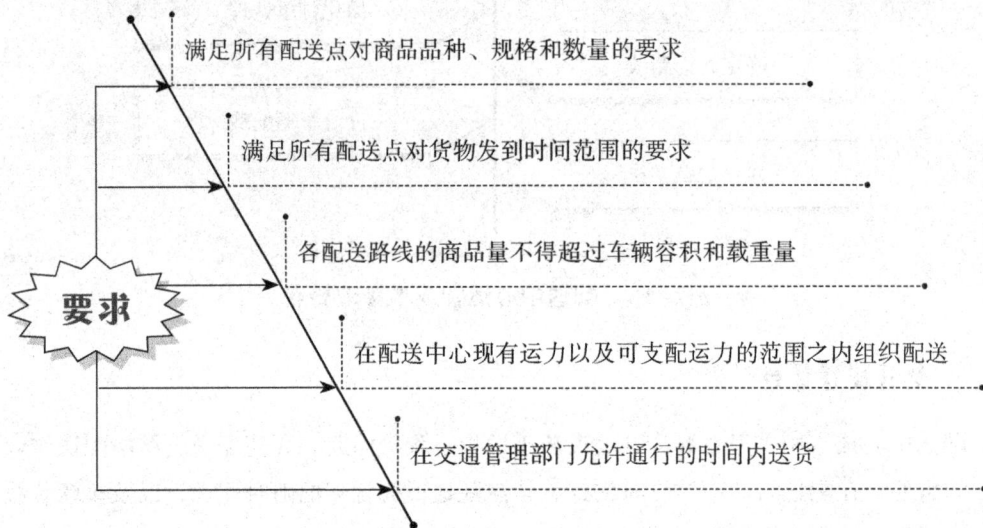

满足所有配送点对商品品种、规格和数量的要求

满足所有配送点对货物发到时间范围的要求

要求

各配送路线的商品量不得超过车辆容积和载重量

在配送中心现有运力以及可支配运力的范围之内组织配送

在交通管理部门允许通行的时间内送货

图7-16　确定配送路线应考虑的要求

4. 进行车辆配载

各配送点的销售情况不同，订货也就不一样，一次配送的货物可能有多个品种。这些商品不仅包装形态、储运性质不一，而且密度差别较大。密度大的商品在装载中体积空余很大，而密度小的商品在装载中往往达不到载重量。实行轻重配载，既能使车辆满载，又能充分利用车辆的有效体积，可以大大降低运输费用。除重量、体积的合理配载外，在条件允许时，可采用多温度配送，以合理优化配载空间。

5. 建立信息系统

在物流作业中，分拣、配货占全部劳动力的60%，而且容易发生差错。借助现代信息系统进行管理，能使拣货准确、迅速，配货简单、高效，从而提高作业效率，节约劳动力，降低成本。信息系统提供准确、迅速、及时、全面的配送信息，是配送中心提升运营效率、提高服务水平、降低成本、获得连续正常活动的关键环节。

7.8 现代化物流技术的应用

现代化物流技术的应用主要体现在分拣系统自动化、拣货系统自动化、自动化立体仓库和计算机智能化技术等方面。

1. 分拣系统自动化

自动分拣机的分拣效率极高，通常每小时可分拣物品6 000～12 000箱。配送中心的分拣系统是由各种类型的输送机、各种附加设施和控制系统等组成的，工作过程大致可分为合流、分拣信号输入、分拣和分流、分运四个阶段。

常见的自动分拣机有托盘式、翻板式、浮出式、悬挂式、输送式等，还有拣选式叉车、拣选式升降机等。自动分拣机的机械部分都是被控运作，一般包括以下装置，如图7-17所示。

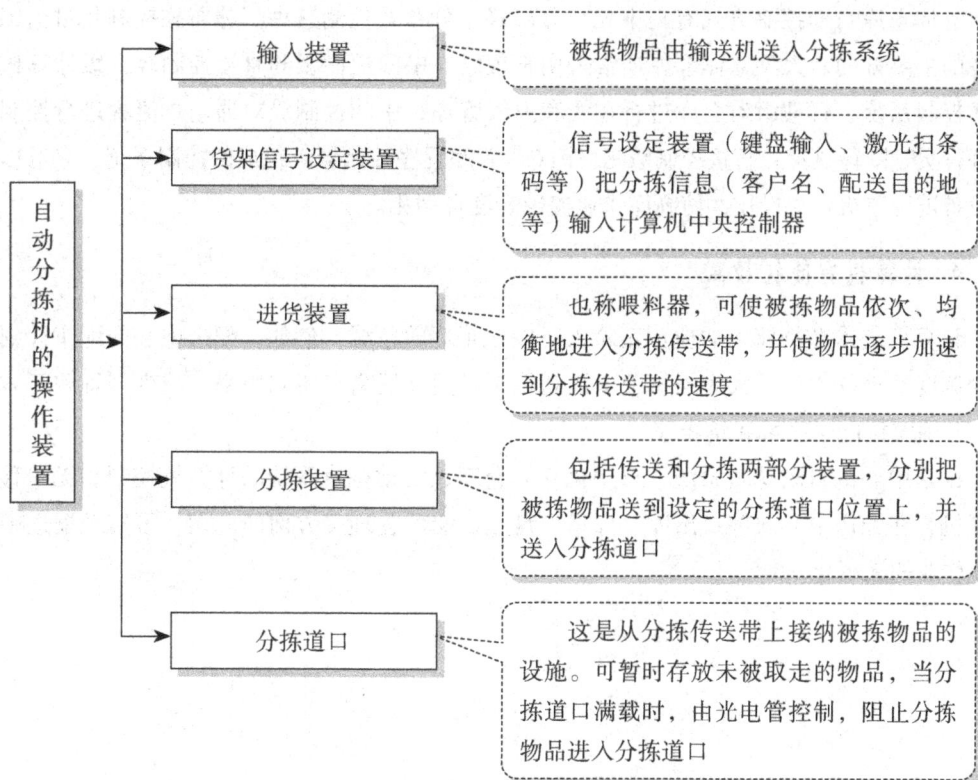

自动分拣机的操作装置		
	输入装置	被拣物品由输送机送入分拣系统
	货架信号设定装置	信号设定装置（键盘输入、激光扫条码等）把分拣信息（客户名、配送目的地等）输入计算机中央控制器
	进货装置	也称喂料器，可使被拣物品依次、均衡地进入分拣传送带，并使物品逐步加速到分拣传送带的速度
	分拣装置	包括传送和分拣两部分装置，分别把被拣物品送到设定的分拣道口位置上，并送入分拣道口
	分拣道口	这是从分拣传送带上接纳被拣物品的设施。可暂时存放未被取走的物品，当分拣道口满载时，由光电管控制，阻止分拣物品进入分拣道口

图7-17　自动分拣机的操作装置

2. 拣货系统自动化

随着物流作业的"拆零"需求越来越强烈，订货商品的多品种、小批量化，使配货作业人手不足的矛盾非常突出。因此，在医药、化妆品制造行业已广泛使用全自动拣货系统，在一些超市的配送中心也已广泛使用电子票签拣货系统。

只要把客户的订单输入操作台上的计算机，存放各种商品的货架上的货位指示灯和品种显示器会立刻显示出拣选商品在货架上的具体位置（货格）及所需数量。作业人员便可从货架里取出商品放入批发输送带上的周转箱，然后按动按钮，货位指示灯和品种显示器熄灭，配齐订单商品的周转箱由输送带送入自动分拣系统。电子票签拣货系统大大提高了商品处理速度，减轻了劳动强度，并使差错率大幅度下降。

3. 自动化立体仓库

自动化立体仓库主要用高层货架储存货物，以巷道堆垛起重机存取货物，并通过周围的装卸搬运设备自动进行出入库存取作业。货架长度大、排列数多、巷道窄，因此储存密度大。巷道堆垛起重机上装有各种定位的检测仪器和安全装置，可以保证巷道机和货叉能高速、精确、安全地在货架上取货。

立体仓库自动控制方式有集中式、分离式、分布式控制三种。分布式控制是目前国际发展的主要方向，大型立体仓库通常采用管理级、中间控制级和直接控制级三级计算机分布式控制系统。管理级对仓库进行在线和离线管理；中间控制级对通信、流程进行控制，并进行实时图像显示；直接控制级是由PLC（可编程序控制器）组成的控制系统，它可以对各设备进行单机自动操作，使仓库作业实现高度自动化。

4. 计算机智能化技术

计算机技术在物流上的应用正跨入智能化管理的领域。例如，配送中心的配车计划与车辆调度管理软件，可大大缩短配车计划编制时间、提高车辆利用率、减少闲置和等候时间、合理安排配送区域和路线等。

配送中心的自动拣货系统、自动化立体仓库、自动拣货系统的计算机控制和无线移动计算机，在配送中心入库、出库、拣货、盘点、储位管理等方面的应用，可实现配送中心物流作业的无纸化。

学习笔记

通过学习本章的内容，想必您已经掌握了不少学习心得，请仔细记录下来，以便继续巩固学习。如果您在学习中遇到了一些难点，也请如实写下来，方便今后重复学习，彻底解决这些难点。

我的学习心得

1. _____
2. _____
3. _____
4. _____
5. _____

我的学习难点

1. _____
2. _____
3. _____
4. _____
5. _____

我的运用计划

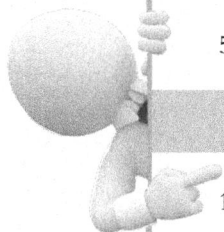

1. _____
2. _____
3. _____
4. _____
5. _____

第8章

物流配送作业管理

配送作业就是将货物分拣出来，按时、按量发送到指定地点的过程。物流经理应对整个配送的作业程序做好控制，以保证物流系统的正常运行。

学习指引

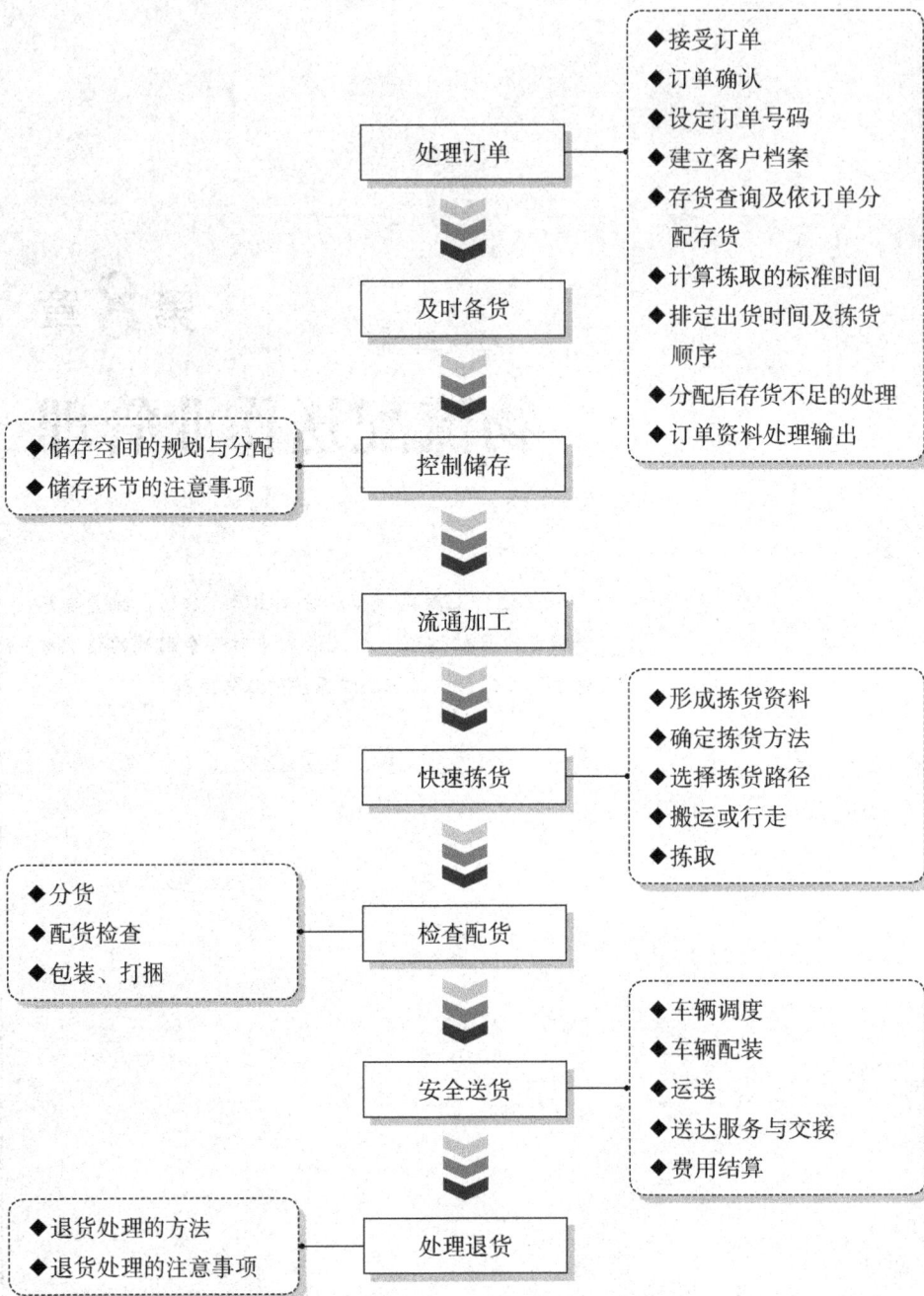

处理订单 ——→
- ◆接受订单
- ◆订单确认
- ◆设定订单号码
- ◆建立客户档案
- ◆存货查询及依订单分配存货
- ◆计算拣取的标准时间
- ◆排定出货时间及拣货顺序
- ◆分配后存货不足的处理
- ◆订单资料处理输出

及时备货

控制储存 ←——
- ◆储存空间的规划与分配
- ◆储存环节的注意事项

流通加工

快速拣货 ——→
- ◆形成拣货资料
- ◆确定拣货方法
- ◆选择拣货路径
- ◆搬运或行走
- ◆拣取

检查配货 ←——
- ◆分货
- ◆配货检查
- ◆包装、打捆

安全送货 ——→
- ◆车辆调度
- ◆车辆配装
- ◆运送
- ◆送达服务与交接
- ◆费用结算

处理退货 ←——
- ◆退货处理的方法
- ◆退货处理的注意事项

8.1 处理订单

配送作业的一个核心业务流程是订单处理，订单处理是实现客户服务目标最重要的影响因素。改善订单处理过程，缩短订单处理时间，提高订单满足率和供货的准确率，提供订单处理全程跟踪信息，可以大大提高顾客服务水平与顾客满意度，同时也能降低库存水平，降低物流总成本，使企业获得竞争优势。订单处理的具体流程如图8-1所示。

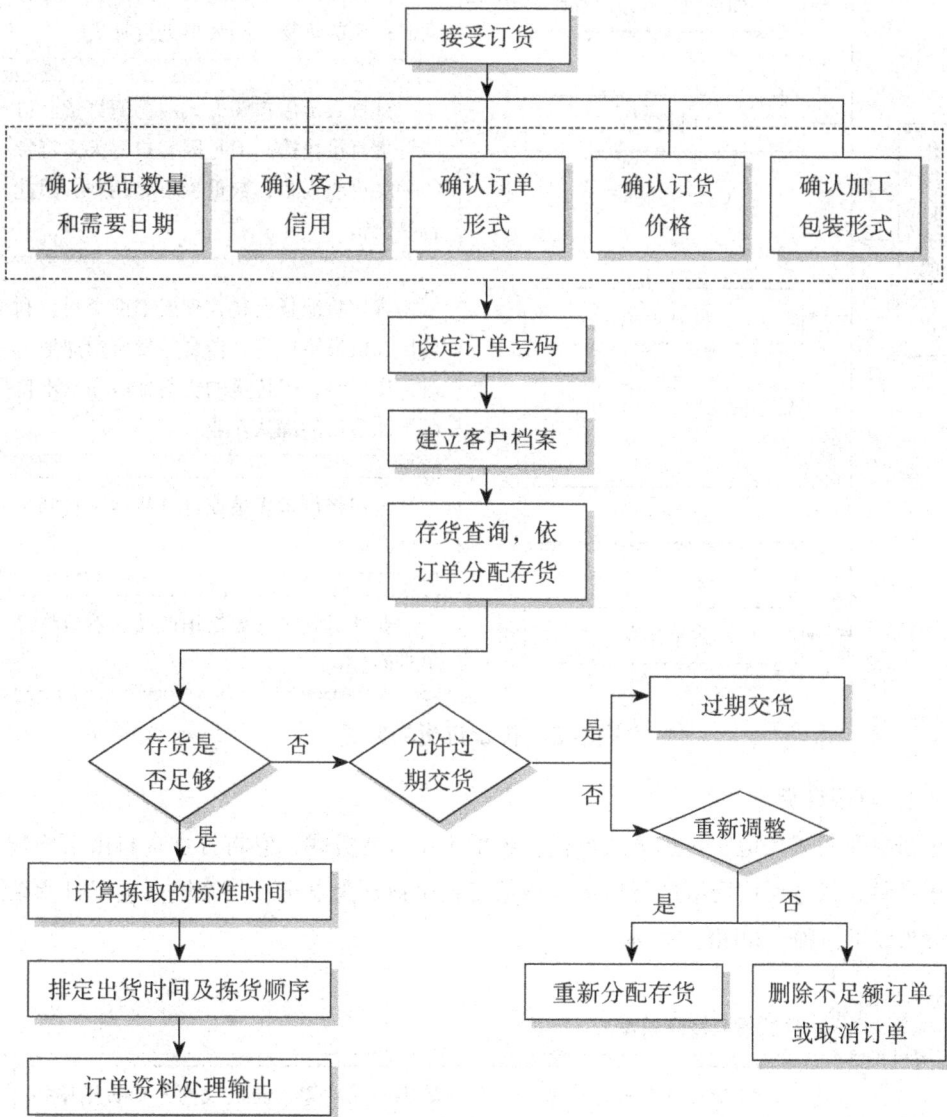

图8-1 订单处理的流程

1. 接受订单

接受订货的第一步是接受订单，订货方式主要有传统订货与电子订货两种。

（1）传统订货

传统订货的方式如图8-2所示。

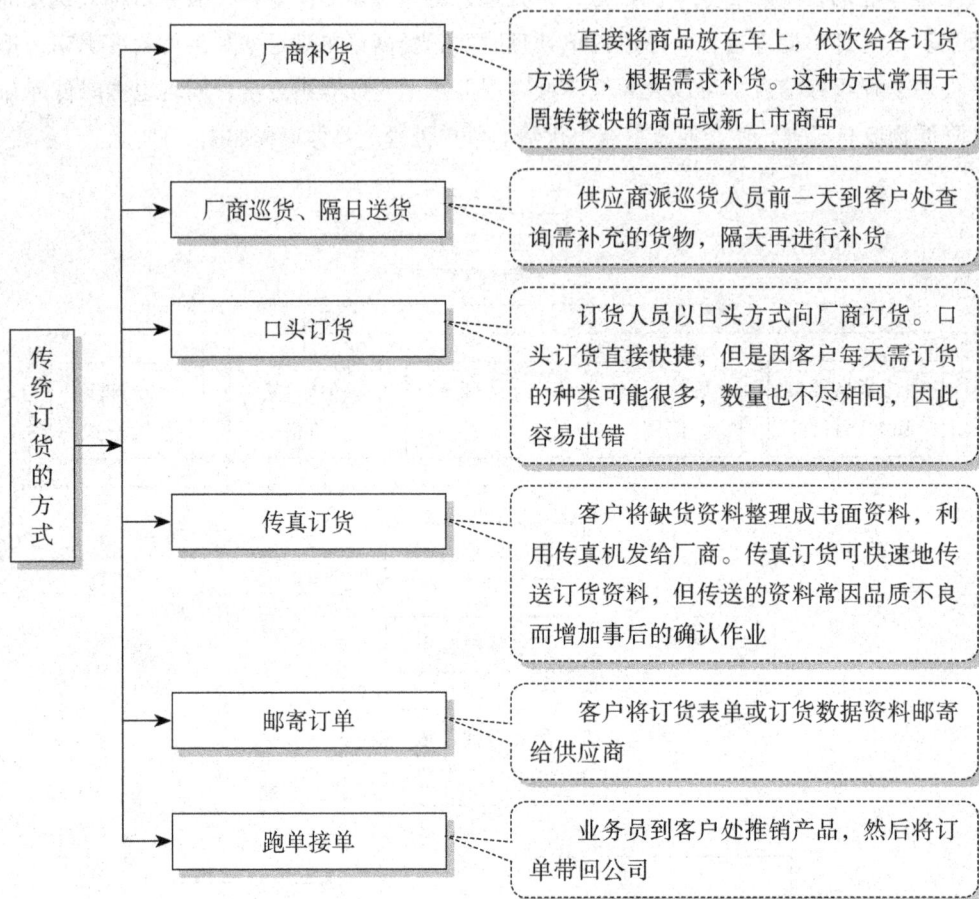

传统订货的方式		
	厂商补货	直接将商品放在车上，依次给各订货方送货，根据需求补货。这种方式常用于周转较快的商品或新上市商品
	厂商巡货、隔日送货	供应商派巡货人员前一天到客户处查询需补充的货物，隔天再进行补货
	口头订货	订货人员以口头方式向厂商订货。口头订货直接快捷，但是因客户每天需订货的种类可能很多，数量也不尽相同，因此容易出错
	传真订货	客户将缺货资料整理成书面资料，利用传真机发给厂商。传真订货可快速地传送订货资料，但传送的资料常因品质不良而增加事后的确认作业
	邮寄订单	客户将订货表单或订货数据资料邮寄给供应商
	跑单接单	业务员到客户处推销产品，然后将订单带回公司

图8-2　传统订货的方式

（2）电子订货

电子订货是采用电子传运方式取代传统的人工订货方式，它将订货资料由书面资料转为电子资料，通过通信网络进行传送，该信息系统被称为电子订货系统。电子订货系统通常可分为以下三种，如图8-3所示。

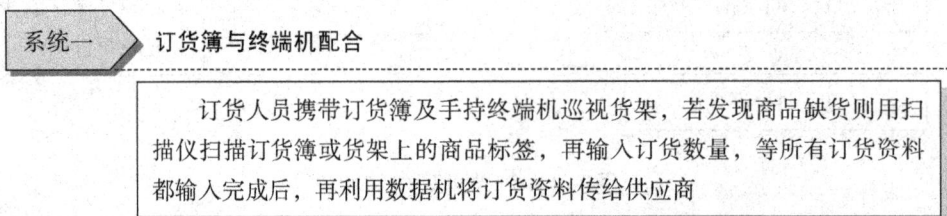

系统一　订货簿与终端机配合

订货人员携带订货簿及手持终端机巡视货架，若发现商品缺货则用扫描仪扫描订货簿或货架上的商品标签，再输入订货数量，等所有订货资料都输入完成后，再利用数据机将订货资料传给供应商

系统二 ▷ 销售时点管理系统

> 在商品库存档里设定安全库存量，每产生一笔销售，计算机自动扣除该商品库存，当库存低于安全存量时，即自动产生订货资料，并将此订货资料确认后通过电信网络传给供应商

系统三 ▷ 订货应用系统

> 客户信息系统里若有订单处理系统，就可用转换软件将应用系统产生的订货资料转成与供应商约定的格式，并在约定时间内将资料传送出去

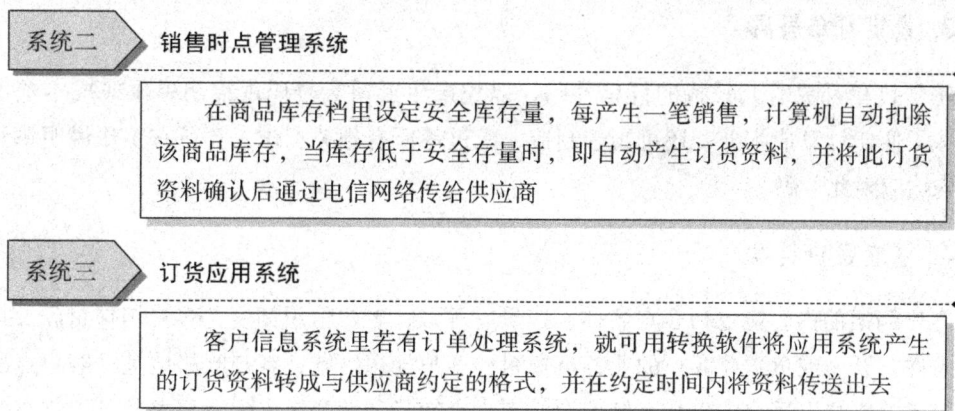

图8-3 电子订货系统

小贴士

电子订货方式能有效缩减存货及相关成本费用，但是运作费用较高，因此在选择订货方式时应视具体情况而定。

2. 订单确认

接受订单后，需对其进行确认，具体的确认内容如图8-4所示。

1 货物数量及日期
> 检查品名、数量、送货日期等是否有遗漏、差错等；当送货时间有问题或出货时间已延迟时，需与客户再次确认订单内容或更正运送时间

2 客户信用
> 查核客户的财务状况，以确定其是否有能力支付订单账款。通常的做法是检查客户的应收账款是否已超过其信用额度

3 订单形态
> 订单形态主要有一般交易、现销式交易、间接交易、合约式交易、寄库式交易

4 订货价格
> 不同的客户、不同的订购量，会有不同的价格，输入价格时应对系统进行检查

5 加工包装
> 对于订购的商品，是否有特殊包装、分装或贴标签等要求，或有关赠品的包装等资料都要详细确认、记录

图8-4 订单确认的内容

3. 设定订单号码

每个订单都要有其独特的订单号码，以免产生混淆。号码由控制单位或成本单位指定，除了便于计算成本外，还可用于制造、配送等所有相关工作，且所有工作说明单及进度报告均应附此号码。

4. 建立客户档案

客户档案的内容应包括客户名称、代号、等级，客户信用额度，客户销售付款及折扣率的条件，开发或负责此客户的业务员资料，客户配送区域，客户收账地址，客户点配送路径顺序，客户点适合的送货车辆形态，客户点卸货特性，客户配送要求，延迟订单的处理方式等。

5. 存货查询及依订单分配存货

输入客户订货商品名称、代号时，系统会查对存货相关资料，查看这一商品是否短缺，如果缺货则提供商品资料或缺货商品已采购但未入库信息，以便接单人员与客户协调是否改订替代品或允许延后出货，以提高接单率及接单处理效率。

订货资料输入系统确认无误后，最主要的处理作业在于如何将大量的订货资料，做最有效的汇总分类、调拨库存，以便后续的物流作业能有效进行。存货的分配模式可分为单一订单分配及批次分配两种。

6. 计算拣取的标准时间

订单处理人员要事先掌握每一个订单或每批订单可能花费的拣取时间，以便有计划地安排出货过程，因此必须计算订单拣取的标准时间，具体要求如图8-5所示。

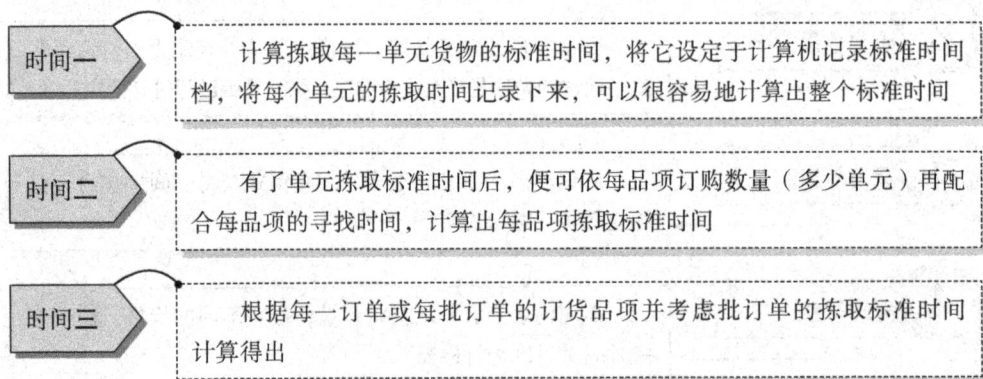

时间一	计算拣取每一单元货物的标准时间，将它设定于计算机记录标准时间档，将每个单元的拣取时间记录下来，可以很容易地计算出整个标准时间
时间二	有了单元拣取标准时间后，便可依每品项订购数量（多少单元）再配合每品项的寻找时间，计算出每品项拣取标准时间
时间三	根据每一订单或每批订单的订货品项并考虑批订单的拣取标准时间计算得出

图8-5　计算订单拣取的标准时间

7. 排定出货时间及拣货顺序

由存货状况进行存货分配之后，对于这些已分配存货的订单，其出货时间及拣货先后顺序，通常会依据客户需求、拣取标准时间及内部工作负荷来排订。

8. 分配后存货不足的处理

如果现有存货数量无法满足客户需求，客户又不愿以替代品替代时，则应按照客户意愿与公司政策来决定对处理方式。具体的处理方式如表8-1所示。

表8-1 存货不足的处理方式

处理方式	适用情形
重新调拨	客户不允许过期交货，而公司也不愿失去客户订单时，则有必要重新调拨分配订单
补送	（1）客户允许不足额的订货等到有货时再予以补送 （2）客户允许不足额的订货或整张订单留待下一次订单一起配送
删除不足额订单	（1）客户允许不足额订单可等到有货时再予以补送，但公司并不希望分批出货，则只好删除不足额订单 （2）客户不允许过期交货，且公司也无法重新调拨，则可考虑删除不足额订单
延迟交货	（1）有时限延迟交货，即客户允许在一定时间内过期交货，且希望所有订单一起配送 （2）无时限延迟交货，即不论需要等多久，客户都允许过期交货，且希望所有订货一起送达，则等待所有订货到达再出货
取消订单	确实无法按期交货，公司也无法重新调拨，则只有将整张订单取消

9. 订单资料处理输出

订单资料经由上述处理后，即可开始打印出货单据，以开展后续的物流作业。需要打印的单据包括拣货单（出库单）、送货单、缺货资料。

8.2 及时备货

备货是指准备货物的一系列活动。它是配送的基础环节，也是决定配送成败、规模大小的最基础环节。同时，备货也是决定配送效益高低的关键环节。如果备货不及时或不合理，成本较高，就会大大降低配送的整体效益。

备货的主要步骤如图8-6所示。

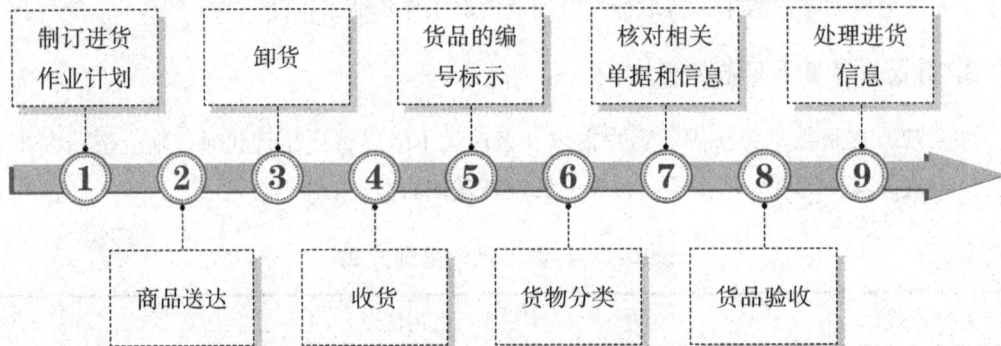

图8-6　备货的主要步骤

8.3　控制储存

存储货物是购货、进货活动的延续。在配送活动中，货物存储有两种表现形态，具体如表8-2所示。

表8-2　货物存储的形态

类别	简要说明	主要用途
暂存形态	按照分拣、配货工序的要求，在理货场地储存少量货物	（1）主要是为了适应"日配""即时配送"需要而设置的 （2）会对下一个环节的工作产生一定影响，但不会影响储存活动的总体效益
储备形态	按照一定时期配送活动要求和货源的到货情况确定，包括保险储备和周转储备	储备形态的货物是配送存储必须设置的，是保证配送作业正常运作的基础

1. 储存空间的规划与分配

配送储存保管区域是配送据点的核心和主体部分，其管理的基本目标有二：一是有利于提高储存空间的利用率，二是有利于提高配货作业效率。为确保配送业务快速进行，储存管理的基础工作就是要对储存空间进行合理的规划与分配。

一般来说，应先根据配送货物的形状、重量、体积大小、性质，对储存区域进行分区，然后再根据计划储存货物的数量来确定各类货物拟占用储存空间的大小。

货物储存保管空间可由预计保管货物的总体积来确定，但必须考虑货物搬运作业的便利性、货架摆放和输送设备的安放等因素。

2. 储存环节的注意事项

在配送中心设置库存的目的是暂存货物，以便满足客户的订货需求。库存环节应妥善规划与管理库存货物的储位，以提高储存系统的经济性和运行效率。

（1）分区分类、合理存放。在货物入库时，应根据库存物品的不同品种、规格、特点、要求和周期频率，合理划分保管区，要固定仓位、统一编号，把库存商品按储存区域、地点、排列布置，采用统一标记，顺序编号，并绘制仓位布置平面图，以便配送中心作业顺利开展。

（2）组织、安排合理的储存，确保储存量、商品的库存结构、储存时间和储存网络的合理性，以减少资金积压，缩短商品在流通领域的停滞时间，降低仓储管理费用，减少不必要的中转环节。

（3）做好物品的养护工作，如防虫、防霉变、防燃烧、防爆炸等。

（4）做好库存商品的催销情况分析。

8.4 流通加工

流通加工是在货物向生产领域或消费领域流动的过程中，为维护产品质量，改善产品功能，促进销售，提高物流工作效率而对货物进行的加工。在物流配送过程中，为了更好地满足客户的要求，企业必须对货物进行流通加工。

流通加工合理化的含义是实现流通加工的最优配置，不仅要做到避免各种不合理措施，使流通加工有存在的价值，还要做到最优选择。其具体措施如图8-7所示。

措施一　加工和配送相结合

把加工和配送相结合，将流通加工设置在配送点中，一方面可按配送需要进行加工，另一方面加工后的产品直接投入配货作业，可以大幅提高配送服务水平

措施二 ▷ 加工和配套相结合

> 在对配套要求较高的流通中，配套的主体来自各个生产单位，如果在流通过程中进行适当加工，可以有效促进配套，发挥好流通的桥梁与纽带作用

措施三 ▷ 加工和运输相结合

> 利用流通加工，在支线运输转干线运输或干线运输转支线运输等必须停顿的环节，按干线或支线运输合理化的要求进行适当加工，可以提高运输及运输转载水平

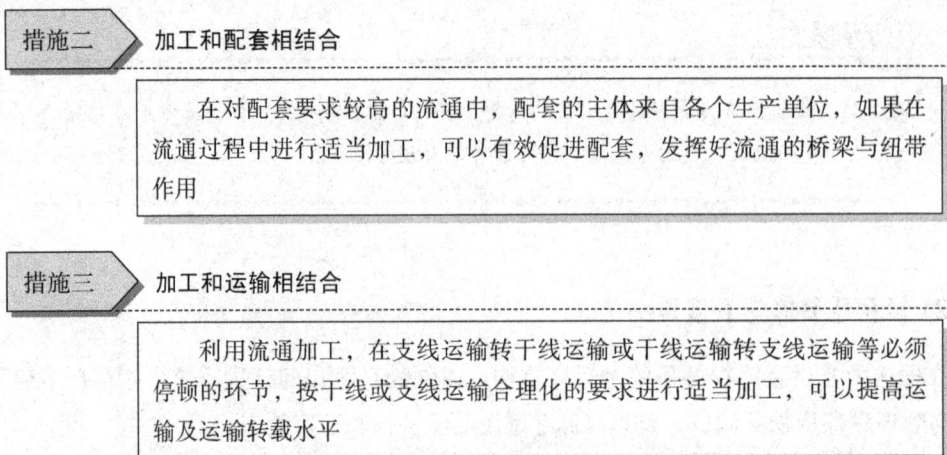

图8-7 流通加工配置合理化的措施

8.5 快速拣货

在接到的所有订单中，每张订单都至少有几种商品，将这些不同种类、数量的商品由配送中心取出并集中在一起就是拣货作业。拣货作业的基本步骤如图8-8所示。

形成拣货资料 ① 确定拣货方法 ② 选择拣货路径 ③ 搬运或行走 ④ 拣取 ⑤

图8-8 拣货作业的步骤

1. 形成拣货资料

拣货作业开始前，拣货人员首先要处理拣货指示信息。虽然有时拣货作业可以根据顾客的订单或企业的交货单直接进行拣货，但这些原始拣货资料在拣货过程中容易出现差错，随着配送中心信息化水平的提高，目前大多数配送中心的拣货作业都是根据订单处理系统输出的拣货单进行拣货的。

2. 确定拣货方法

拣货方法可从以下的几方面进行确定，如图8-9所示。

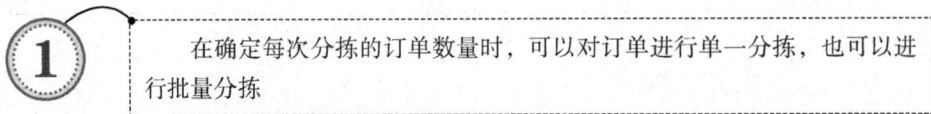

① > 在确定每次分拣的订单数量时，可以对订单进行单一分拣，也可以进行批量分拣

② 在人员分配上，可以采用一人分拣法，也可以采用数人分拣或分区分拣

③ 在货物分拣单位的确定上，可以按要求进行以托盘、整箱或单品为单位的分拣

④ 在人货互动方面，可以采取人员固定、货物移动的分拣方法，也可以采用货物固定、人员行走的分拣方法

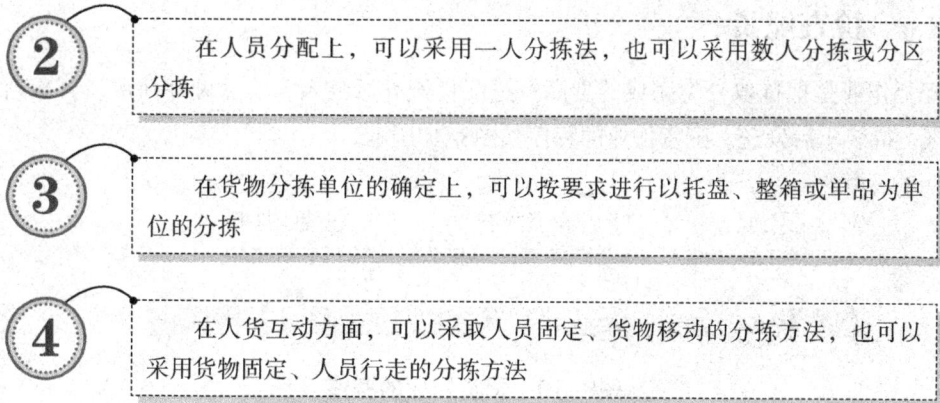

图8-9　拣货方法的确定

3. 选择拣货路径

对于不同层次的单品（小件商品、箱装商品、托盘装商品），拣货人员需要采用不同的拣货路径。通常有两种类型的路径可供选择。

（1）无顺序的拣货路径

即由拣货人员自行决定在配送中心内各通道的拣货顺序，由于可能要在同一条路径上多次重复，因而其效率很低。

（2）顺序的拣货路径

顺序的拣货路径是指按产品所在货位号的大小，从储存区域的入口到出口顺序来确定拣货路径，是一种最为常用的拣货路径。按这种拣货路径，拣货人员首先拣取储存区域内某一通道上所需要的产品，拣货人员从通道的一端向另一端行进时，下一个要拣出的产品的货位离上一个最近，这样走完全程就可以一次性把所有商品拣出。

4. 搬运或行走

（1）人至物的方式

拣货人员利用步行或拣货车辆至货品储存区，即货品处于静态的储存方式，而主要移动者为拣货人员。

（2）物至人的方式

主要移动者为货品，即拣货人员处于静态状态，而货品为动态的储存方式，如旋转自动仓储。

5. 拣取

拣取包括吸取及确认动作两部分。吸取是抓取物品的动作。确认动作的目的是确定吸取的物品、数量是否与指示拣货的信息相同，可以由拣取人员直接比对，也可以通过计算机进行比对。

8.6 检查配货

配货作业是把拣取分类完成的货品经过配货检查后装入容器并做好标示，再运到配货准备区，待装车后发送。配货作业的程序如图8-10所示。

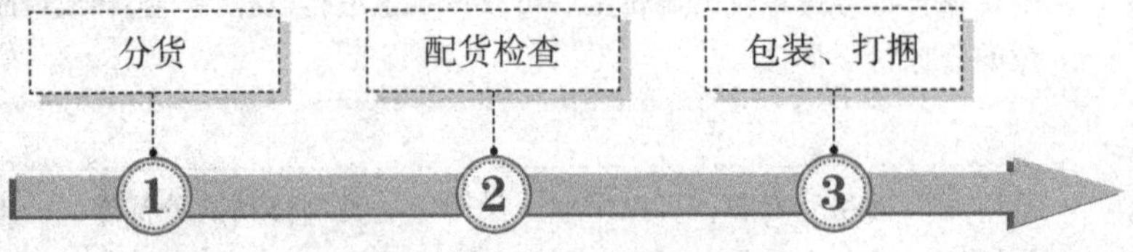

图8-10 配货作业的程序

1. 分货

分货就是把拣货完毕的货品按用户或配送路线进行分类，可采取多种不同的方式，具体如图8-11所示。

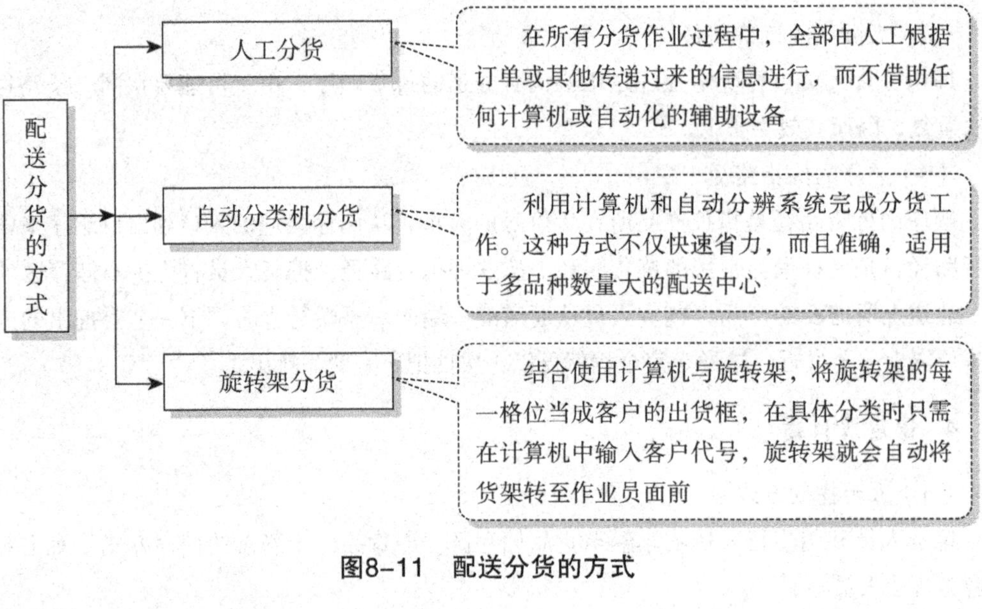

图8-11 配送分货的方式

2. 配货检查

配货检查作业是根据用户信息和车次，对拣送物品进行商品号码和数量核实，以及对产品状态、品质所进行的检查。分类后需要进行配货检查，以保证发运前的货物品种、数量、质量无误。

配货检查比较原始的做法是人工检查，即将货品一个个点数并逐个检验配货的品质及情况。但随着信息技术的普及，在现代物流的配货检查中，采用各种技术手法已成为主流，具体如表8-3所示。

表8-3　配货检查的方式

方式	具体操作
商品条形码检查	将货物都导入条形码，在货物移动时，只需用条形码扫描器阅读条形码内容，计算机再自动把扫描信息与发货单对比，就可以检查商品数量和号码是否有误
声音输入检查法	（1）具体操作时，由作业员发声读出商品名称、代码和数量后，计算机接收声音并自动判识，转换成资料信息与发货单进行对比，从而判断是否有误 （2）在实施声音输入检查法时，作业人员发音要准确，否则计算机辨识困难，可能产生错误
重量计算检查	查找所配货物在计算机中的代码，由计算机自动运算，再与货品的总重量对比

3. 包装、打捆

这是配货作业的最后一环，其主要作用是保护货物并将多个零散包装物品放入大小合适的箱子中，以实现整箱集中装卸、成组化搬运等，同时减少搬运次数，降低货损，提高配送效率。

8.7　安全送货

送货作业是利用配送车辆把客户订购的物品从制造厂、生产基地、批发商、经销或配送中心送到客户手中的过程。送货通常是一种短距离、小批量、高频率的运输方式。它是配送中心最终直接面对用户的服务，其作业流程如图8-12所示。

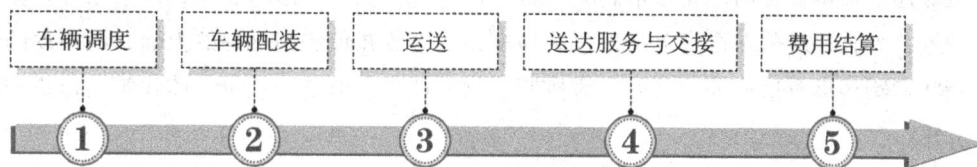

车辆调度	车辆配装	运送	送达服务与交接	费用结算
①	②	③	④	⑤

图8-12　送货作业流程

1. 车辆调度

货物配好以后，就要分配任务进行运输调度与装卸作业，即根据配送计划所确定的配送货物数量、特性、服务客户地址、送货路线、行驶趟次等计划内容，指派车辆与装卸、运送人员，下达运送作业指示和车辆配载方案，安排具体的装车与送货任务，并将发货明细单交给送货人员或司机。

送货人员必须完全根据调度人员的送货指示（出车调派单）来执行送货作业。送货人员接到出车指示后，将车辆开到指定的装货地点，然后与保管、出货人员清点分拣配组好的货物，由装卸人员将理货完毕的商品配载上车。

2. 车辆配装

根据不同配送要求，在选择合适车辆的基础上对车辆进行配装以提高利用率，是送货的一项主要工作。

（1）由于配送货物品种、特性各异，为提高配送效率，确保货物质量，首先必须对特性差异大的货物进行分类，并分别确定不同的运送方式和运输工具。

小贴士

散发臭味的货物不能与具有吸臭性的食品混装，散发粉尘的货物不能与清洁货物混装，渗水货物不能与易受潮货物一同存放。另外，为了减少或避免差错，应尽量把外观相近、容易混淆的货物分开装载。

（2）由于配送货物有轻重缓急之分，所以必须初步确定哪些货物可配于同一辆车，哪些货物不能配于同一辆车，以做好车辆的初步配装工作。因此，配送部门既要按订单要求在配送计划中明确运送顺序，又要安排理货人员将各种不能混装的商品进行分类，同时还应按订单标明到达地点、用户名称、运送时间、商品明细等，最后按流向、流量、距离将各类商品进行车辆配载。

（3）在具体装车时，装车顺序或运送批次的先后一般按用户的要求时间先后进行，但对同一车辆共送的货物则要依"后送先装"的顺序。有时在考虑有效利用车辆空间的同时，可能还要根据货物的性质（怕震、怕压、怕撞、怕湿）、形状、体积及重量等，作出弹性调整，如轻货应放在重货上面，包装强度差的应放在包装强度好的上面，易滚动的卷状、桶状货物要垂直摆放等。另外，应按照货物的性质、形状、重量、体积等决定货物的装卸方法。

小贴士

对车辆配装时，必须考虑货物的各种特性和包装要求。

3. 运送

根据配送计划所确定的最优路线，在规定的时间及时、准确地将货物运送到客户手中，在运送过程中要注意加强运输车辆的考核与管理。

4. 送达服务与交接

当货物送达要货地点后，送货人员应协助收货单位将货品卸下车，放到指定位置，并与收货人员一起清点货物，做好送货完成确认工作（送货签收回单）。如果对方有退货、调货的要求，则应随车带回退调商品，并完成相关单证手续。

5. 费用结算

配送部门的车辆按指定计划到达客户处完成配送工作后，即可通知财务部门进行费用结算。

8.8　处理退货

如果配送中货物出现了异常，物流主管应组织物流人员做好退货处理。

1. 退货处理的方法

针对不同的情形，可以采取不同的处理办法，具体如表8-4所示。

表8-4　退货处理的方法

原因分析	处理方法
发货人按订单发货发生错误	（1）由发货人重新调整发货方案，将错发货物调回 （2）重新按原正确订单发货并填制相应的"补货单"，中间发生的所有费用应由发货人承担
货物运输途中受到损坏	根据退货情况，由发货人确定所需的修理费用或赔偿金额，然后由运输单位负责赔偿
客户订货有误	收取费用（由客户承担），再根据客户新的订货单重新发货
货物有缺陷	（1）安排车辆收回货物，集中到仓库退货处理区进行处理 （2）重新发货或用替代品发货

2. 退货处理的注意事项

退货对生产厂家和流通网络中的各方来说都是一件极其严重的事情。高层管理部门应参加回收产品的一切活动，其他相关人员包括企业的法律人员、会计人员、公关人员、质量管理人员、制造工程人员以及销售人员都应参加。企业应选派专人负责处理产品回收事件，并制定预防措施。

学习笔记

　　通过学习本章的内容，想必您已经掌握了不少学习心得，请仔细记录下来，以便继续巩固学习。如果您在学习中遇到了一些难点，也请如实写下来，方便今后重复学习，彻底解决这些难点。

我的学习心得

1. ＿＿＿＿＿＿＿＿＿＿＿＿＿＿＿＿＿＿＿＿＿＿＿＿＿＿

2. ＿＿＿＿＿＿＿＿＿＿＿＿＿＿＿＿＿＿＿＿＿＿＿＿＿＿

3. ＿＿＿＿＿＿＿＿＿＿＿＿＿＿＿＿＿＿＿＿＿＿＿＿＿＿

4. ＿＿＿＿＿＿＿＿＿＿＿＿＿＿＿＿＿＿＿＿＿＿＿＿＿＿

5. ＿＿＿＿＿＿＿＿＿＿＿＿＿＿＿＿＿＿＿＿＿＿＿＿＿＿

我的学习难点

1. ＿＿＿＿＿＿＿＿＿＿＿＿＿＿＿＿＿＿＿＿＿＿＿＿＿＿

2. ＿＿＿＿＿＿＿＿＿＿＿＿＿＿＿＿＿＿＿＿＿＿＿＿＿＿

3. ＿＿＿＿＿＿＿＿＿＿＿＿＿＿＿＿＿＿＿＿＿＿＿＿＿＿

4. ＿＿＿＿＿＿＿＿＿＿＿＿＿＿＿＿＿＿＿＿＿＿＿＿＿＿

5. ＿＿＿＿＿＿＿＿＿＿＿＿＿＿＿＿＿＿＿＿＿＿＿＿＿＿

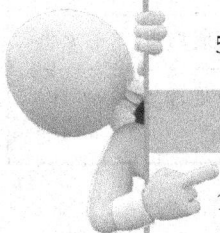

我的运用计划

1. ＿＿＿＿＿＿＿＿＿＿＿＿＿＿＿＿＿＿＿＿＿＿＿＿＿＿

2. ＿＿＿＿＿＿＿＿＿＿＿＿＿＿＿＿＿＿＿＿＿＿＿＿＿＿

3. ＿＿＿＿＿＿＿＿＿＿＿＿＿＿＿＿＿＿＿＿＿＿＿＿＿＿

4. ＿＿＿＿＿＿＿＿＿＿＿＿＿＿＿＿＿＿＿＿＿＿＿＿＿＿

5. ＿＿＿＿＿＿＿＿＿＿＿＿＿＿＿＿＿＿＿＿＿＿＿＿＿＿

第 **9** 章

物流运输管理

在物流的运输管理中，为了降低运输成本，物流经理应合理地组织人员和运输工具，以保证及时、迅速、保质、保量和安全地完成运输任务。

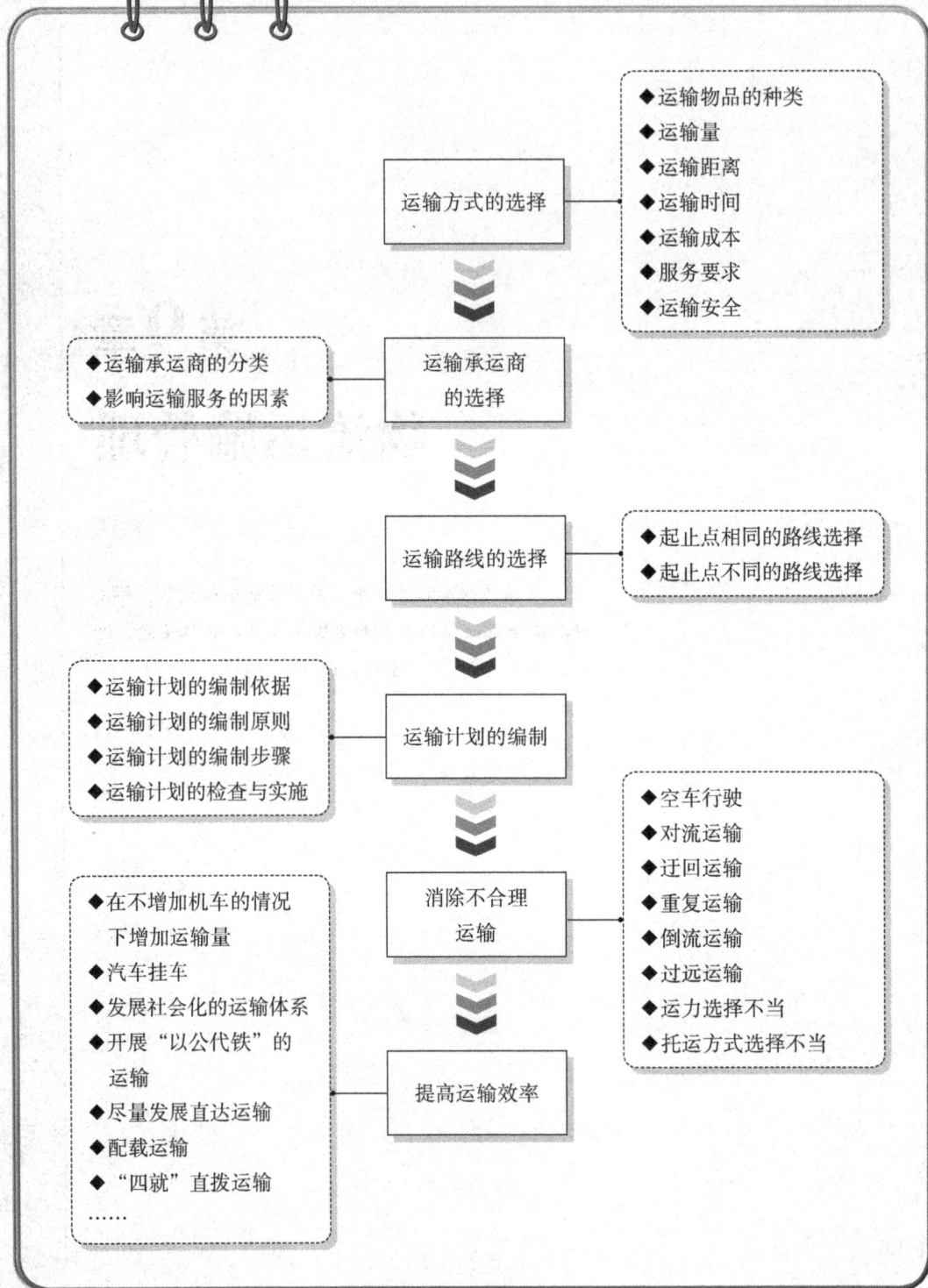

学习指引

运输方式的选择
- ◆运输物品的种类
- ◆运输量
- ◆运输距离
- ◆运输时间
- ◆运输成本
- ◆服务要求
- ◆运输安全

运输承运商的选择
- ◆运输承运商的分类
- ◆影响运输服务的因素

运输路线的选择
- ◆起止点相同的路线选择
- ◆起止点不同的路线选择

运输计划的编制
- ◆运输计划的编制依据
- ◆运输计划的编制原则
- ◆运输计划的编制步骤
- ◆运输计划的检查与实施

消除不合理运输
- ◆空车行驶
- ◆对流运输
- ◆迂回运输
- ◆重复运输
- ◆倒流运输
- ◆过远运输
- ◆运力选择不当
- ◆托运方式选择不当

提高运输效率
- ◆在不增加机车的情况下增加运输量
- ◆汽车挂车
- ◆发展社会化的运输体系
- ◆开展"以公代铁"的运输
- ◆尽量发展直达运输
- ◆配载运输
- ◆"四就"直拨运输
- ……

9.1 运输方式的选择

在各种运输方式中，如何选择适当的运输方式是物流经理必须考虑的问题。选择适当的运输方式是实现物流合理化的重要手段。

一般来说，运输方式的选择要考虑运输物品的种类、运输量、运输距离、运输时间、运输成本、服务要求等方面的因素。而且，这些因素不是相互独立的，是紧密相连、相互作用的。

1．运输物品的种类

在考虑运输物品的种类时，应以物品的形状、单件重量和容积、物品的理化性质，如危险性、易腐性、串味、渗漏、氧化、分解等，尤其要对运费的承受能力等方面进行综合考虑。对于某些特殊物品，要使用专用的运输工具；对于需要冷藏的鲜活物品，原则上应选择运输时间最短的运输方式，如航空运输。

2．运输量

因为大批量运输成本低，应尽可能使物品集中，并选择合适的运输工具。一般来说，20吨以下的物品用汽车运输；20吨以上的物品用铁路运输；数百吨低价值原材料的物品，应优先选择船舶运输，其次再考虑铁路运输；高价值的小件物品可以选择航空运输。

3．运输距离

一般情况下，可依照以下原则选择运输方式，如图9-1所示。

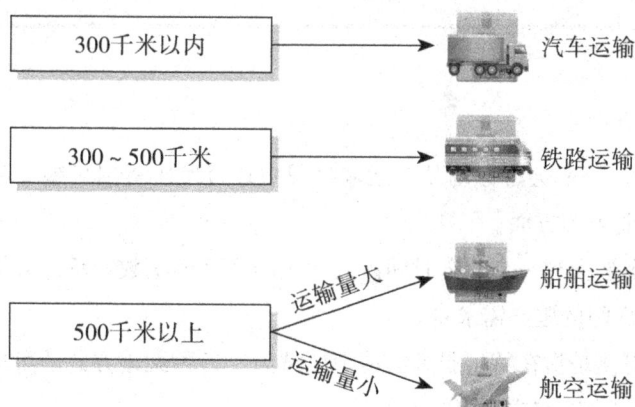

图9-1 按运输距离选择运输方式的原则

4. 运输时间

运输时间必须与交货日期相联系，应保证运输时限。物流经理必须调查各种运输方式所需要的运输时间，由此决定选择何种运输方式和运输工具。运输时间的快慢顺序一般情况下依次为航空运输、汽车运输、铁路运输和船舶运输。

小贴士

在选择运输方式时，除了考虑物品的运输时间外，还要考虑其他时间因素，如晚上、周末等是不是正常工作时间。如果物品按点到达也难以正常收货，反而会导致成本增加。

5. 运输成本

一般企业更看重的是运输成本。运输成本因物品的种类、重量、容积、运距、运输工具不同而不同。

物流经理在考虑运输成本时，必须注意运输费用与其他物流子系统之间存在着相互作用的关系，不能只根据运输费用来决定运输方式，而要综合考虑全部物流总成本。因为物品在运输过程中是一种在途库存，运输成本与库存是一种效益背反关系，运输成本的增加会降低在途库存，而运输成本的降低会增加在途库存，两者有一个总成本均衡点。

小贴士

运输成本高低决定运输时间的长短，不仅间接影响在途库存，还影响企业的实际库存。

6. 服务要求

在组织运输时，一般会考虑物品在运输过程中是否发生货损货差、服务频率、服务可得性、处理物品的能力等方面。

（1）服务频率是指在一个给定时间内两地之间往返的次数。承运人提供的服务频率依赖于托运人在两地之间的服务需求量。

（2）服务可得性是指在特定服务的地理区域内，各种运输方式的可接近性和可达性。联运有助于提高不同运输方式之间的可得性。

（3）服务能力是指处理异型、重质、易碎、液态、易燃、易爆、易腐或易受污染的货物的能力。

7. 运输安全

一般来说，航空运输最安全，其次为铁路，公路运输最不安全。对于运输可靠性问题，通常用与正常服务水平的偏差来衡量。运输装备的可靠性和一些不可控因素（如恶劣天气和自然灾害等）常常是影响运输可靠性的因素。在所有运输方式中，航空运输最容易受这些因素的影响，而管道运输所受的影响最小。

> **拓展阅读**
>
> #### 常见的物流运输方式
>
> 一般来说，根据运输工具的不同，进行物流作业时可以选择公路、铁路、水路、航空、管道等运输方式。
>
> **一、公路运输**
>
> 公路运输是一种很常见的运输方式，主要使用汽车运送货物。它主要承担近距离、小批量的短途货运和铁路、水运难以到达地区的长途、大批量货运。公路运输不仅可以直接运输货物，也是车站、港口和机场集散货物的重要手段。公路运输的适用范围、种类和优缺点如下表所示。
>
> #### 公路运输
>
> | 事项 | 具体说明 |
> | --- | --- |
> | 适用范围 | （1）一般用于近距离的独立运输。随着高速公路的发展，很多长途运输也可使用汽车运输
（2）补充和衔接其他运输方式。当铁路、水路、航空运输方式担负主要运输时，由汽车担负起点和终点的短途集散运输，完成这些运输方式无法到达地区的运输任务 |
> | 主要类型 | （1）整车发运，即在整个运送过程中，货物不需要经过分拣拼装，直接送到收货人手中
（2）零担发运，即货物的运输需要经过分拣拼装环节才能完成，主要是由于货物批量较小或交通条件限制所致 |
> | 优点 | （1）运输工具机动灵活。公路运输能将货物直接送到用户手中，不需要转运或反复装卸搬运，在直达性上有明显优势
（2）运载量机动灵活，可大可小
（3）运输组织方式机动灵活，既可自成体系组织运输，又可连接其他运输方式
（4）运营时间较灵活，能根据需要制定运营时间表，伸缩性极大
（5）没有中转装卸作业，包装简单，货损少
（6）运费较低。在近距离的中小批量的货物运输中，运费比较便宜 |

（续）

（续表）

事项	具体说明
缺点	（1）运输能力弱。普通载货汽车载重量相对较小，不适合大批量货物运输 （2）运输能耗较高 （3）长距离运输时，运输成本偏高

二、铁路运输

铁路运输是在铁路上编组列车载运货物的一种陆上运输方式。它主要承担长距离、大批量的长途货运。

铁路运输的适用范围、种类和优缺点如下表所示。

铁路运输

事项	具体说明
适用范围	（1）内陆地区大宗、低值货物的中长距离运输 （2）大批量、时间性强、可靠性要求高的货物的运输 （3）大批量货物一次高效率运输，也较适合于散装货物（如煤炭、金属、矿石等）和罐装货物（如化工产品）的运输
优点	（1）运输能力强。铁路运输能承运大批量货物，远远超过水运、公路运输，一般每列货车可装载2 000～3 500吨的货物，重载列车可装载约2万吨的货物 （2）运输速度快。铁路运输时速一般在80～120千米，高速铁路运行时速可达210～260千米 （3）运输成本低。铁路运输的单位成本比公路运输、航空运输要低得多，有时甚至低于内河运输 （4）运送时间准。铁路运输可以按计划运行，不易受雨雪等天气、气候的影响，能保证运送时间，且到发时间准确性较高，连续性较强，能保证全年运输 （5）运输能耗低。铁路运输每千米消耗标准燃料量是汽车运输的1/15～1/11，是民航运输的1/174，但是高于沿海运输和内河运输 （6）通用性能好。铁路运输能运送各类不同的货物，可方便实现驮背运输、集装箱运输及多式联运。另外，铁路运输的安全性能好 （7）网络遍布全国，可以运往各地。铁路运输线路四通八达，基本可以满足国内物流运输主要干线的需要 （8）环境污染程度小。铁路运输对空气和地面的污染低于公路及航空运输

（续）

（续表）

事项	具体说明
缺点	（1）灵活性较差。铁路运输只能在固定的线路上运输，车站固定，不能随处停车，无法实现"门对门"的运输 （2）运输时间长。在运输过程中有列车的编组、解体和转轨等作业环节，需要花费较长的时间，使货物滞留时间长，不适合紧急运输 （3）货损率较高。由于铁路运输装卸次数较多，因此货物毁损事故通常比其他运输方式多

三、水路运输

水路运输是使用船舶及其他航运工具在江河、湖泊、海洋上运载货物的一种运输方式。它主要承担长距离、大批量的长途运输。在内河及沿海地区，水运也常作为小型运输工具使用，担负补充及衔接大批量干线运输的任务。

其适用范围、优缺点如下表所示。

水路运输

事项	具体说明
适用范围	（1）运距长、运量大、时间性不太强的各种大宗货物的运输，尤其是集装箱运输 （2）对外贸易的货物运输
主要类型	（1）内河运输。主要使用中小型船舶在陆地的江、河、湖等水道进行运输 （2）沿海运输。一般使用中小型船舶通过大陆附近沿海航道运送货物 （3）近海运输。即使用船舶通过大陆邻近国家海上航道进行运送，视航程可使用中型船舶，也可使用小型船舶 （4）远洋运输。主要依靠大型船舶进行长途运输
优点	（1）运输能力强。在所有运输方式中，水路运输能力最大 （2）运输成本较低，平均运距长 （3）通用性能好。水路能运输各类不同的货物，特别是大件货物，还能方便地实现集装箱运输和多式联运。对于海上运输来说，通航能力几乎不受限制
缺点	（1）运输速度慢 （2）受自然条件影响大。海洋运输易受台风等自然灾害的影响，而内河航运受季节性因素影响较大，有些区域冬季结冰就难以保证全年通航 （3）可达性差。水路运输只能在固定的水路航线上进行运输，不能实现"门对门"的运输

(续)

四、航空运输

航空运输是使用飞机或其他航空器进行货物运输的一种运输方式。航空货运不仅提供专门用于货物运输的飞机、定期和不定期的航空货运航班，还可以利用定期和不定期客运航空进行货物运输。

航空运输的适用范围及优缺点如下表所示。

航空运输

事项	具体说明
适用范围	（1）价值高、运费承担能力很强的货物，如贵重设备的零部件、高档产品等 （2）紧急需要的货物，如鲜活易腐货物、时令性产品、邮件等时间限制较强的特殊货物
优点	（1）高速直达性。飞机在空中较少受自然地理条件的影响和限制，因此航空线路一般取两点间最短距离，运行速度一般在800~900千米/小时，可以实现两点间的高速、直达运输 （2）安全性高。按单位货运周转量或单位飞行时间损失率统计，航空运输的安全性比其他任何运输方式都高 （3）经济价值独特。虽然航空运输的成本比其他运输方式都要高，但是，如果考虑时间价值，利用飞机运输鲜活产品、时令性产品和邮件等，却有其他运输方式所不具备的独特经济价值 （4）包装要求低。飞机航行的平稳性和自动着陆系统使货物的损耗率可以大幅降低，所以空运货物的包装要求比其他运输方式要低。有时，一张塑料薄膜裹住托盘货物就可以保证货物不会破损
缺点	（1）载运量小。航空运输不能承运大型、大批量的货物，只能承运小批量、体积小的货物 （2）投资大，成本高。飞机或航空器造价高，购置、维修费用高，能耗大，运输成本比其他运输方式要高得多 （3）易受气候条件限制。航空运输对飞行条件要求很严格，受气候条件限制，如遇大雨、大雾、台风等天气影响，则不能保证货物运送的准点性和正常性 （4）直达性差。通常情况下，航空运输难以实现"门到门"的运输，必须借助其他运输工具转运才能实现"门到门"的运输

五、管道运输

管道运输是指利用管道输送气体、液体和粉状固体的一种特殊的运输方式，主

（续）

要靠物体在管道内顺着压力方向顺序移动实现运送目的。其适用范围及优缺点如下表所示。

管道运输

事项	具体说明
适用范围	管道运输适合于单向、定点、量大的流体且连续不断的货物（如石油、天然气、煤浆、某些化学制品原料）的运送。另外，在管道中利用容器包装运送固态货物（如粮食、沙石、邮件等）也具有良好的发展前景
优点	（1）运输量大，管道运输线可以源源不断地运送油料，根据管径大小不同，每年的运输量可达数百万吨到几千万吨，甚至超过亿吨 （2）管道建设周期短、费用低。管道建设只需要铺设管线、修建泵站，土石方工程量比修建公路和铁路小得多。其建设周期与相同运量的铁路建设周期相比，一般来说要短1/3以上 （3）运输安全可靠，连续性强。石油、天然气易燃、易爆、易挥发、易泄漏，采用管道运输不仅安全可靠，损耗低，还可避免对空气、水源、土壤的污染，有利于保护环境 （4）能耗低，成本低，效益好。由于管道运输采用密封设备，在运输过程中可避免散失、丢失等损失 （5）不受气候影响。由于管道密封且多埋藏于地下，所以不受气候的影响，这样可以确保运输系统长期稳定地运行，使送达货物的可靠性大大提高
缺点	管道运输功能单一，对运输货物有特定的要求和限制，只能运输石油、天然气及固体料浆（如煤浆等），且只能在固定的管道中实现运输，所以灵活性差，不能实现"门到门"的运输。另外，管道运输建设投资大，管道运输量明显不足时，运输成本会显著增加

9.2 运输承运商的选择

确定了运输方式之后，就要选择具体的运输承运商。虽然某一运输方式的大多数承运商的运价和服务是相似的，但其服务水平却存在很大的差异。

1. 运输承运商的分类

运输承运商根据不同的标准有不同的分类，具体如下。

（1）根据运输方式的不同，可分为汽车承运人、铁路承运人、航空承运人、远洋承运人、内河承运人和管道承运人。

（2）根据运输服务商有无设备，可分为货运代理商和具体运输承运人（如有船承运人等）。货运代理商从某种意义上可以说是一种运输服务中介，起着连接货主和具体承运人的作用。在美国，货运代理商主要由货运代理协会管理，有船承运人由美国海事委员会管理。运输服务商可以是货运代理商，或者是有船承运人，不可二者兼具。二者分工明确，是有法律规定的。有船承运人不能直接与货主联系来签订运输合同，必须通过货运代理商完成，但有船承运人可以直接向货主宣传自己的服务。

在我国，货运代理商和具体承运人可以二者兼具，我国法律在这方面并没有明确规定，所以货主可以不与货运代理商联系而直接与具体承运人签订运输合同。一般来说，货运代理商承担的风险较小，如货主的货物在运输过程发生货损货差，货主不可以直接找货运代理商索赔，而要找具体承运人索赔，货运代理商有义务替货主向具体承运人进行索赔。货运代理商的收入来源一般由两部分组成：一是货主接受的运费与有船承运人运费的差价，二是有船承运人的佣金。

（3）根据经营规模和性质，可分为运输有限责任公司、运输股份公司、个体户和第三方物流公司等。现阶段，我国的运力相对分散，规模相对较小。20世纪80年代初，个体和私营运输开始起步，经过30多年的发展，如今已经占领了道路运输市场的"半壁江山"。大量的零散运力造成了货运市场相对无序和无效的状况。所以，物流经理在选择运输承运商时应根据企业自身实际情况，如待运货物的价值、运输的时限，对社会运力进行合理利用。

2. 影响运输服务的因素

由于各个运输承运商服务的差异性和客户待运货物的特性及本身的服务要求，物流经理可以在众多的运输供应商之间进行选择。在选择之前，物流企业首先要审查运输承运商的营业执照、注册资本、经营规模、信誉等情况。尤其是信誉问题，运输承运商的信誉决定了待运货物的安全。除此之外，以下因素也是必须考虑的。

（1）运输时间与可靠性

运输时间是指从托运人准备托运货物到承运人将货物完好地移交给收货人之间的时间间隔。其中包括接货与送货、中转搬运和起讫点运输所需要的时间。

可靠性是指承运人的运送时间的稳定性。这种可靠性更多的体现为与货主的要求相吻合。一些企业把物流运输外包给第三方物流公司，双方在商定的运输装货的过程中，由于管理衔接不到位，常常导致在约定的装货时间，货主要求等待，给第三方物流公司增加了成本。这对承运商的服务提出了更高的要求，在选择承运人时也是需要考虑的。

运送时间与可靠性影响着企业的库存和缺货损失。运送时间越短、可靠性越高，所需的库存水平越低。运送时间和可靠性通常是企业评价承运商服务水平的重要标准。如果没有可靠性作保证，再短的运送时间也是毫无意义的。因为运送时间不稳定，就会增加企业的额外库存，企业就会由此而产生缺货损失。

（2）成本

目前，我国的托运人或货主对运费还是非常敏感的，一般在选择承运商时，会优先考虑运费，在运费较低的情况下才会考虑其他服务因素。承运商在提供运输服务时，一定要替客户着想，满足客户降低各方面成本的需求。货主在考虑运输成本时，不要仅仅看表面的运价，还要看本企业管理成本、仓储成本等相关成本的降低。

（3）运输能力与可接近性

运输能力是指承运商提供运输特殊货物所需要的运输工具与设备的能力。

可接近性是指承运商为企业运输网络提供服务的能力，即承运商接近企业物流节点的能力。运输能力与可接近性决定了一个特定的承运商是否能够提供理想的运输服务。

（4）安全性

安全性是指货物到达目的地的状态与开始托运时的状态相同。若在运输过程中不能保证货物安全，无论是货物丢失还是损坏，都对企业不利，因而承运商保证货物安全抵达目的地的能力也是选择承运商的重要考虑因素。

当然，货主在考虑这些指标的过程中会有不同的偏好，每个指标都起作用，只是发挥的作用不同，所以，应对其分配权重进行综合考虑。

9.3 运输路线的选择

货物运输在途时间的长短由运输距离和运输方式决定。在确定运输方式的情况下，运输距离起决定作用。这里的距离是指运输工具沿着交通路线运输的距离，不是两地之间的直线距离。采用最佳的运输路线可以大大缩短运输时间，从而降低运输成本。运输路线的选择问题较多，下面分别介绍起止点相同的路线选择和起止点不同的路线选择。

1. 起止点相同的路线选择

物流经理经常会遇到起止点相同的路线规划问题。例如，某物流配送中心需把各种货物配送给某一片区的销售门店；工业企业自有运输车辆时，把客户需要的货物送到指定地点，然后返回等。

对于这类问题要有一定的处理原则，物流经理可依据这些原则制定合理的运行路线和时刻表。这些原则总结如下。

（1）安排车辆负责相互距离最接近的站点的货物运输。卡车的行车路线围绕相互靠近的站点群进行计划，以使站点之间的行车时间最短。图9-2中A表示的车辆运行路线就没有B表示的车辆运行路线好，运输距离也不如后者短。

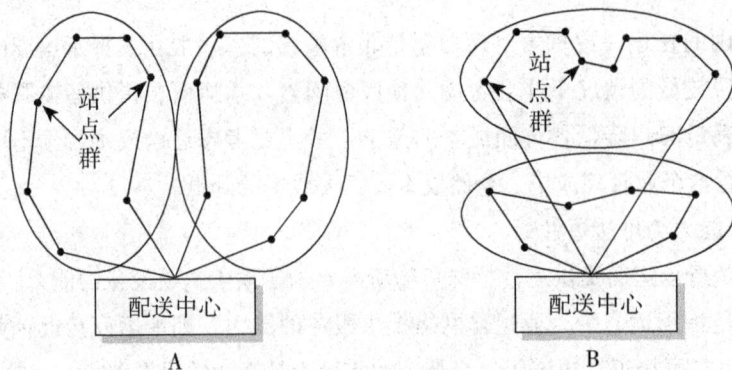

图9-2　划分站点群以分派车辆

（2）安排车辆各日途经的站点时，应注意使站点群更加紧凑。如果一周内各日服务的站点不同，就应该对一周内每天的路线和时刻表分别进行站点群划分。各日站点群的划分应避免重叠，这样可以使为所有站点提供服务所需的车辆数降至最低，同时使一周内卡车运行的时间最短、距离最小。图9-3展示了两种划分方式。

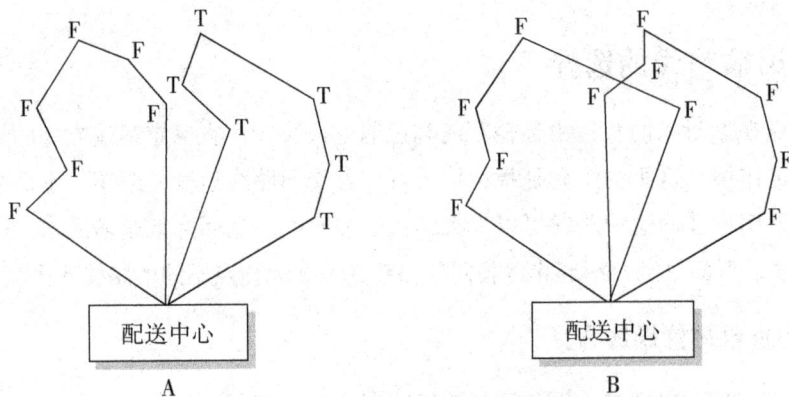

图9-3　合理路线和不合理路线

很明显，A的划分更为合理。

（3）从距仓库最远的站点开始设计路线。要设计出有效的路线，首先要划分出距离仓库最远站点周围的站点群，然后逐步找出仓库附近的站点群。一旦确定了最远的站点，就应该选定距离该核心站点最近的一些站点形成站点群，分派载货能力能满足该站点群需要的卡车。然后，从还没有分派车辆的其他站点中找出距离仓库最远的站点，分派另一车辆。如此往复，直到所有的站点都分派了车辆。

（4）卡车的行车路线呈水滴状。安排行车路线时各条线路之间应该没有交叉，且呈水滴状，如图9-4所示。

A. 不好的路线规划——路线交叉　　　　B. 好的路线规划——路线不交叉

图9-4　合理路线和不合理路线

（5）尽可能使用最大的车辆进行运送，这样设计出的路线是最有效的。在理想状况下，用一辆足够大的卡车运送所有站点的货物将使总的行车距离最小或时间最短。因此，在车辆可以实现较高利用率时，应该首先安排车队中载重量最大的车辆。

（6）取货、送货应该混合安排，不应该在完成全部送货任务之后再取货，应该尽可能在送货过程中安排取货，以减少路线交叉的次数（如果在完成所有送货任务之后再取货，就会出现路线交叉的情况）。路线交叉的程度取决于车辆的结构、取货数量和货物堆放对车辆装卸出口的影响程度。

（7）对过于遥远而无法归入群落的站点，可以采用其他配送方式。对于那些孤立于其他站点群的站点（特别是货运量较小的站点），为其提供服务所需的运送时间较长，运送费用较高。考虑到这些站点的偏僻程度和货运量，采用小型卡车进行服务可能更经济。此外，利用外租的运输服务也不失为一个好的选择。

2. 起止点不同的路线选择

当运送货物的开始地点与收货地点都不同时，一般用最短路线法求解。这类问题在大批量长距离干线运输中比较常见。下面给出最短路线法的计算原理。

（1）第 n 次迭代的目标

找出第 n 个距离起点最近的节点。对 $n=1$，2，……重复此过程，直到所找出的最近节点是终点。

（2）第 n 次迭代的输入值

在前面的迭代过程中找出 $n-1$ 个距起点最近的节点及其距离起点最短的路线和距离。这些节点和起点统称为已解的节点，其余的称为未解的节点。

（3）第 n 个最近节点的候选点

每个已解的节点直接和一个或多个未解的节点相连接，就可以得出一个候选点——连接距离最短的未解点。如果有多个距离相等的最短连接，则有多个候选点。

（4）计算出第 n 个最近的节点

将每个已解节点与其候选点之间的距离累加到该已解节点与起点之间最短路线的距离

上，所得出的总距离最短的候选点就是第 n 个最近的节点，其最短路线就是得出该距离的路线（若多个候选点都得出相等的最短距离，则都是已解的节点）。

下面是计算最短运输路线的范本，仅供参考。

范本

确定最短运输路线

右图为一张公路网络示意图，其中A是起点，J是终点，B、C、D、E、F、G、H、I是网络中的节点，节点与节点之间以路线连接，路线上标明了两个节点之间的距离（单位为千米），要求确定一条从起点A到达终点J的运行路程最短的运输路线。

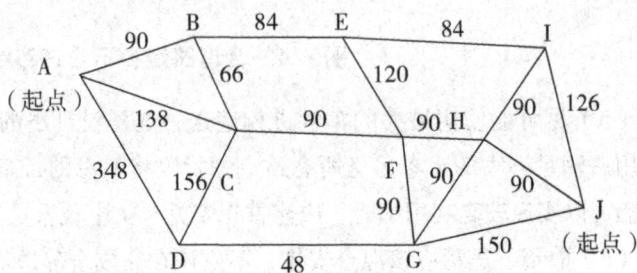

公路网络示意图

根据上面的计算原理，可以得出第一个已解的节点就是起点A，与A点直接连接的未解节点有B、C和D点。通过第一步，可以看到B点是距离A点最近的节点，记为AB。由于B点是唯一选择，所以它成为已解节点。

随后，找出距离A点和B点最近的未解节点，只要列出各个已解节点最近的连接点即可，有A→C、B→C，记为第二步。注意从起点通过已解节点到某一节点所需的路程应该等于到达这个已解节点的最短距离加上已解节点与未解节点之间的距离，也就是说，从A点经过B点到达C点的距离为AB＋BC＝90＋66＝156（千米），而从A点直达C点的距离为138千米。现在C点也成了已解的节点。

第三次迭代要找到与各已解节点直接连接的最近的未解节点。如下表所示，有3个候选点，从起点到这三个候选点D、E、F所需的路程分别为348千米、174千米、228千米，其中连接BE的路程最短，为174千米，因此E点就是第三次迭代的结果。

最短路线法求解的步骤

步骤	直接连接到未解节点的已解节点	与其直接连接的未解节点	相关总距离	第 n 个最近节点	最小距离	最新连接
1	A	B	90	B	90	AB★
2	A	C	138	C	138	AC
	B	C	90＋66＝156			

（续）

（续表）

步骤	直接连接到未解节点的已解节点	与其直接连接的未解节点	相关总距离	第 n 个最近节点	最小距离	最新连接
3	A	D	348	E	174	BE★
	B	E	90＋84＝174			
4	A	D	348	F	228	EI★
	C	F	138＋90＝228			
	E	I	174＋84＝258			
5	A	D	348	I	258	EI★
	C	D	138＋156＝294			
	E	I	174＋84＝258			
	F	H	228＋60＝288			
6	A	D	348	H	288	FH
	C	D	138＋156＝294			
	F	H	228＋60＝288			
	I	J	258＋126＝384			
7	A	D	348	D	294	CD
	C	D	138＋156＝294			
	F	G	288＋132＝360			
	H	G	288＋48＝336			
	I	J	258＋126＝384			
8	H	J	288＋126＝414	J	384	IJ★
	I	J	258＋126＝384			

重复上述过程，直到到达终点J，即第八步。最短路程为384千米，连线在上表中以★号标出，最优路线为A→B→E→I→J。

9.4 运输计划的编制

货物的运输计划应根据货物运输的需要，在充分利用企业现有运力的基础上编制。其目的是运输的五个环节（货源的组织落实、准备技术状况完好的车辆、在运输起点装货、车辆承载在线路上行驶、在目的地卸货）作出合理的安排，使各个环节紧密相扣、协调一致。

1. 运输计划的编制依据

运输计划的编制依据如图9-5所示。

依据一　货物购销合同：购销双方签订的具有法律效力的契约。具体包括货物的品名、规格、数量、收发货单位名称、地点及发货时间和其他相关事项

依据二　货物调拨计划：货物批发部门为做好购销活动的业务计划，包括国家计划分配和企业自行组织进货的要货依据。它是货物流转计划的具体组成部分，也是运输部门编制运输计划的依据

依据三　其他委托任务：如部门间相互委托的中转货物、发货人委托承运的货物或临时增加的运输任务

依据四　各种运输能力：了解和掌握各种运输方式的运输能力是编制货运计划的先决条件，直接影响货运计划的准确性

依据五　历年相关货物运输的资料：它们也是编制货物运输计划的重要参考依据

图9-5　运输计划的编制依据

2. 运输计划的编制原则

运输计划的编制应遵循以下原则，如图9-6所示。

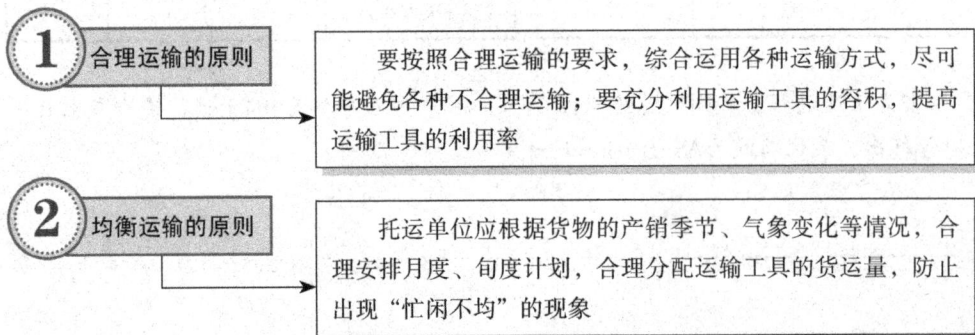

1　合理运输的原则　要按照合理运输的要求，综合运用各种运输方式，尽可能避免各种不合理运输；要充分利用运输工具的容积，提高运输工具的利用率

2　均衡运输的原则　托运单位应根据货物的产销季节、气象变化等情况，合理安排月度、旬度计划，合理分配运输工具的货运量，防止出现"忙闲不均"的现象

③ 保证重点、统筹兼顾的原则 → 首先要保证客户关键货物的运输，如市场急需、抢险救灾等，应分轻重缓急，妥善安排

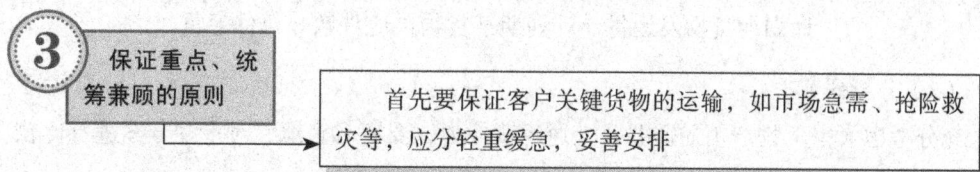

图9-6 运输计划的编制原则

3. 运输计划的编制步骤

货物运输计划的编制一般要经过以下五个步骤，如图9-7所示的。

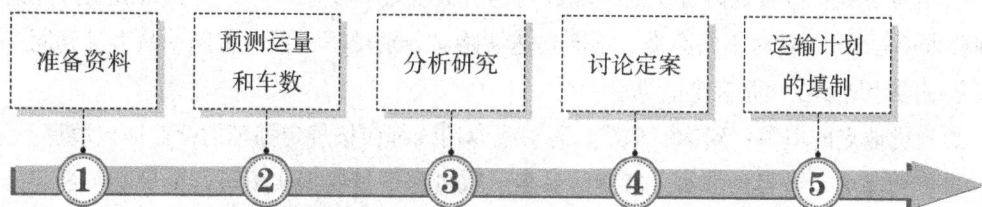

准备资料 ① 预测运量和车数 ② 分析研究 ③ 讨论定案 ④ 运输计划的填制 ⑤

图9-7 运输计划的编制步骤

（1）准备资料

根据货物运输计划的编制依据，主要搜集以下资料：货物流转计划、业务调拨计划、购销合同及相关的历史资料；运力方面包括铁路、公路、水运等方面的运输能力，铁路、公路、水运方面的运输路线图、航道图及相关的规章制度等，然后对上述资料进行必要的研究、分析和整理。具体要求如图9-8所示。

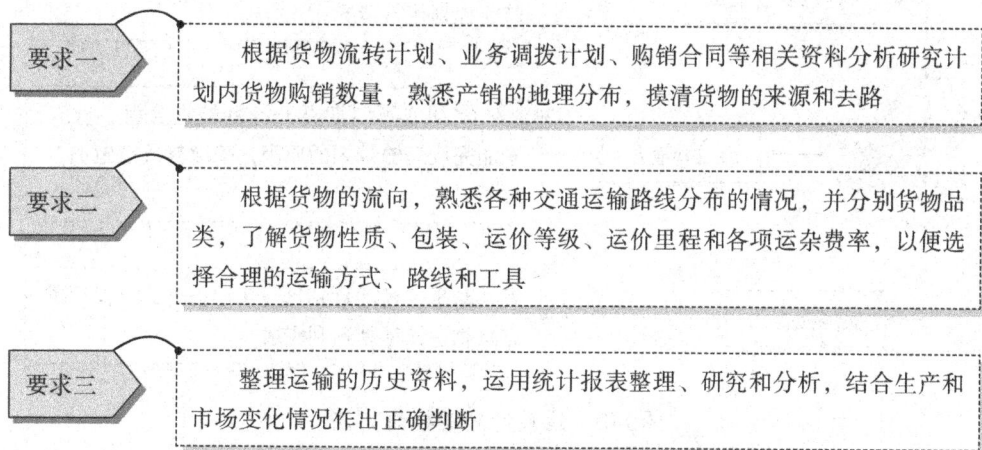

要求一 根据货物流转计划、业务调拨计划、购销合同等相关资料分析研究计划内货物购销数量，熟悉产销的地理分布，摸清货物的来源和去路

要求二 根据货物的流向，熟悉各种交通运输路线分布的情况，并分别货物品类，了解货物性质、包装、运价等级、运价里程和各项运杂费率，以便选择合理的运输方式、路线和工具

要求三 整理运输的历史资料，运用统计报表整理、研究和分析，结合生产和市场变化情况作出正确判断

图9-8 准备资料的具体要求

（2）预测运量和车数

预测运量的方法为按计划期供应合同的供应件数来测算，计算公式如下：

$$计划期货物发运量＝计划期某货物供应件数×每件毛重$$

（3）分析研究

充分考虑大宗货物产销的需要及交通运输能力，要留有余地，对多种方案进行比较。

（4）讨论定案

由企业主管与计划、业务、储运等部门多方面研究，从运输成本构成的诸多因素进行方案比较，择优定案。

（5）运输计划的填制

货物运输计划的填写要求如下所述。

①填写份数：应按铁路等交通运输部门的有关规定和要求填写，如铁路货物月度运输计划要求填写5份，且对不同品类、不同到达铁路局分别填写，但可将同一品类又到同一铁路局范围的计划填在一张表上。

②到货地点的填写：到达的车站、码头或专用线都应按规定办理的营业地点填写。

③货物品名、数量的填写。货物的品名、数量和重量要据实填写；重量要按规定分清实重、体积重或换算重。铁路的车数应按技术装载量所需要的车数填写，品类要按规定的货物分类填写。

4. 运输计划的检查与实施

加强货物运输计划的检查，可及时发现计划实施过程中的问题，并及时解决。检查的方法如图9-9所示。

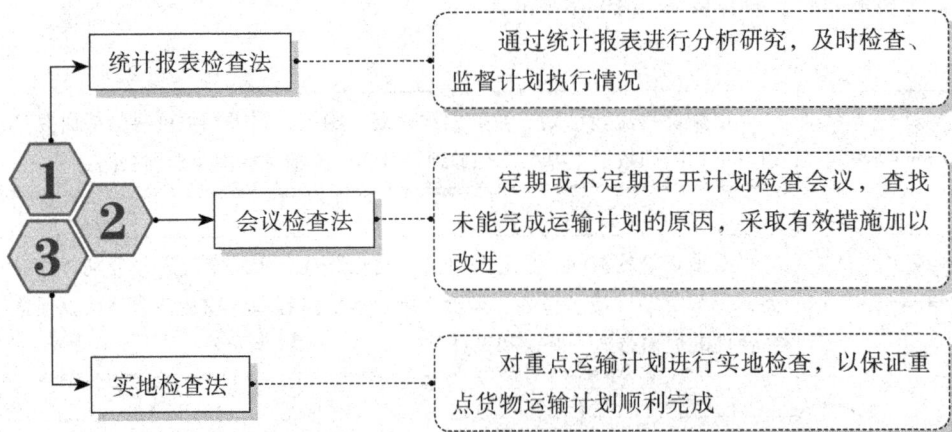

图9-9　运输计划的检查方法

对于托运单位来说，应加强与承运部门的联系，主动向承运部门反映货物的采购、库存及市场变化的情况，争取按计划完成运输任务。托运单位同时也应做好货物发运的各项准备工作，组织安排好装车所需的劳动力和设备，保证货物及时进站（港），防止车货脱节。

对于承运人来说，其主要职能如下：选择经济合理的运输方式和路线，使运输合理化；做好车、船、货之间的衔接；办理好托运、承运之间与发货、接收、中转之间的货物交接，分清责任；做到货物包装牢固、标记清楚、单货相符、单货同行等，使货物从发运地能按时保质保量地运送到销售地。

9.5　消除不合理运输

不合理运输是指在现有条件下可以达到一定的运输水平但未达到，进而造成运力浪费、运输时间增加、运费超支等问题。目前，企业存在的不合理运输主要如图9-10所示。

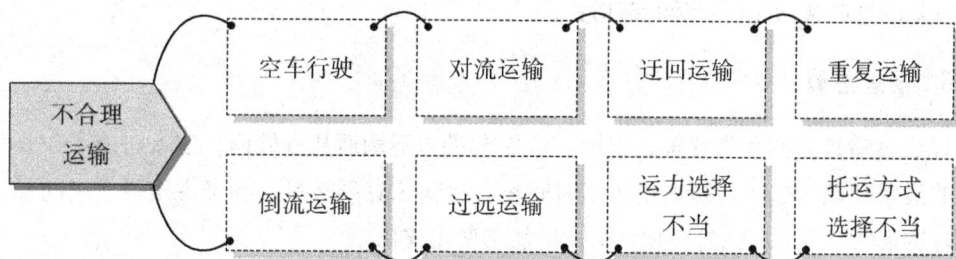

图9-10　不合理运输

1. 空车行驶

空车行驶是不合理运输的最严重形式。在实际运输组织中，有时候必须调度空车，从管理上不能将其看成不合理运输。但是，因调度不当、货源计划不周、不采用运输社会化而形成的空驶则属于不合理运输。

2. 对流运输

对流运输也叫"双向运输""交错运输"，指同一种货物，或彼此之间可以互相代用而又不影响管理、技术及效益的货物，在同一路线上或平行路线上作相对方向的运送，而与对方运程的全部或一部分发生重叠交错的运送。已经制定了合理流向图的产品，一般必须按合理流向的方向运输，如果与合理流向图指定的方向相反，也属于对流运输。

在判断对流运输时需要注意的是，有的对流运输是不很明显的隐蔽对流，例如不同时间的相向运输，从发生运输的那个时间看，并未出现对流，可能会作出错误的判断。

3. 迂回运输

迂回运输是舍近取远的一种运输，是舍弃短距离运输而采用长线路运输的一种不合理运输形式。迂回运输有一定复杂性，不能简单处理，只有计划不周、地理不熟、组织不当而发生的迂回运输，才属于不合理运输。如果最短距离有交通阻塞、道路情况不好或有对噪声、排气等特殊限制而发生的迂回，不能认定为不合理运输。

4. 重复运输

重复运输的一种形式是将本可以直接将货物送达目的地，但在中途将货物卸下，再重复装运送达目的地；另一种形式是，一面运进某种货物，一面又向外运出。重复运输的最大问题是增加了非必要的中间环节，这就延缓了流通速度，增加了费用，增大了货损。

5. 倒流运输

倒流运输是指货物从销地或中转地向产地或起运地回流的一种运输现象。这种运输现象比对流运输更严重，因为往返两程的运输都是不必要的，形成了双程的浪费。倒流运输也可以看成是隐蔽对流的一种特殊形式。

6. 过远运输

过远运输是指调运物资舍近求远，近处有资源不调而从远处调，这就造成了拉长货物运距的浪费现象。过远运输占用运力时间长、运输工具周转慢、物资占压资金时间长、远距离自然条件相差大，又易出现货损，增加了费用支出。

7. 运力选择不当

运力选择不当是指未利用各种运输工具的优势而不正确地选择运输工具造成的不合理运输，常见的有弃水走陆，铁路、大型船舶的过近运输，运输工具承载能力选择不当等。

8. 托运方式选择不当

对货主而言，没有选择最佳的托运方式造成运力浪费及费用支出增加也是一种不合理运输。例如，本应整车运输，却采取零担托运；本应直达，却选择了中转运输；本应中转运输，却选择了直达运输；都属于这一类型的不合理运输。

9.6 提高运输效率

针对运输过程中考虑的各种要素以及各种不合理运输，物流经理在提高运输效率上应做好以下几个方面的工作，如图9-11所示。

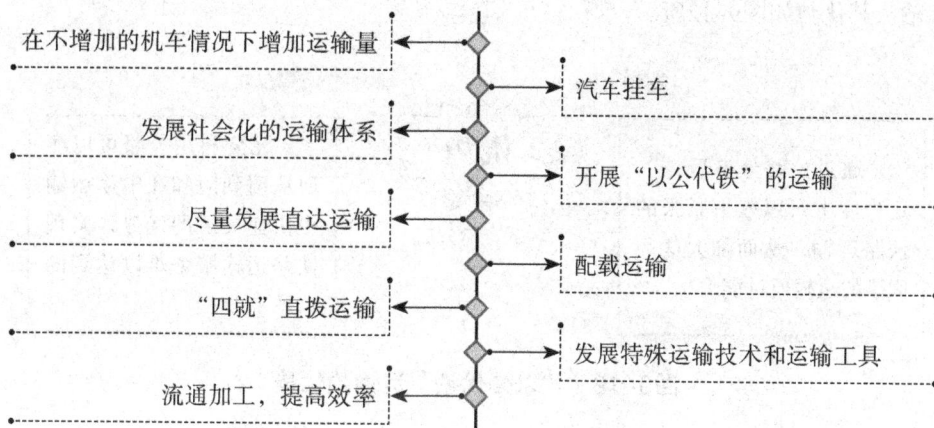

图9-11　提高运输效率的措施

1. 在不增加机车的情况下增加运输量

在不增加机车的情况下增加运输量主要是利用"满载超轴"。"超轴"就是在机车能力允许的情况下，多加挂车皮。

（1）水运拖排和拖带法

在运输竹、木等物资时，利用自身的浮力，不用运输工具载运，采取拖带法运输，可省去运输工具本身的动力消耗而实现合理运输。将无动力驳船编成一定队形，用拖轮拖带行驶，比船舶载乘运输运量更大。

（2）顶推法

顶推法是我国内河货运采取的一种有效方法，是将内河驳船编成一定队形，由机动船顶推前进的航行方法。其优点是航行阻力小，顶推量大，速度较快，运输成本很低。

2. 汽车挂车

汽车挂车的原理和船舶拖带、火车加挂基本相同，都是在充分利用动力能力的基础上增加运输能力。

3. 发展社会化的运输体系

运输社会化是指发展运输的大生产优势，实现专业分工，打破一家一户自成运输体系的状况。通过运输社会化，统一安排运输工具，避免对流、倒流、空驶、运力不当等不合理运输，能产生良好的组织效益和规模效益，所以发展社会化的运输体系是运输合理化的重要措施。

4. 开展"以公代铁"的运输

"以公代铁"运输是指在公路运输经济里程范围内，通过科学合理的论证，尽量利用公路运输。其优势如图9-12所示。

通过公路分流后，一定程度上可以缓解紧张的铁路运输，从而加大这一区段的运输通过能力

优势

充分利用公路可以实现从门到门和在中途运输中快速灵活的优势，实现铁路运输服务难以达到的水平

图9-12 "以公代铁"运输的优势

5. 尽量发展直达运输

直达运输是追求运输效率的重要形式，其优点是通过减少中转环节，来提高运输效率，降低损耗和节省成本。直达运输的优势，在一次运输批量和用户一次需求量达到一整车时表现最为突出。此外，在生产生活资料运输中，通过直达运输建立稳定的产销关系和运输系统，用最有效的技术来实现这种稳定运输，就能大大提高运输效率。

小贴士

并不是所有的直达运输都优于中转运输，这要根据客户的要求，从物流总体出发作综合判断。如果客户批量大到一定程度，直达运输较为合理，批量较小时则使用中转运输较合理。

6. 配载运输

配载运输是充分利用运输工具载重量和容积，通过合理载运方法安排装载货物的一种合理化运输方式。配载运输也是提高运输工具实载率的一种有效形式。

配载运输往往是轻重商品混合配载，在以重质货物运输为主的情况下，同时搭载一些轻质货物。例如海运矿石、黄沙等重质货物时在舱面捎运木材、毛竹等，铁路运矿石、钢材等重物时在上面搭运轻泡农、副产品等。配载运输可在基本不增加运力投入、不减少重质货物运输的情况下，解决轻泡货的搭运问题。

7. "四就"直拨运输

"四就"直拨运输就是通过减少中转运输环节，以最少的中转次数完成运输任务。一般批量到站或到港的货物，先要搬送至仓库，再分发给客户，这样就影响了运输效率。而"四就"直拨运输由管理机构预先筹划，就厂或就站（码头）、就库、就车（船）将货物分送给用户，而无须入库。

8. 发展特殊运输技术和运输工具

特殊运输技术和运输工具是依靠科技进步改进运输管理的一个重要途径。

例如，专用散装车及罐车，解决了粉状、液状物运输损耗大和安全性差等问题。袋鼠式车皮、大型半挂车解决了大型设备整体运输问题。"滚装船"解决了车载货的运输问题。集装箱船比一般的船能容纳更多的箱体，集装箱高速直达车船加快了运输速度等。

9. 流通加工，提高效率

有不少产品，由于自身形态及特性问题，很难实现效率的提高，如果进行适当加工，就能有效解决合理运输的问题。

例如，将造纸材在产地预先加工成干纸浆，然后压缩体积运输，就能解决造纸材运输不满载的问题；轻泡产品预先捆紧包装成规定尺寸，装车时就容易提高装载量；水产品及肉类预先冷冻，就可提高车辆装载率并降低运输损耗。

学习笔记

通过学习本章的内容，想必您已经掌握了不少学习心得，请仔细记录下来，以便继续巩固学习。如果您在学习中遇到了一些难点，也请如实写下来，方便今后重复学习，彻底解决这些难点。

我的学习心得

1. _____

2. _____

3. _____

4. _____

5. _____

我的学习难点

1. _____

2. _____

3. _____

4. _____

5. _____

我的运用计划

1. _____

2. _____

3. _____

4. _____

5. _____

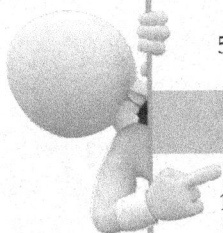

第10章

物流技术管理

　　物流技术是指物流活动中所采用的自然科学与社会科学方面的理论、方法，以及设施、设备装置与工艺的总和。物流技术是与实现物流活动的全过程紧密相关的，物流技术的高低直接关系到物流活动各项功能是否完善和能否有效地实现。

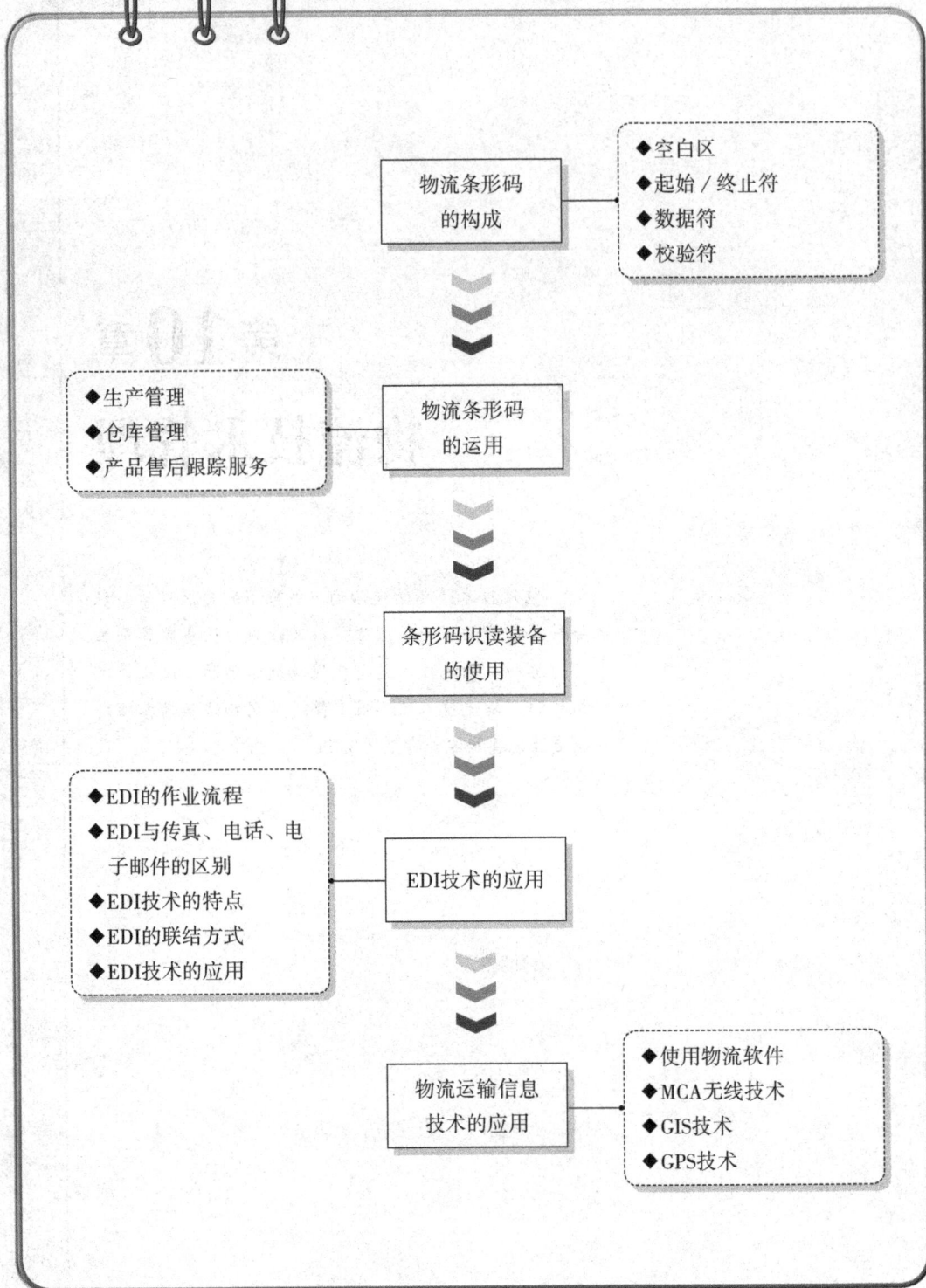

学习指引

物流条形码
的构成

- ◆空白区
- ◆起始／终止符
- ◆数据符
- ◆校验符

- ◆生产管理
- ◆仓库管理
- ◆产品售后跟踪服务

物流条形码
的运用

条形码识读装备
的使用

- ◆EDI的作业流程
- ◆EDI与传真、电话、电子邮件的区别
- ◆EDI技术的特点
- ◆EDI的联结方式
- ◆EDI技术的应用

EDI技术的应用

物流运输信息
技术的应用

- ◆使用物流软件
- ◆MCA无线技术
- ◆GIS技术
- ◆GPS技术

10.1　物流条形码的构成

条形码技术是与计算机相适应的一种信息扫描技术，它的应用突破了传统物流数据录入与采集的"瓶颈"问题，提高了物流管理的精确度和效率。

条形码（Bar Code）由一组按一定编码规则排列的条、空符号组成，用以表示一定的字符、数字及符号组成的信息。"条"指对光线反射率较低的部分，"空"指对光线反射率较高的部分，这些条和空组成的数据表达一定的信息。

一个完整的条形码的组成次序依次为左侧空白区、起始符、左侧数据符、中间分割符、右侧数据符、校验符、终止符、右侧空白区，具体如图10-1所示。

图10-1　条形码的结构组成

1. 空白区

空白区是指条形码左右两端外侧与"空"的反射率相同的限定区域，它能使阅读器进入准备阅读的状态，当两个条形码距离较近时，空白区则有助于对它们加以区分，空白区的宽度通常应不小于6毫米（或10倍模块宽度）。

2. 起始／终止符

起始／终止符是指位于条形码开始和结束的若干个条与空，标志条形码的开始和结束，同时提供了条形码码制的识别信息和阅读方向的信息。

3. 数据符

数据符是位于条形码中间的"条空"结构，它包含条形码所表达的特定信息。

4. 校验符

校验符，主要是用来判别和确定该条形码是否正确。

拓展阅读

条形码的几个重要参数

1. 条形码密度（Density）

条形码密度指单位长度的条形码所表示的字符个数。对于一种码制而言，密度主要由模块的尺寸决定，模块尺寸越小，密度越大，所以密度值通常以模块尺寸的值来表示（如5mil）。通常7.5mil以下的条形码称为高密度条形码，15mil以上的条形码称为低密度条形码，条形码密度越高，要求条形码识读设备的性能（如分辨率）也越高。

2. 宽窄比

对于只有两种宽度单元的码制，宽单元与窄单元的比值称为宽窄比，一般为2～3（常用的有2∶1；3∶1）。宽窄比较大时，阅读设备更容易分辨宽单元和窄单元，也更容易阅读。

3. 对比度（PCS）

条形码符号的光学指标，对比度越大则条形码的光学特性越好。

10.2 物流条形码的运用

利用条形码技术，对企业的物流信息进行采集跟踪，通过对生产制造业的物流跟踪，来满足企业针对物料准备、生产制造、仓储运输、市场销售、售后服务、质量控制等方面的信息管理需求。

1. 生产管理

条形码生产管理是产品条形码应用的基础，具体可采取的应用方式如图10-2所示。

方式一 制定产品识别码格式。根据企业规则和行业规则确定产品识别码的编码规则，保证产品规则化

方式二 建立产品档案。通过产品标识码、条形码在生产线上对产品生产进行跟踪，并采集生产产品的部件、检验等的数据作为产品信息，当生产批次计划审核后建立产品档案

方式三　通过产品标识码、条形码，使成品出货跟踪时有较完整、细致的资料

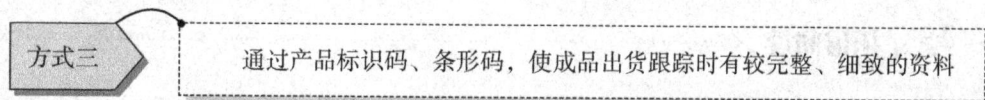

图10-2　条形码应用于生产管理的方式

2. 仓库管理

对于仓库的库位、存放的物料、成品等都可以使用条形码来进行管理，具体来说，主要包括以下几种情形，如图10-3所示。

情形一　物料编码。对于各种物料可以条形码的方式进行编码，并录入计算机管理系统，便于物料的跟踪管理

情形二　将各库位也编好条形码，在产品入库时将库位号与产品条形码一一对应，在出库时按照库位货物的库存时间可以实现先进先出或批次管理

情形三　各种成品也有其对应的条形码编码，能有效减少出入库的差错

图10-3　条形码应用于仓库管理的情形

小贴士

对各种在库物品进行编码时，必须遵循一一对应的原则，保证条形码的唯一性。

3. 产品售后跟踪服务

应用条形码技术跟踪产品售后情况，具体包括以下内容。

（1）根据产品标识码建立产品销售档案，记录产品信息和重要零部件信息。

（2）通过产品上的条形码进行售后维修产品检查，检查产品是否符合维修条件和维修范围，同时分析其零部件的情况。

（3）通过产品标志号反馈产品售后维修记录，监督产品维修点信息，记录、统计维修原因，建立产品售后维修档案。

（4）对产品维修部件实行基本的进、销、存管理。与维修的产品一一对应，建立维修零部件档案。通过产品的售后服务信息采集与跟踪，为企业产品售后保修服务提供依据。

条形码技术在物流行业中的应用

在供应链物流的领域，条形码技术就像一条纽带，把产品生命周期各阶段发生的信息连接在一起，实现对产品从生产到销售全过程的跟踪。

1. 仓库货物管理

条形码技术的应用与库存管理，避免手工书写票据和送到机房录入的步骤，大大提高了工作效率。同时解决了库房信息滞后的问题，提高了交货日期记录的准确性。另外，解决了票据信息不准确的问题，提高了客户服务质量，消除了事物处理中的人工操作，减少了无效劳动。

2. 生产线人员管理

每个班次开工时，每个工作小组成员都要用条形码数据采集器扫描他们员工卡上的条形码，把考勤数据和小组成员纪录到数据采集器，然后输入到计算机系统。小组成员根据纪录的情况，决定相应的奖惩方案。

3. 流水线生产管理

在条形码技术没有应用的时期，每个产品在进入生产线前，必须手工记载生成这个产品所需的工序和零件，领料员按记载分配好物料后，才能开始生产。在每条生产线上每个产品都有记录表单，每个工序完成后，操作工人填上元件号和自己的工号。手工记载工作量大而复杂，而且不能及时反映商品在生产线上的流动情况。采用条形码技术后，订单号、零件种类、产品编号都可条形码化，实现在产品零件和装配的生产线上及时打印并粘贴标签。产品下线时，由生产线质检人员检验合格后扫入产品的条形码、生产线条形码并按工序扫入工人的条形码；对于不合格的产品送维修，由维修人员确定故障的原因，整个过程不需要手工纪录。

4. 仓储管理

条形码出现以前，仓库管理作业存在着很多问题，如物料出入库、物品存放地点等信息手记过程烦琐，信息传递滞后，导致库存量上升，发货日期无法保证，决策依据不准，降低了系统可靠性。为了避免失误，一些企业增设验单人员，但这又降低了劳动生产率，影响指令处理速度。而有了条形码技术，在已安装了计算机网络系统的工厂，只需在数据输入前加一些条形码数据采集设备，就可以解决以上问题。

5. 进货管理

进货时需要核对产品品种和数量，这部分工作是由数据采集器完成的。首先将所有本次进货的单据、产品信息下载到数据采集器中，数据采集器将提示材料管理员输入收货单的号码，由数据采集器在应用系统中判断这个条形码是否正确。如果不正确，系统会立刻向材料管理员发出提示；如果正确，材料管理员再扫描材料单上的项目号，系统就会检查购货单上的项目是否与实际相符。

（续）

6. 入库管理

搬运工（或叉车司机）只需扫描准备入库的物料箱上的标签即可。入库可分间接和直接两种：直接入库指物料堆放在任意空位上后，通过条形码扫描器记录地址；直接入库指将某一类货物存放在指定货架，并为其存放位置建立一个纪录。

7. 库存货物的管理

对于标签破损的货物，参照同类物或依据其所在位置，在计算机制作标签，进行补贴。在货物移位时，用识别器进行识读，自动收集数据，将采集的数据自动传送至计算机货物管理系统中进行管理。按照规定的标准，通过条形码识读器对仓库分类货物或零散货物进行定期的盘存。在货物发放过程中，出现某些货物零散领取的情况，可采用两种方式：一是重新打包，系统生成新的二维码标签，作为一个包箱处理；另一种是系统设置零散物品库专门存储零散货物信息，纪录货物的品名、数量、位置等信息，统一管理。

8. 货物信息控制与跟踪

库存自动预警：在货物库存量高于或低于限量时进行自动预警。结合各种货物近期平均用量，自动生成需要在一定时间内采购或取消订货的货物；有效地控制了库存量。空间监控：监控货物的实际位置、存放时间、空间余地等参数，对不合理位置、超长存放时间、余地不足等按规定的限量自动预警。货物信息跟踪：对整个供应链进行跟踪。报损处理：自动对将要报损货物进行跟踪，管理人员可对报损货物进行登记，填写报损申请表，若报损申请批准后，系统对报损货物进行报损处理，建立报损明细。

9. 出库管理

采用条形码识读器对出库货物包装上的条形码标签进行识读，并将货物信息传递给计算机，计算机根据货物的编号、品名、规格等自动生成出库明细。发现标签破损或丢失的货物按照库存货物管理程序人工补贴。出库货物经过核对，确认无误后，再进行出库登账处理，并更新货物库存明细。

条形码技术有机地联系了各行各业的信息系统，为实现物流和信息流的同步提供了技术手段，有效地提高了供应链管理的效率，是电子商务、物流管理现代化等的必要前提。条形码技术在物流中有如此重要的作用，企业更应及时发现条形码技术的缺点，并将其改进，使其更好地在物流中发挥作用。

10.3 条形码识读装备的使用

条形码阅读与识别的简单工作原理为：由光源发出的光线经过光学系统照射到条形码符号上面，被反射回来的光经过光学系统成像在光电转换器上，光电转换器产生电信号，信号经过电路放大后产生模拟电压，该电压与照射到条形码符号上被反射回来的光成正比，电压再经过滤波、整形，形成与模拟信号对应的方波信号，再经译码器解译为计算机可以直接接受的数字信号。

一般来说，条形码的识读主要使用各种扫描器。常用的条形码扫描器如表10-1所示。

表10-1 常用条形码扫描器

类型	使用说明
光笔条形码扫描器	在光笔内部有扫描光束发生器及反射光接收器。光笔类条形码扫描器使用时，要求扫描器与待识读的条形码接触或离开一个极短的距离
手持式条形码扫描器	（1）一般都装有控制扫描光束的自动扫描装置。阅读条形码时不需与条形码符号接触，因此，对条形码标签没有损伤 （2）扫描头与条形码标签的距离短的在0～20毫米范围内，而长的可达到500毫米左右
台式条形码自动扫描器	安装在生产流水线传送带旁的某一固定位置，等待标附有条形码标签的待测物体以平稳、缓慢的速度进入扫描范围，对自动化生产流水线进行控制
激光自动扫描器	扫描器内部光学系统可将单束光转变成十字光或米字光，从而保证被测条形码从各个不同角度进入扫描范围时都可以被识读
卡式条形码阅读器	这种阅读器内部的机械结构能保证标有条形代码的卡式证件或文件在插入滑槽后自动沿轨道做直线运动，在卡片前进过程中，扫描光点将条形码信息读入
便携式条形码阅读器	（1）一般配接光笔式或轻便的枪型条形码扫描器，本身具有对条形码信号的译解和存储能力 （2）使用时，这种阅读器可以与计算机主机分别安装在两个地点，通过线路连成网络，也可以脱机使用，利用电池供电

10.4 EDI技术的应用

EDI（Electronic Data Interchange）技术是一种电子传输方法，中文译为"电子数据交换"，是将各种格式化数据按照公认的标准形成报文，通过通信网络从一台计算机传送到另一台计算机进行自动处理的技术。

1. EDI的作业流程

一般来说，EDI的作业流程是由发送方将用户文件先对照生成平台文件，翻译成标准文件，加封后通过EDI网络传给接收方，接收方按照与发送方相逆的过程获得用户文件。其具体流程如图10-4所示。

发送方　用户文件　—对照→　平台文件　—翻译→　标准文件

X.25或PSTN等传输网络

接收方　用户文件　←对照—　平台文件　←翻译—　标准文件

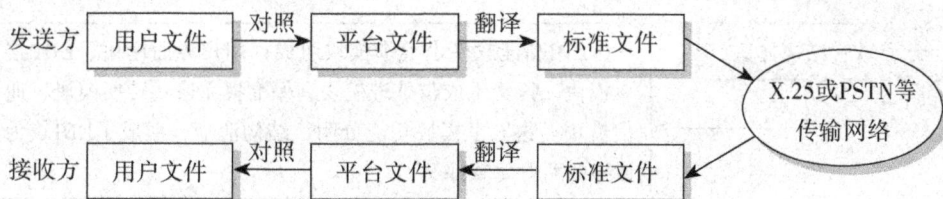

图10-4　EDI作业流程

2. EDI与传真、电话、电子邮件的区别

根据EDI的运作流程可以看出，EDI与传统的传真、电话、电子邮件等联系方式有很大的区别，具体说明如表10-2所示。

表10-2　EDI与传真、电话、电子邮件的区别

名称	EDI	传真、电话、电子邮件
文件格式	传送的文件必须使用标准格式	格式不统一，比较自由
流通渠道	实现计算机应用程序之间的通信	只是人与人之间的通信
内容准确度	要求传递的数据正确无误，对内容准确度要求高	准确度要求不高，有时内容不完整甚至有错误也能够识别
是否可以数据处理	可以对标准报文传递的数据进行自动处理	不能处理数据

3. EDI技术的特点

EDI作为一种全球性的电子化贸易手段，具有以下显著特点，如图10-5所示。

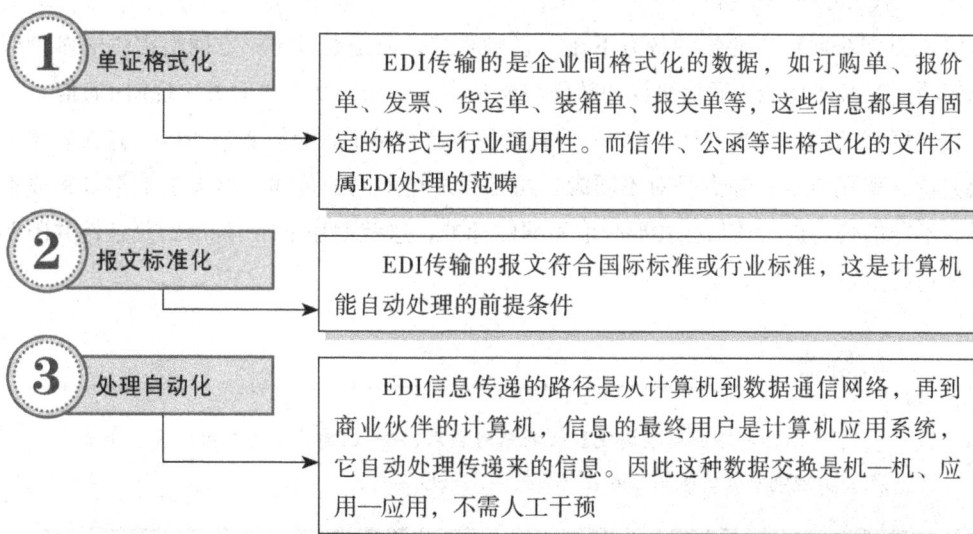

1 单证格式化
　　EDI传输的是企业间格式化的数据，如订购单、报价单、发票、货运单、装箱单、报关单等，这些信息都具有固定的格式与行业通用性。而信件、公函等非格式化的文件不属EDI处理的范畴

2 报文标准化
　　EDI传输的报文符合国际标准或行业标准，这是计算机能自动处理的前提条件

3 处理自动化
　　EDI信息传递的路径是从计算机到数据通信网络，再到商业伙伴的计算机，信息的最终用户是计算机应用系统，它自动处理传递来的信息。因此这种数据交换是机—机、应用—应用，不需人工干预

| 4 软件结构化 | EDI功能软件由五个模块组成：用户界面模块、EDP接口模块、报文生成与处理模块、保准报文格式转换模块、通信模块。这五个模块功能分明，结构清晰，形成了EDI较为成熟的商业化软件 |

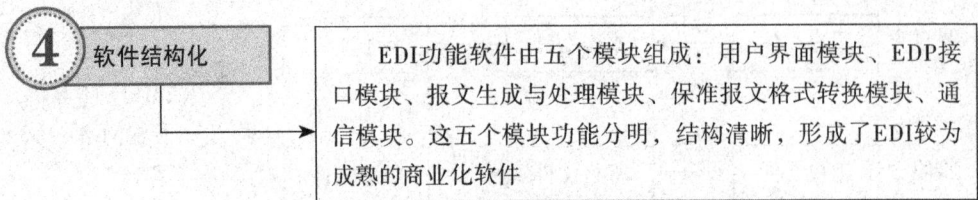

图10-5　EDI技术的特点

4. EDI的联结方式

EDI的联结方式分为直接联结和第三方网络联结两种方式。

（1）直接联结

直接联结是指一家或多家公司的计算机直接与另一家或多家公司的计算机联结。这种联结方式又可分为以下三类，如图10-6所示。

一对一联结	指一家公司的计算机与另一家公司的计算机直接联结，可以采取设立专线或通过电话线、调制解调器联结的方法
一对多联结	指以一家公司为中心，由它与其他多家公司的计算机建立一对多的联结
多对多联结	指多家公司的计算机与另外多家公司的计算机分别建立一对一的联结，在这种情况下一般只有通过多种联结组成的网络才能进行EDI

图10-6　直接联结方式

（2）第三方网络联结

第三方网络联结指通信的各方不建立直接联结，而是通过第三方网络提供的多种服务如邮箱功能、翻译功能、通信协议的转化功能来实现联结，从而与对方实现EDI通信。

直接联结的优点是当参加EDI的公司数目较少且传输的信息资料较少时，直接联结方式比较方便、费用较低；缺点是对不同的公司必须进行不同的传输，增大了工作量和成本，同时，不同的公司进行通信往往要采取不同的标准，这就增加了EDI标准的复杂性并限制了参与公司的数量。

小贴士

第三方联结能有效避免直接联结的弱点，使EDI通信不再受时间表、企业数目、地理位置的限制，是目前应用较广泛联结的方式。

5. EDI技术的应用

物流EDI系统一般是由用户接口模块、内部接口模块、报文生成及处理模块、格式转换模块、通信模块、联系模块等几部分组成。它可以借助计算机处理各种单据和票证，并借助通信网络将这些单据和票证传递给对方，在物流信息管理领域有极广泛的应用。

在运输信息管理当中，收货方输入的订单信息通过EDI传送给发货方，后者把订单信息加工成运输计划，作为委托运输信息发送给承运方。在这个信息的基础上，承运方将运输完成信息和费用结算请求信息传给发货方。在整个过程中，数据不需要重复输入，可以有效地节约时间，提高效率并保证信息传输的准确性。

10.5 物流运输信息技术的应用

运输信息管理涉及发货方、承运方以及收货方，物流经理要进行成功的运输信息管理，必须在三方之间建立畅通的信息渠道，使用一些先进的物流软件和运输信息技术。

1. 使用物流软件

一般来说，常见的物流软件主要将运输、配送、仓储、货代等管理系统等整合，形成较完备的物流信息系统。因此，在物流管理中，物流经理应了解各种常用软件，最好进行比较分析，选择合适的应用软件。

2. MCA无线技术

基于MCA无线技术的车辆运行管理系统由无线信号发射接收控制部门、运输企业的计划调度室和运输车辆组成，可以实现计划调度室与运输车辆的双向通话。在接到客户运送货物的请求后，利用这一系统可以确定出最靠近客户或最适合的车辆以满足客户需求。但由于MCA系统信号发射功率的限制，这种车辆运行管理系统只能实现较小范围内的控制。

3. GIS技术

GIS（Geography Information System）即地理信息系统，是以地理空间为基础，利用地理模型的分析方法及时提供多种空间、动态的地理信息，从而为有关经济决策服务的技术。

GIS在物流领域中的应用主要是指利用GIS强大的地理数据功能来完善物流分析技术、合理调整物流路线和流量、合理设置仓储设施、科学调配运力，从而提高物流业的效率。目前，已开发出了专门的物流分析软件用于物流分析。完整的GIS物流分析软件集成了车辆路线模型、最短路径模型、网络物流模型、分配集合模型和设施定位模型等，具体如表10-3所示。

表10-3　完整的GIS物流分析软件

类型	具体说明
车辆路线模型	车辆路线模型用于研究解决在一个起始点、多个终点的货物运输中，如何降低物流作业费用，并保证服务质量的问题。包括决定使用多少车及每辆车的行驶路线等
网络物流模型	网络物流模型用于解决寻求最有效的分配货物路径问题，也就是物流网点布局问题。如将货物从 n 个仓库运到 m 个商店，每个商店都有固定的需求量，因此需要确定由哪个仓库提货给哪个商店，可使运输费用最小
分配集合模型	分配集合模型可以根据各个要素的相似点把同一层上所有或部分要素分为几组，用以解决确定服务范围和销售市场范围等问题。如某一公司要设立 x 个分销点，如何设置使这些分销点要覆盖某一地区，且每个分销点的顾客数目大致相等
设施定位模型	设施定位模型用于确定一个或多个设施的位置。在物流系统中，仓库和运输线共同组成了物流网络，仓库处于网络的接点上，接点决定着线路，如何根据供求的实际需要并结合经济效益原则，在既定区域内设置仓库，确定每个仓库位置、规模，以及仓库之间的物流关系等问题，均能运用此模型加以解决

4. GPS技术

GPS（Global Positioning System）即全球卫星定位系统，由空间卫星系统、地面监控系统、信号接收系统三大子系统构成。在物流领域，主要使用GPS对货物的运输信息进行跟踪管理。

（1）货物跟踪

GPS计算机信息管理系统可以通过GPS和计算机网络实时地收集全路列车、机车、车辆、集装箱及所运货物的动态信息，实现对陆运、水运货物的跟踪管理。只要知道货车的车型、车号或船舶的编号就可以立即从铁路网或水运网中找到该货车或船舶，知道它们现在所处位置、距离运输目的地的里程，以及所有装运货物的信息。运用这项技术可以大大提高运营的精确性和透明度，为货主提供高质量的服务。

（2）与GIS结合解决物流配送

物流包括订单管理、运输、仓储、装卸、送递、报关、退货处理、信息服务及增值业务，全过程控制是物流管理的核心问题。供应商必须全面、准确、动态地把握散布在全国各个中转仓库、经销商、零售商，以及汽车、火车、飞机、轮船等各种运输环节中的产品流动状况，并据此制订生产和销售计划，及时调整市场策略。因此对大型供应商而言，没有全过程的物流管理就不可能建立有效的分销网络。物流配送的过程主要是货物空间位置转移的过程，涉及货物的运输、仓储、装卸、送达等业务环节，对各个环节涉及的问题如运输路线的选择、仓库位置的选择、运输车辆调度等都必须进行管理。

小贴士

GIS一般与GPS技术结合运用，共同把物流配送、运输工作做好。

学习笔记

通过学习本章的内容，想必您已经掌握了不少学习心得，请仔细记录下来，以便继续巩固学习。如果您在学习中遇到了一些难点，也请如实写下来，方便今后重复学习，彻底解决这些难点。

我的学习心得

1. _____

2. _____

3. _____

4. _____

5. _____

我的学习难点

1. _____

2. _____

3. _____

4. _____

5. _____

我的运用计划

1. _____

2. _____

3. _____

4. _____

5. _____

第 **11** 章

客户服务管理

企业的各种经营活动都是围绕客户的需求而展开的，如何更好地满足客户的需求也就成了企业经营活动的出发点和最重要的方面，物流企业也不例外。作为物流经理，应做好客户服务的管理工作。

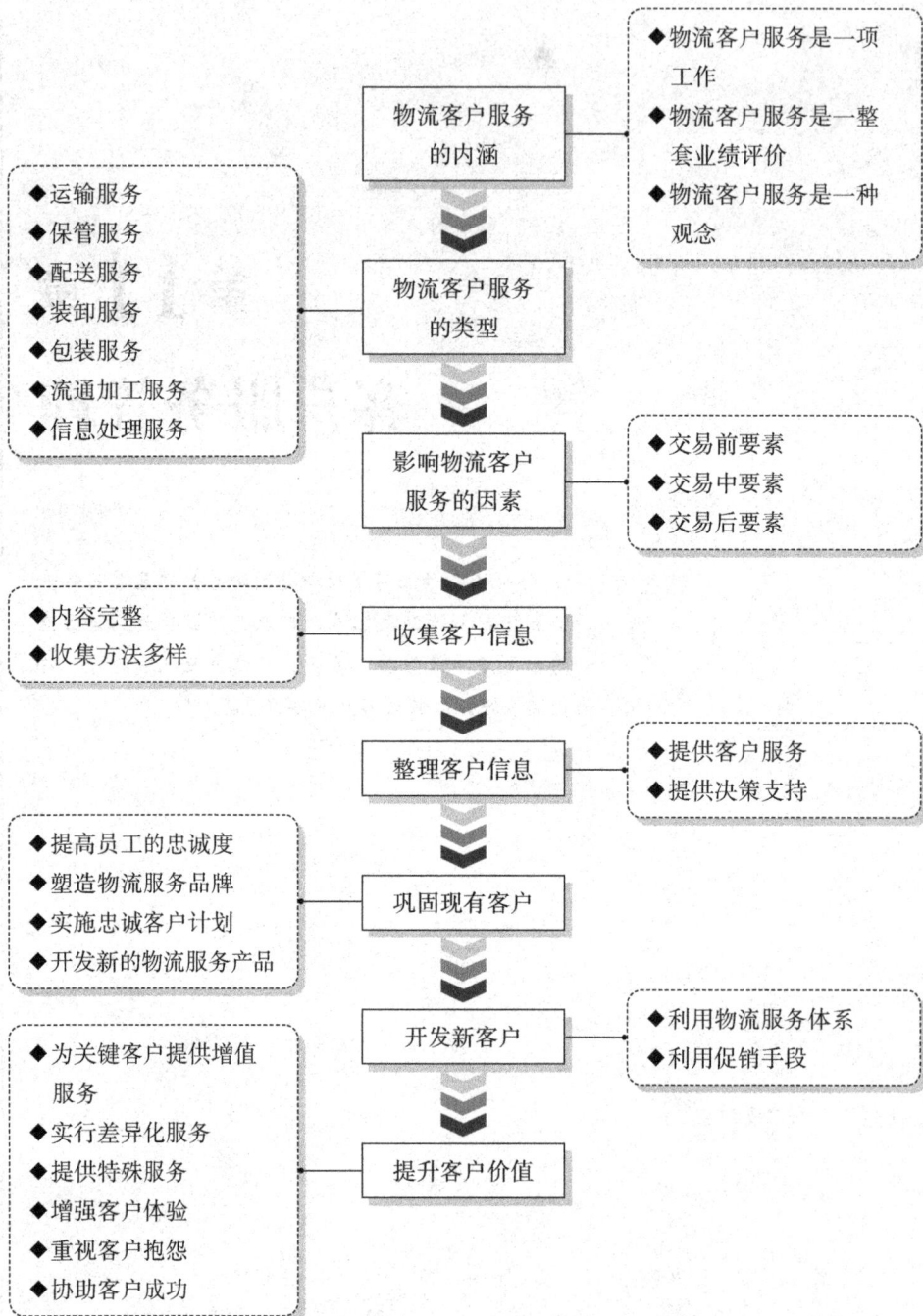

学习指引

物流客户服务的内涵
- ◆物流客户服务是一项工作
- ◆物流客户服务是一整套业绩评价
- ◆物流客户服务是一种观念

物流客户服务的类型
- ◆运输服务
- ◆保管服务
- ◆配送服务
- ◆装卸服务
- ◆包装服务
- ◆流通加工服务
- ◆信息处理服务

影响物流客户服务的因素
- ◆交易前要素
- ◆交易中要素
- ◆交易后要素

收集客户信息
- ◆内容完整
- ◆收集方法多样

整理客户信息
- ◆提供客户服务
- ◆提供决策支持

巩固现有客户
- ◆提高员工的忠诚度
- ◆塑造物流服务品牌
- ◆实施忠诚客户计划
- ◆开发新的物流服务产品

开发新客户
- ◆利用物流服务体系
- ◆利用促销手段

提升客户价值
- ◆为关键客户提供增值服务
- ◆实行差异化服务
- ◆提供特殊服务
- ◆增强客户体验
- ◆重视客户抱怨
- ◆协助客户成功

11.1 物流客户服务的内涵

物流客户服务是指物流企业为促进其产品或服务的销售，是发生在顾客与物流企业之间的相互活动。研究表明，现代物流管理的实质就是在顾客满意的基础上，向物流需求方高效、迅速地提供产品。也就是说，现代物流管理实行的是以顾客满意为第一目标，在企业经营战略中首先应确立为客户服务的目标，然后再通过客户服务来实现差别化的战略。可以从以下三个方面理解物流客户服务，如图11-1所示。

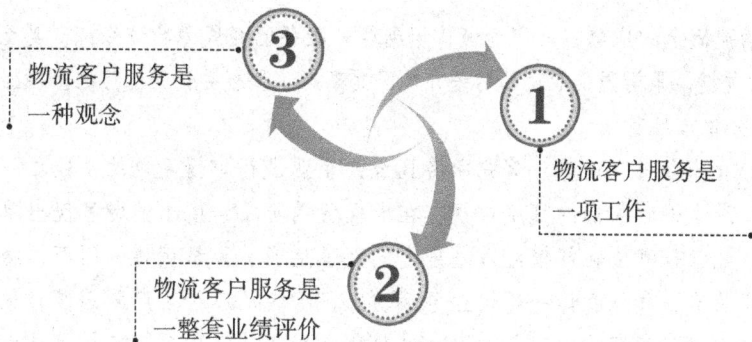

图11-1 客户服务的内涵

1. 物流客户服务是一项工作

物流客户服务是为了满足客户要求而进行的一项特殊工作，包括订单处理、技术培训、零配件供应、处理退货及投诉、产品咨询等具体的活动。

2. 物流客户服务是一整套业绩评价

物流客户服务是一整套业绩评价，通常包括产品可得性评价、订货周期和可靠性评价、服务系统的灵活性评价等。

（1）产品可得性评价，包括存货的百分比、准确满足订货的百分比、送达产品达到销售状态（无货损）的百分比等。

（2）订货周期和可靠性评价，包括从客户订货到送货的时间、转运时间（从仓库到客户的时间）、订货准备时间（仓库收到订单到发货的时间间隔）、在规定时间内发货的百分比、仓库在规定时间内将订货送达客户的百分比等。

（3）服务系统的灵活性评价，包括最低订货数量、特快发货或延迟发货的可能性、订货的方便和灵活性等。

3. 物流客户服务是一种观念

客户服务是企业对客户的一种承诺，是企业战略的一个主要组成部分。它与当今企业高度重视的质量管理是完全一致的，需要引起高层管理人员的重视。企业不能将客户服务狭义地理解为一种活动或一套业绩评价，而应将客户服务思想渗透到整个企业，使它的各项活动制度化。

> **拓展阅读**
>
> ### 物流客户服务的作用
>
> 随着物流概念的成熟，人们逐渐认识到客户服务已经成为物流系统，甚至整个企业成功运作的关键，是增强企业产品的差异性，提高产品和服务竞争优势的重要因素。
>
> 1. 细分化市场营销
>
> 在细分化市场营销时期，客户服务已成为企业进行市场竞争的手段之一。长期以来，物流并没有得到人们的高度重视，在大众营销阶段，由于消费呈现出单一、大众化的特征，经营是建立在规模经济基础上的大量生产、大量销售。因而，物流功能只是停留在商品传递和保管等一般性业务活动上，物流从属于生产和消费，从而成为企业经营活动中的附属职能。但是，进入细分化市场营销阶段后，市场需求出现多样化和分散化，而且发展变化十分迅速。在这种状况下，企业经营比以前任何时期都要艰巨，即只有不断符合各种不同类型、不同层次的市场需求，并且迅速、有效地满足这些需求，才能使企业在激烈的竞争和市场变化中求得生存和发展。而差别化策略中的一个主要内容是客户服务上的差异，所以作为客户服务重要组成部分的客户差别化服务也相应具有了战略上的意义。也就是说，客户服务是差别化营销的重要方式和途径。
>
> 2. 物流客户服务水准对物流经营的影响
>
> 物流客户服务水准的确立对物流经营绩效具有重大影响。决定客户服务水准是构筑物流体系的前提条件，在物流开始作为企业经营战略重要一环的发展过程中，客户服务越来越具有经济性的特征，即客户服务有随市场机制和价格机制变化而变化的倾向。或者说，市场机制和价格机制的变动，通过供求关系既决定了客户服务的价值，又决定了一定服务水准的成本。客户服务的供给不是无限制的，否则，过高的客户服务势必损害企业效益，不利于企业收益的稳定。因此，确定合理或符合企业预期的客户服务水准是企业决策活动的重要内容之一。
>
> 3. 物流客户服务方式的选择对降低物流成本的作用
>
> 物流客户服务方式的选择对降低物流成本具有较大作用。低成本历来是企业追求的目标之一，而低成本的实现往往涉及商品生产、流通的全过程。除了原材料、零部件、人力成本等各种有形影响因素外，客户服务方式的选择对降低成本具有很大的作用。在市场竞争日趋激烈的今天，由于消费者在购买产品时有低价格倾向，因此，一

（续）

些大型零售业为降低商品购入和调低物流成本，改变原来的物流体系，转而实行由零售主导的共同配送、直送、工厂配送等新型客户服务。这从一个侧面证明了合理的客户服务可以降低企业物流成本。

4. 物流客户服务是连结商家的手段

物流客户服务是有效连结供应商、厂商、批发商和零售商的重要手段。物流客户服务作为一种特有的服务方式，一方面以商品为媒介，打破了供应商、厂商、批发商和零售商之间的隔阂，有效地推动了商品从生产到消费全过程的顺利流动；另一方面，物流客户服务通过自身特有的系统设施不断将商品销售、在库等重要信息反馈给流通中的所有企业，并通过知识、诀窍等经营资源的积累，使整个流通过程不断协调地适应市场变化，进而创造出一种超越单个企业的价值效益。

5. 用提高客户满意程度来留住顾客

过去，许多企业把重点过多地放在赢得新顾客，而很少放在留住现有顾客上，但是，最近研究表明留住顾客的战略如今变得越来越重要。"保留顾客"和"公司利润率"之间有着非常高的相关性，这是因为保留住顾客可以保留业务，为老顾客服务成本较少，满意的顾客会提供业务中介，不少满意的顾客愿意支付议价。企业需要记住的最重要的问题是：一个对服务提供者感到不满的顾客将被竞争对手获得。留住顾客已成为企业的战略问题，物流领域高水平的顾客服务能够吸引顾客，并留住顾客。因为对于顾客来说，频繁地改变供应来源也会增加其物流成本及风险性。

11.2 物流客户服务的类型

随着物流的不断发展，人们对物流的认识不断加深，物流服务的各项功能越来越多地被人们开发出来，逐渐得到了企业和社会的关注，也成为顾客选择服务时的参考因素。基本物流服务主要包括以下几个方面，如图11-2所示。

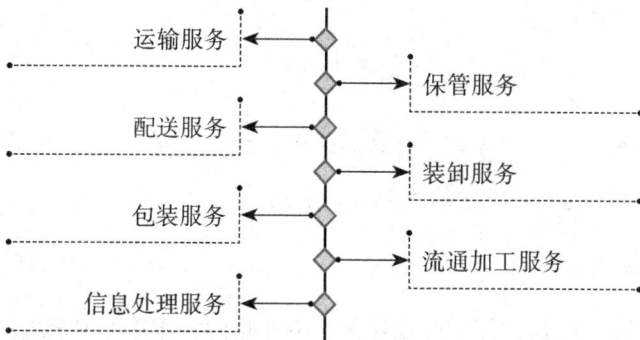

运输服务　　保管服务
配送服务　　装卸服务
包装服务　　流通加工服务
信息处理服务

图11-2 物流客户服务的类型

1. 运输服务

运输是物流服务的基本服务内容之一。物流的主要目的就是要满足顾客对一定货物在时间和地点两个条件下的要求，时间的变换和地点的转移是实现物流价值的基本因素。

企业既可以通过自有车辆的方式自行设计运输系统，也可将这项物流业务外包给第三方物流公司。专业的物流公司一般拥有或掌握有一定规模的运输工具。具有竞争优势的第三方物流公司，其物流设施不是只在一个点上，而是有一个覆盖全国或一个大区域的网络。

因此，第三方物流服务公司首先可能要为顾客设计最合适的物流方案，选择满足顾客需要的运输方式，然后具体组织网络内部的运输作业，在规定的时间内将顾客的商品运抵目的地。除了在指定交货点的交货需要顾客配合外，整个运输过程，包括最后的市内配送都可由第三方物流服务公司完成。

2. 保管服务

保管是物流服务的第二大职能，它实现了物流的时间价值。对于企业来说，保管功能是通过一定的库存来实现。与运输一样，企业既可以构建自己的仓库或租用仓库来对产品进行管理，也可以交给第三方物流公司来完成这项服务。

3. 配送服务

配送是物流服务的第三大职能。配送是将货物送交收货人的一种活动，要做到收发货经济，运输过程更为完善，保持合理库存，目的是为顾客提供方便，降低缺货的危险，减少订发货费用。

4. 装卸服务

这是为了加快商品的流通速度必须具备的功能，无论是传统的商务活动还是电子商务活动，都必须配备一定的装卸搬运能力。第三方物流公司应该提供更加专业化的装载、卸载、提升、运送和码垛等装卸搬运机械，以提高装卸搬运作业效率、降低订货周期和减少作业对商品造成的破损。

5. 包装服务

物流的包装作业目的不是要改变商品的销售包装，而在于通过对销售包装进行组合、拼配、加固，形成适于物流和配送的组合包装单元。

6. 流通加工服务

流通加工的主要目的是方便生产或销售。专业化的物流中心常常与固定的制造商或分销商进行长期合作，为制造商或分销商完成一定的加工作业。例如，贴标签、制作并粘贴条码等。

7. 信息处理服务

现代物流系统的运作已经离不开计算机，物流公司可以将物流各个环节及各种物流作业的信息进行实时采集、分析、传递，并向货主提供各种作业明细信息及咨询信息，这是相当重要的。

11.3 影响物流客户服务的因素

物流客户服务贯穿于客户服务的整个过程，影响物流客户服务的因素包括交易前要素、交易中要素和交易后要素。

1. 交易前要素

交易前要素主要是指为开展良好的客户服务创造适宜的环境，它直接影响客户对企业及产品或服务的初始印象。交易前要素主要由以下几项构成，具体如图11-3所示。

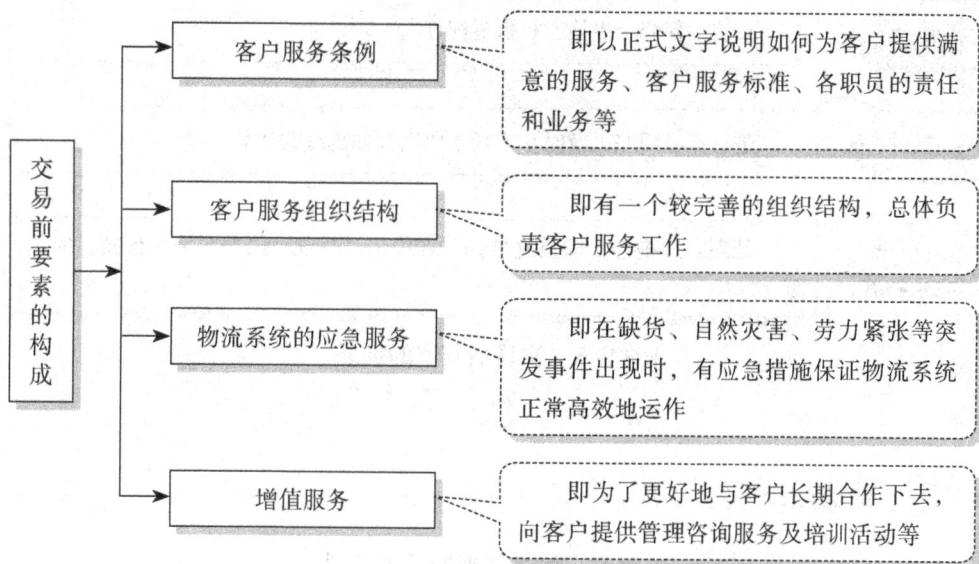

图11-3 交易前要素的构成

2. 交易中要素

交易中要素主要是指直接发生在物流过程中的客户服务活动，主要包括以下内容，如图11-4所示。

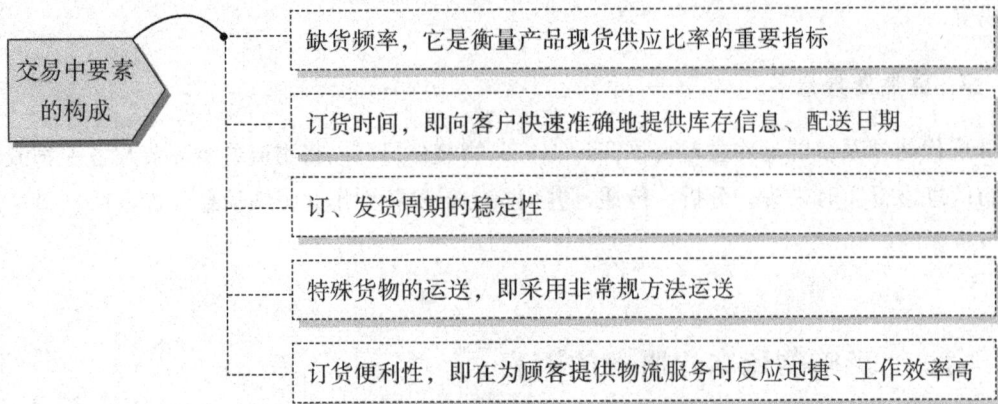

图11-4 交易中要素的构成

3. 交易后要素

交易后要素即售后服务，是物流客户服务中非常重要却又最容易被忽略的要素，主要包括以下内容，如图11-5所示。

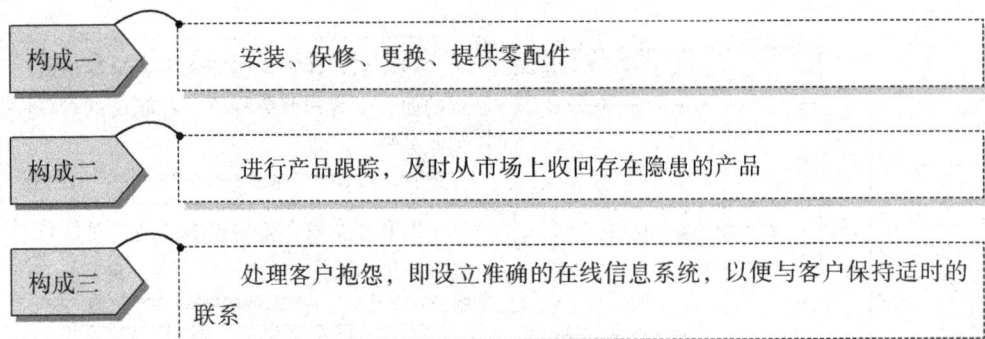

图11-5 交易后要素的构成

> **拓展阅读**
>
> **物流客户服务管理的基本准则**
>
> 1．以市场为导向
>
> 物流客户服务水平的确定，不能从供给方的理论出发，而应该充分考虑需求方的要求，即从产品导向向市场导向转变。产品导向型的物流客户服务由于是根据供给方自身所决定的，一方面难以真正满足客户的需求，容易出现服务水平设定失误；另一方面也无法根据市场环境的变化和竞争格局及时加以调整。而市场导向型的物流客户服务正好相反，它是根据经营部门的信息和竞争企业的服务水平制定的，既避免了过

（续）

剩服务的出现，又能及时对现有服务进行控制。在市场导向型物流服务中，通过与客户面谈、客户需求调查、第三方调查等寻求客户最强烈的需求愿望是决定物流客户服务水平的基本方法。

2. 制定多种物流客户服务组合

一样的米养百样的人，但客户的需求不可能千篇一律，这就要求企业在物流客户服务活动中制定多种物流客户服务组合。对于企业来讲也要考虑有限经营资源的合理配置，企业在进行物流客户服务时，应根据客户类型的不同提供相应的服务。一般来讲，根据客户经营规模、类型和对本企业贡献度来划分，可以采用支援型、维持型、受动型的不同物流客户服务战略。对本企业贡献度大的企业，由于具有直接的利益相关性，应当采取支援型策略；而对本企业贡献小的客户。要根据其规模、类型再加以区分。经营规模小或专业型的客户，由于存在进一步发展的潜力，可以采取维持型战略，以维系现有的交易关系，为将来可能开展的战略调整打下基础。相反，经营规模小且属综合型的客户，将来进一步发展的可能性较小，所以，在服务上可以采取受动型策略，即在客户要求服务的条件下才开展服务活动。

3. 开发对比性物流服务

企业在确定物流客户服务要素和服务水平的同时，应当确保服务与其他企业物流服务相比有着鲜明的特色，这是保证高服务质量的基础，也是物流客户服务战略的重要特征。要实现这一点，就必须具备有对比性的物流客户服务观念，即重视收集和分析竞争对手的物流客户服务信息。

4. 注重物流客户服务的发展性

物流客户服务的变化往往会产生新的物流客户服务需求，所以在物流客户服务管理中，应当充分重视研究物流客户服务的发展方向和趋势。例如，虽然以前就已经开始实施商品到达时期、断货信息、在途信息、货物追踪等管理活动，但是随着交易对象的变化如零售业业务的简单化、效率化革新，EDI 的导入，账单格式统一，商品入货统计表制定等，信息服务已成为物流客户服务的重要要素。

5. 重视物流客户服务与社会系统的吻合

物流客户服务不是一种企业独自的经营行为，它必须与整个社会系统相吻合。物流客户服务除了要考虑调配物流、企业内物流、销售物流外，还要认真研究旨在保护环境、节约能源、资源的废弃物回收物流。所以，物流客户服务的内容十分广泛，这是企业社会市场营销发展的必然结果，即企业行为的各个方面都必须符合伦理和环境的要求，否则，经济发展的持续性难以实现。

6. 建立能把握市场环境变化的物流客户服务管理体制

物流客户服务水平根据市场形势、竞争企业状况的变化而变化，所以在物流部门建立能把握市场环境变化的物流客户服务管理体制十分必要。

7. 物流中心的建设与完善

物流中心作为物流客户服务的基础设施，其建立和完善对于保障高质量的物流客

（续）

户服务是必不可少的，这是因为物流中心的功能表现为，通过集中管理订货频度较高的商品，使进货时期正确化，提高在库服务率。同时，由于缩短商品在库期间，提高了在库周转率，商品出入库增多。除此之外，物流中心在拥有对应多品种、小单位商品储存功能的同时，还具有备货、包装等流通加工机能，能够实施适当地流通在库管理和有效地配送等物流活动，这些都是高质量物流客户服务的具体表现。

8. 构筑信息系统

要实现高质量的物流客户服务，还必须建立完善的信息系统，这种信息系统的机能除了接受订货，迅速、完好地向客户传递服务外，更重要的是能够通过送货期回复、商品物流周转期缩短、备货保证、缩短信息处理时间、货物追踪等各种机能，确保企业提供不劣于竞争对手的物流客户服务。

9. 提高物流客户服务绩效

企业一般可以利用以下活动提高物流客户服务绩效：充分研讨客户的需求；在认真分析成本与收益的基础上，确定最优的物流客户服务水平；在订货处理系统中采用最先进的技术手段；考核和评价物流管理各环节的绩效。

11.4 收集客户信息

充分、及时、准确地收集客户信息并加以整理是物流企业客户管理的基础，有助于企业根据自身特点更好地开展物流服务，改善物流作业环节。一般来说，客户信息的收集应符合以下要求。

1. 内容完整

企业应当及时掌握内部客户与外部客户的合作程度、物流服务的质量、需求的满足程度、价格水平的适用性等相关信息。具体来说，企业应当收集以下信息，如图11-6所示。

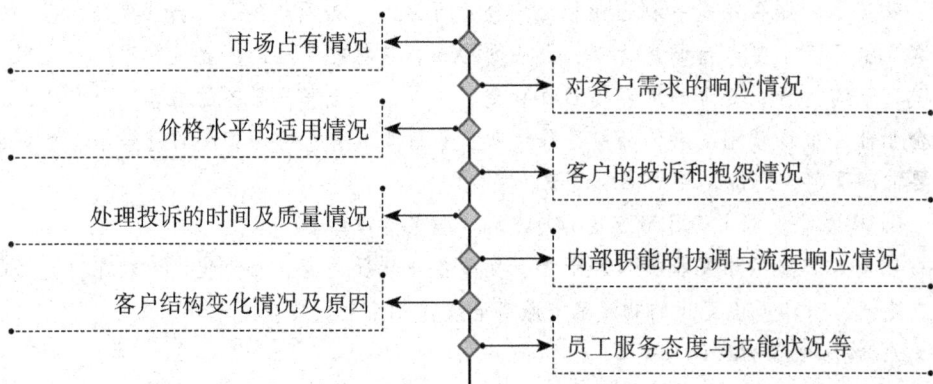

市场占有情况
对客户需求的响应情况
价格水平的适用情况
客户的投诉和抱怨情况
处理投诉的时间及质量情况
内部职能的协调与流程响应情况
客户结构变化情况及原因
员工服务态度与技能状况等

图11-6 应当收集的客户信息

2. 收集方法多样

对客户信息的收集方法，企业可采取现有资料分析法或实地调研法，其具体说明如图11-7所示。

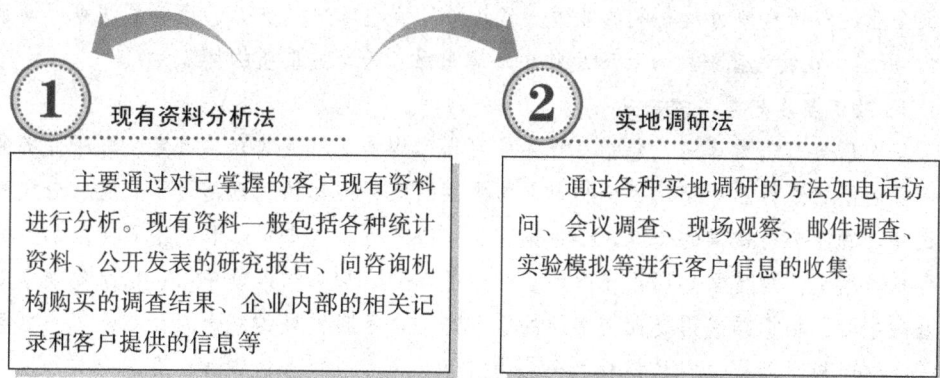

① 现有资料分析法

主要通过对已掌握的客户现有资料进行分析。现有资料一般包括各种统计资料、公开发表的研究报告、向咨询机构购买的调查结果、企业内部的相关记录和客户提供的信息等

② 实地调研法

通过各种实地调研的方法如电话访问、会议调查、现场观察、邮件调查、实验模拟等进行客户信息的收集

图11-7 收集客户信息的方法

11.5 整理客户信息

由于收集到的客户信息是零散混乱的，因此必须进行深入分析和加工整理才能为企业所用。企业可以从以下两个角度对客户信息进行整理。

1. 提供客户服务

整理后的信息应当满足客户服务的要求，包括产品的特点、产品升级、是否有现货、安装调试、保修、合同条款以及货物跟踪查询等。

2. 提供决策支持

收集和整理客户信息的主要目的是为了向企业的管理人员提供决策支持。例如，与客户使用经历有关的信息，可以帮助企业进行产品改进和新产品的开发；与客户需求有关的信息，可以帮助企业有效调节库存；与客户地理位置有关的信息，可以帮助企业进行合理的物流系统规划等。因此，从不同的使用目的对客户信息进行整理是非常有必要的。

小贴士

在收集和整理客户信息时，一定要保证相关信息的真实性与时效性。

> 拓展阅读 <

客户服务对物流发展的重要性

客户服务的水平会直接影响到企业在市场上的占有率和物流的总成本，并最终影响到企业的市场竞争力及获利的能力。据统计，流失客户减少5%，企业利润可以增加50%，所以，在物流系统的设计和运作中，客户服务是至关重要的环节。

1. 物流与客户服务的关系

客户服务，简称客服，包括从产品的可得率到售后服务等众多因素。电子商务的不断发展使物流行业崛起，目前物流业所提供的服务内容已远远超过了仓储、分拨和运送等。物流公司提供的仓储、分拨设施、维修服务、电子跟踪和其他具有附加值的服务日益增加。物流服务商正在变为客户服务中心、加工和维修中心、信息处理中心和金融中心，根据顾客需要而增加新的服务是一个不断发展的观念。而物流客户服务就是在这时应运而生，它是指物流企业为促进其产品或服务的销售，在客户与物流企业之间发生的相互活动。

2. 客户服务对物流发展的重要性

从企业管理的角度来说，客户服务一直被当作营销战略的基本内容，并未受到过多重视。而物流管理者是否需要关注客户服务，取决于物流客户服务是否影响企业的盈利能力。因此，需要谈谈客户服务对物流发展的重要性。

首先，客户服务可以提高客户满意度。物流客户服务可以保证客户在合适的地点、合适的时间、用合适的价格去获得合适的商品。在新形势下，企业要建立以客户为中心的经营目标，不断提高自身服务水平去吸引顾客、巩固客户资源、赢得客户市场。客户关心的是所购买产品的全部，即不仅仅是产品的实物特点，还有产品的附加价值。在市场竞争中，价格和运作方式容易被竞争对手模仿，改进设备的方法也能被竞争对手赶上，甚至是超越。但是，对客户服务质量上的改进，如送货准时率提高、信息提供及时、订货提前期缩短、生产率提高等，这些是竞争对手短时间内难以模仿和超越的。

其次，客户服务能留住老客户。针对客户服务的管理能让企业在激烈的市场竞争中更好地服务于客户，提高客户的满意度和忠诚度，更好地保留住老客户，从而降低企业的成本。企业物流服务的改进应该适度，应该在服务改进的成本与其带来的效益之间进行权衡。而现有的大多物流服务企业的业务是来自现有的客户，因此，由物流客户服务水平决定的客户忠诚度直接影响着企业的盈利能力。客户关系管理能对客户进行有效的识别并对其特性进行分析，因而更具有针对性，进而最大限度地避免制定和执行相关策略的盲目性，节省成本和费用。同时，采用信息技术，也可以使企业更高效地运作。

最后，提高销售收入也是客户服务的作用之一。客户服务的内容，通常是物流企业销售工作的重要要素，它直接关系到企业的市场营销。无论是面向生产的物流还

（续）

是面向市场的物流，其最终产品都是提供某种满足客户需求的服务。而且在很多情况下，客户对企业所提供的服务水平的变化与对产品价格的变化一样敏感。因此，企业不断地提高客户服务质量，才是能够支持企业在日益激烈的市场竞争中常胜的核心竞争力。

11.6 巩固现有客户

巩固客户是一项长期、复杂的工作，物流经理应采取各种行之有效的方法进行，具体如图11-8所示。

图11-8 巩固现有客户的方法

1. 提高员工的忠诚度

物流经理要想提高外部客户的忠诚度，首先要做的就是使自己的内部客户——员工，变得更加忠诚。只有忠诚的员工才能为客户提供最有效率的服务，才能提高客户的满意度。要让员工更加忠诚，就应当重视员工的需求，创造良好的工作氛围。

2. 塑造物流服务品牌

塑造服务品牌是物流服务企业扩大市场、实现发展的有效途径，对巩固客户具有战略性的意义，物流企业应当让客户充分理解品牌的含义，让他们确切地知道所选择的品牌对他们意味着什么。同时，运用有效的手段赋予品牌新的活力，维护品牌的地位、提高品牌的知名度。

3. 实施忠诚客户计划

在出现以下情形时，物流经理有必要考虑实施忠诚客户计划。

（1）提供服务的企业增多，竞争加剧。

（2）销售额增长速度放慢。

（3）需求的多样化、个性化给企业带来压力。

（4）宏观经济环境不景气，物价指数负增长。

忠诚客户计划应当在了解客户与产品之间的相互影响及客户价值的主要影响因素的前提下进行，具体可采用折扣、赠送礼品或奖品等方法实施。

4. 开发新的物流服务产品

物流企业所提供的服务不能是一成不变的，应当不断地进行调整，例如淘汰已经没有市场的产品、完善具有发展潜力的产品、开发客户需要的新产品。

11.7 开发新客户

一般来说，企业应管理好现有客户，以维持长期的合作关系。对于具有潜力的客户，企业应采取各种有效方法进行开发，主要可从以下的两方面进行，如图11-9所示。

图11-9 开发新客户的有效方法

1. 利用物流服务体系

完整的物流服务体系是进行客户开发的基础。只有具备了满足开展物流服务所需要的设施和作业体系，才能使企业具有足够的吸引力。

（1）优化物流服务设施配置

物流服务设施包括房屋建筑、各类机械设备、运输工具、通信设备以及信息系统和网络等。企业在进行设施配置的时候，一定要与物流活动需要及企业的发展目标相适应，同时要考虑能够形成技术和资源优势的配置，达到吸引客户的目的。

（2）完善物流服务作业体系

企业在锁定了目标市场之后，要力图通过完善的服务作业体系吸引一部分客户。企业应当建立相应的服务人员管理、服务质量保证和客户投诉处理等规章制度，规范服务作业流程，进行必要的培训以提高员工的整体素质。

2. 利用促销手段

当把物流服务视为产品时，针对其进行形式多样的促销活动是非常必要的。对物流服务的促销应当明确产品的范围、促销的价值、持续的时间以及促销活动的受益者。物流服务促销的手段如图11-10所示。

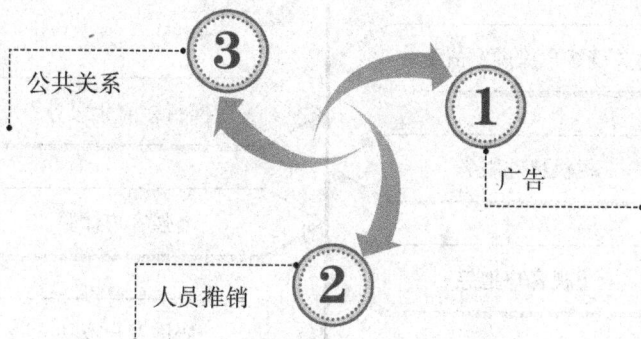

图11-10　物流服务促销手段

（1）广告

广告具有直观、宣传面广、渗透力强等优点，可以起到传达信息和说服顾客的作用。在进行广告宣传时，要简洁、准确地表述服务的内容、地点、质量和特色，应着重强调客户将会获得的利益而不是技术性的细节。

> **小贴士**
>
> 在进行广告宣传时，应注意把握宣传承诺的适度性，避免客户产生过高的期望。

（2）人员推销

在物流服务产品的促销手段中，人员推销是经常被采用的方法。人员推销具有灵活、富有人情味、易于沟通等优点，在人员推销的过程中，推销人员应努力与客户建立和发展良好的关系，并塑造良好的个人和企业形象。

（3）公共关系

公共关系是一种由第三者进行企业或产品的有利报告或展示的促销手段，传播的信息具有一定的新闻性，能够给顾客一种权威、公正、可靠的感觉，因而往往比较容易被信任和接受。企业应当重视通过这种方法来塑造企业形象和进行产品宣传。

11.8　提升客户价值

客户价值是客户购买某一产品或服务时，所期望获得的收益与所支付的成本（包括时间、精力、货币等）之间的差额。在构成客户价值的诸多因素中，物流服务的生产成本以及顾客获得服务的货币、时间、精力等成本的趋同，使得改善客户服务成为提升客户价值的最有效途径。具体措施如图11-11所示。

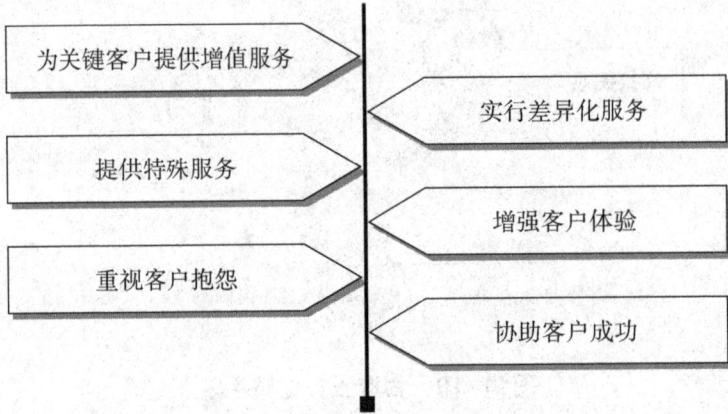

图11-11　提升客户价值的措施

1. 为关键客户提供增值服务

每个企业都有自己心目中的关键客户，企业应当给予它们特别的关注。按照80/20原则，企业80%的经营收入是由20%的关键客户带来的。因此，通过提供增值服务让他们更加满意，是增大企业总客户价值的最有力保障。

2. 实行差异化服务

企业不能把精力和成本平均分摊到每个客户身上，因为客户价值的大小是不一样的。对于忠实的客户和具有潜力的新客户来说，企业有必要通过个性化和增值服务来增大他们的客户价值，而对于普通的客户而言，标准化的服务就足够了。

3. 提供特殊服务

企业只有不断关注细节才能服务到位，才能让客户真正感动。在面对强大的竞争对手时，只有尽力在对手未关注的方面为客户提供特殊的服务才有可能争取主动。

4. 增强客户体验

增强客户体验的关键是强化有形证据在客户服务中的作用。企业所提供的产品应当能够满足客户的需要，产品的价格对客户来说应当是合理的。企业给客户留下的印象应该是不断追求完美和值得信赖的。在任何时候，企业予以客户格外的关心都不会是多余的。

5. 重视客户抱怨

任何一个企业都不可能不收到客户的抱怨，事实上，抱怨是一种反馈信息的方式。正是因为信任，客户才会对企业的服务中存在的问题产生抱怨，而处理好客户抱怨、让客户更满意的过程，也正是企业客户价值提高的过程。从这一意义上讲，客户的抱怨往往比赞美对企业更有帮助。

6. 协助客户成功

客户企业同样是渴望成功的。如果能在向客户提供服务的同时取得双赢，那将是提升客户价值非常有效的手段。

总之，无论如何，物流经理都应当站在客户需求的角度，为客户着想，最有效地提升客户价值，这样才能使企业获得更大收益。

> **拓展阅读**

物流企业进行客户关系管理的意义

客户关系管理有助于物流企业了解自身的经营情况，它能够帮助物流企业准确发现本企业的赢利客户和具有赢利潜力的客户，分析客户所需服务倾向，帮助物流企业开发适应客户需求的新的服务，为物流企业争取客户提供有利的保障。

1. 提升顾客满意度，有效满足顾客需求，促进利润增长

实施客户关系管理，企业能将客户的所有信息、企业销售人员状况统一纳入管理，并通过积极主动的方式获取完整、准确、及时的客户信息，可以为企业各级管理人员和业务人员提供分析依据和工作支持，建立销售人员的管理体系，实现横纵向之间的客户信息沟通，使得任何营销员都可以轻松地接手其他营销员的后续工作；可以根据客户生命周期分类管理客户资源，为物流企业制定相应的销售管理策略、技术准备等提供支持；充分分析新客户带来的销售机会和老客户的潜力，促进利润的增长。

例如，思科公司的物流部门在客户服务领域中实施了客户关系管理之后，使通过网络的在线支持服务占了全部支持服务的70%，还使思科公司能够及时和妥善地回应、处理、分析每一个通过网站页、电话或其他方式来访的新老客户要求。实施客户关系管理创造了两个奇迹：一是公司每年节省了3.6亿美元的客户服务费用；二是公司的满意度由原来的3.4提升到4.17（满分为5分），货物的发货时间由最初的三周减少到了三天，在新增员工不到1%的情况下，利润增长了500%。

2. 建立良好的客户关系，降低物流成本

与一般的服务行业不同，物流行业服务的客户不是商品或服务的最终消费者，而是各种企业，既有生产领域的企业，也有流通领域的企业。企业的物流活动交由物流企业完成，形式上虽然外部化，但从本质上却要求物流与客户企业的生产、销售等子系统在功能上紧密融合。因此，对物流企业而言，与客户建立良好关系，不仅意味着稳定的客户资源，也意味着更可观的利润空间。当物流企业与客户间形成紧密的战略合作伙伴关系时，对物流服务的要求就不仅限于运输仓储的可靠性，存货可得性等，还要求物流成本与客户生产、营销等成本的总和，即总成本达到最小。两方面的因素促使物流企业与客户间必须形成紧密合作、相互依存的关系，这就无形中降低了物流企业的成本，提高了利润率。

3. 维护客户，获得长期利润

寻找新客户的重要性对于企业不言而喻，但维持已有客户却更加重要。可大多数的企业却把绝大部分的精力放在寻找新客户上，而对于维持已有的客户关系漠不关心，这恰恰犯了舍本逐末的大错。因为，争取一个新客户的成本不但是维持一个忠诚老客户的5~7倍，更重要的是，长期的业务关系也能够给企业带来长期稳定的巨大利润，美国联邦快运的做法就是一个很有说服力的例子。在联邦快运看来，虽然公司的一个客户一个月只带来1 500美元的收入，但是如果着眼于将来，假如客户的生命周期是10年，那么这个客户可以为公司带来1 500×12×10=180 000（美元）的收入。如果考虑到口碑效应，一个满意的、愿意和公司建立长期稳定关系的客户给公司带来的收益还要更多，所以客户是一项非常重要的资产。所有用户未来为企业带来的收入之和，减去产品和服务的成本、营销成本，加上因满意的顾客向其他潜在客户推荐而带来的利润，就是"客户资产"。所以，优质的客户服务虽然提高了成本，但能够提高企业长时期的稳定收益。由此可见，不仅仅是客户，企业自身同样能够在客户关系管理中获得巨大的好处。

4. 培养企业的核心竞争力

与客户建立良好的合作关系，可以使物流企业把原来主要集中在业务增长方面的注意力转移到观察其外部的客户资源上来，只有这样才能更好地解决客户资源共享和企业间合作的问题，使企业满足最终客户的能力有所提高。通过良好的合作关系，物流企业进行资源共享，将供应链上的企业信息及时地传递给最终客户，并将最终客户的反馈信息传给各企业，增强单个供应链中各个企业的竞争力，从而使物流企业核心竞争力得到提升。

5. 提高企业运作效率

实施客户关系管理能有效协调企业内部资源，改善销售及客户资源的监控。实施客户关系管理能有效集中营销、服务等资源，保障和提升高价值客户的满意度。系统能反映客户的满意度及变化，提示不匹配的客户，跟踪、监督客户满意度策略与计划执行状况，有效改善企业持续盈利能力。

学 习 笔 记

通过学习本章的内容，想必您已经掌握了不少学习心得，请仔细记录下来，以便继续巩固学习。如果您在学习中遇到了一些难点，也请如实写下来，方便今后重复学习，彻底解决这些难点。

我的学习心得

1. _____

2. _____

3. _____

4. _____

5. _____

我的学习难点

1. _____

2. _____

3. _____

4. _____

5. _____

我的运用计划

1. _____

2. _____

3. _____

4. _____

5. _____

第12章

服务质量管理

质量是企业生存和发展的根本。物流经理应建立完善的物流服务质量管理体系，以保证和控制物流服务全过程的高质量，提供让客户满意的服务。

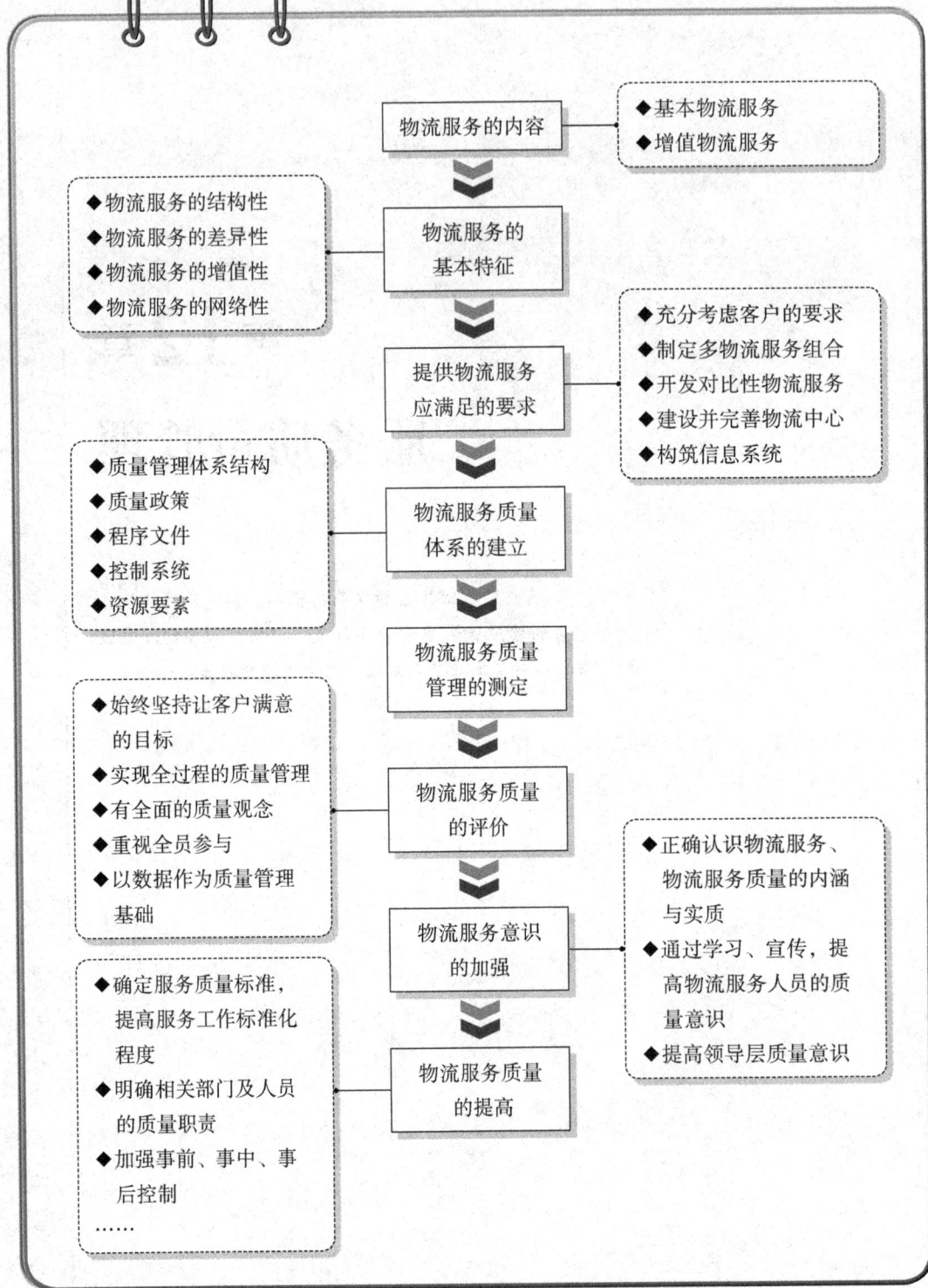

学习指引

物流服务的内容 → ◆基本物流服务
◆增值物流服务

◆物流服务的结构性
◆物流服务的差异性
◆物流服务的增值性
◆物流服务的网络性 → 物流服务的基本特征

提供物流服务应满足的要求 → ◆充分考虑客户的要求
◆制定多物流服务组合
◆开发对比性物流服务
◆建设并完善物流中心
◆构筑信息系统

◆质量管理体系结构
◆质量政策
◆程序文件
◆控制系统
◆资源要素 → 物流服务质量体系的建立

物流服务质量管理的测定

◆始终坚持让客户满意的目标
◆实现全过程的质量管理
◆有全面的质量观念
◆重视全员参与
◆以数据作为质量管理基础 → 物流服务质量的评价

物流服务意识的加强 → ◆正确认识物流服务、物流服务质量的内涵与实质
◆通过学习、宣传，提高物流服务人员的质量意识
◆提高领导层质量意识

◆确定服务质量标准，提高服务工作标准化程度
◆明确相关部门及人员的质量职责
◆加强事前、事中、事后控制
…… → 物流服务质量的提高

12.1　物流服务的内容

物流服务是指物流企业或企业的物流部门从处理客户订货开始，直至商品送至客户手中，为满足客户需求，有效地完成商品供应、减轻客户物流作业负荷所进行的全部活动。一般来说，物流企业的服务可分为基本服务和增值服务。

1. 基本物流服务

基本物流服务主要包括运输、保管、配送、装卸、包装、流通加工和物流信息处理等，它们构成了物流的基本机能。

2. 增值物流服务

增值物流服务主要体现在为了完成订货而提供的各种方案选择上。其目的是在提供基本服务的基础上，满足更多的客户期望，为客户提供更多的利益和不同于其他企业的优质服务。增值服务分为以下四种。

（1）以客户为核心的服务

以客户为核心的增值服务是指由第三方物流提供的、以满足买卖双方对所配送产品的要求为目的的各种可供选择的服务，主要包括以下内容，如图12-1所示。

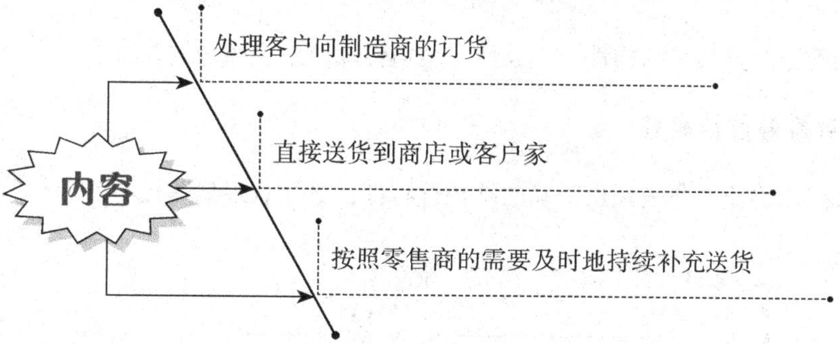

图12-1　以客户为核心的增值服务内容

这类专门化的增值服务可以被有效地用来支持新产品的引入，以及基于当地市场的季节性配送。

（2）以促销为核心的服务

以促销为核心的增值服务，是指为刺激销售而独特配置的销售点展销台及其他各种服务。销售点展销包含来自不同供应商的多种产品，组合成一个多节点的展销单元，以便于适合特定的零售商品。在许多情况下，以促销为核心的增值服务还包括对储备产品提供特别介绍、直接邮寄促销、销售点广告宣传和促销材料的物流支持等。

（3）以制造为核心的服务

以制造为核心的物流服务，是通过独特的产品分类和递送来支持制造活动的物流服务。这种服务因为客户进行生产的设备设施都是独特的，因此在理想状态下，配送和内向物流的材料和部件应实行定制化。

小贴士

以制造为核心的服务一般由专业人员承担，他们能够在客户的订单发生时对产品进行最后定型，利用的是物流的时间延迟。

（4）以时间为核心的服务

以时间为核心的增值服务包括专业人员在递送以前对存货进行的分类、组合和排序，该服务的一种流行形式就是准时化（JIT）。在准时化概念下，供应商先把商品送进工厂附近的仓库，当需求产生时，仓库就会对由多家供应商提供的产品进行重新的分类、排序，然后送到配送线上。以时间为基础的服务的一个主要特征就是排除不必要的仓库设施和重复劳动，以便能最大限度地提高服务速度。以时间为核心的物流战略是企业竞争优势的一种主要体现形式。

12.2 物流服务的基本特征

企业的物流服务具有结构性、差异性、增值性和网络性四个主要特点。

1. 物流服务的结构性

企业提供的物流服务表现出明确的结构性特征，具体表现如图12-2所示。

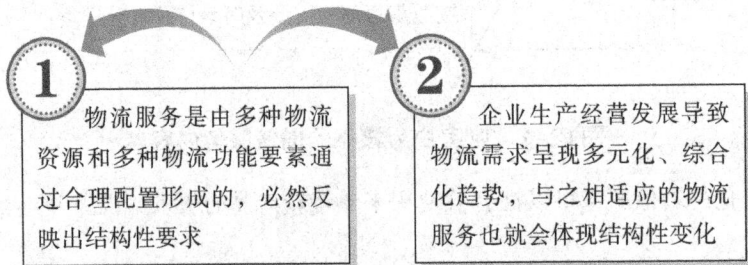

① 物流服务是由多种物流资源和多种物流功能要素通过合理配置形成的，必然反映出结构性要求

② 企业生产经营发展导致物流需求呈现多元化、综合化趋势，与之相适应的物流服务也就会体现结构性变化

图12-2 物流服务的结构性表现

2. 物流服务的差异性

不同的物流系统提供的服务不可能完全相同，同一个物流系统也不可能始终如一地提供完全相同的服务。物流服务表现出差异性，主要受以下的因素影响，如图12-3所示。

图12-3　物流服务差异性的影响因素

3. 物流服务的增值性

物流服务能够创造出时间效用和空间效用，通过节省成本费用为供应链提供增值利益，表现为突出的增值性。服务的增值性直接体现了物流服务价值创造活动的成果，也体现了物流服务对企业生产经营过程中产品和服务价值的增值作用。在现代经济发展过程中，物流服务的增值性引起了人们的广泛重视。

4. 物流服务的网络性

任何物流服务都依赖于经营者和消费者的互相协作和共同努力。在物流资源和物流功能要素的组合中，现代网络理念和网络技术促进了物流服务的网络化发展。物流服务的网络性不仅表现在企业物流组织的网络化、企业物流服务技术的网络化，而且还表现在物流服务需求的网络化。

12.3　提供物流服务应满足的要求

一般来说，企业在提供物流服务时，应满足以下要求，如图12-4所示。

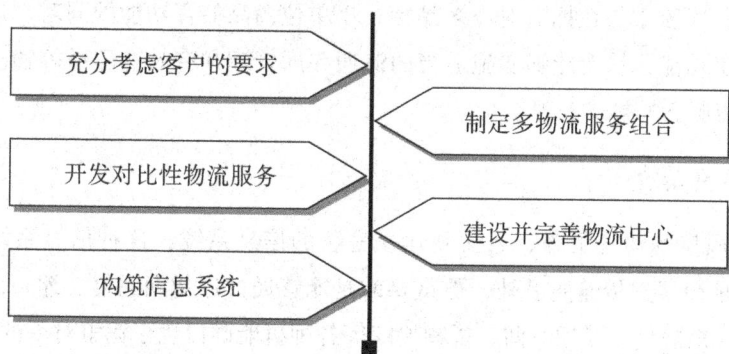

图12-4　提供物流服务应满足的要求

1. 充分考虑客户的要求

物流服务水准应考虑客户的要求，而不是供给方的要求，因此物流服务必须要以客户的需求为中心。

2. 制定多物流服务组合

客户的需求多种多样，企业要更好地满足客户需求，就应该制定多物流服务组合。在制定物流服务时，企业应根据客户的不同需求采取适当的服务。

> **小贴士**
>
> 企业在确定物流服务时，除了要考虑客户类型外，还要考虑所经营的商品类型。即一般商品与战略商品的物流服务应当有差异，企业可以根据市场营销和产品组合矩阵来确定物流服务的形式。

3. 开发对比性物流服务

企业在制定物流服务要素和服务水准时，应当保证服务的差异性，即与其他企业的物流服务相比要有鲜明的特色。这是企业保证高服务质量的基础，也是物流服务战略的重要特征。

4. 建设并完善物流中心

物流中心是物流服务的基础设施，它的建立和完善对于保障高质量的物流服务有着重要作用。因为物流中心的功能表现为通过集中管理订货频度较高的商品使进货时期正确化，提高了在库服务率及在库周转率，使商品出入库频率增多。

除此之外，物流中心在拥有对应多品种、小单位商品储存功能的同时，还具有备货、包装等流通加工功能，从而能够实施适当的流通在库管理和有效的配送等物流活动，这些都是高质量物流服务的具体表现。

5. 构筑信息系统

要实现高质量的物流服务，还必须建立完善的信息系统，这种信息系统除了接受订货、迅速完整地向客户传递商品外，更重要的是能够通过送货期回复、缩短商品物流周转期、备货保证、缩短信息处理时间、货物追踪等各种机能确保优于竞争对手的物流服务。

12.4 物流服务质量体系的建立

要做好物流服务，物流经理应建立物流服务质量体系。具体来说，物流服务质量管理体系应当具备以下的要素，如图12-5所示。

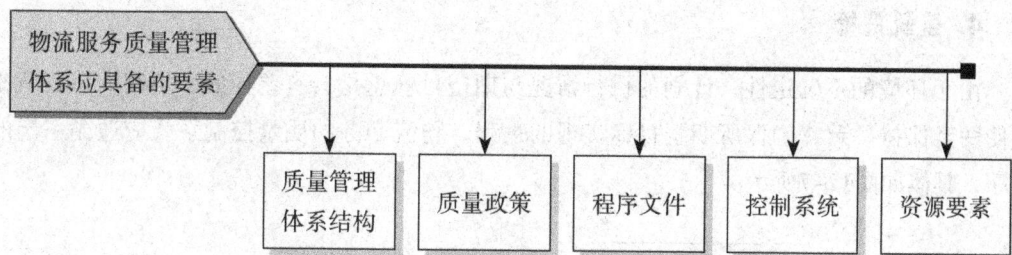

图12-5　物流服务质量管理体系应具备的要素

1. 质量管理体系结构

质量管理体系结构是进行物流服务质量管理的基本框架。在这个框架中，企业应当明确质量管理的层级关系、各部门的目标、职责和权限等，通过组织结构的形式将管理过程中的各个环节、各种资源协调起来，使其相互配合、相互协调，成为一个完整的质量管理体系。

2. 质量政策

质量政策是企业进行物流服务管理的根本依据，为物流服务质量管理指明方向。质量政策应当明确以下内容，并采取有效措施，使企业员工掌握理解，具体如图12-6所示。

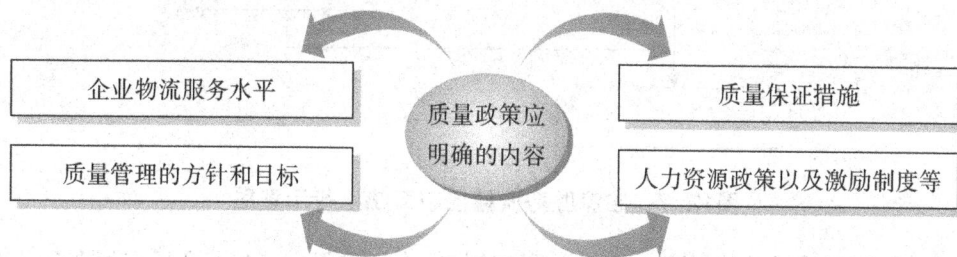

图12-6　质量政策应明确的内容

3. 程序文件

物流服务质量管理的每一个环节都应当有一个程序文件，这个程序文件既是对物流服务和质量管理过程的描述，又是进行质量保证和质量控制的依据。通过严格执行程序文件，企业可以控制服务质量，减少质量问题。

小贴士

程序文件没有固定的格式，企业应当根据自身的管理模式、开展物流活动的具体特征以及质量管理体系的结构形式等制定。

4. 控制系统

由于环境的不确定性，计划的执行情况与期望目标总是会有差异的。控制的过程就是要使两者保持一致，确保所期望目标实现的过程。物流服务的质量控制系统应遵循一定的程序，具体如图12-7所示。

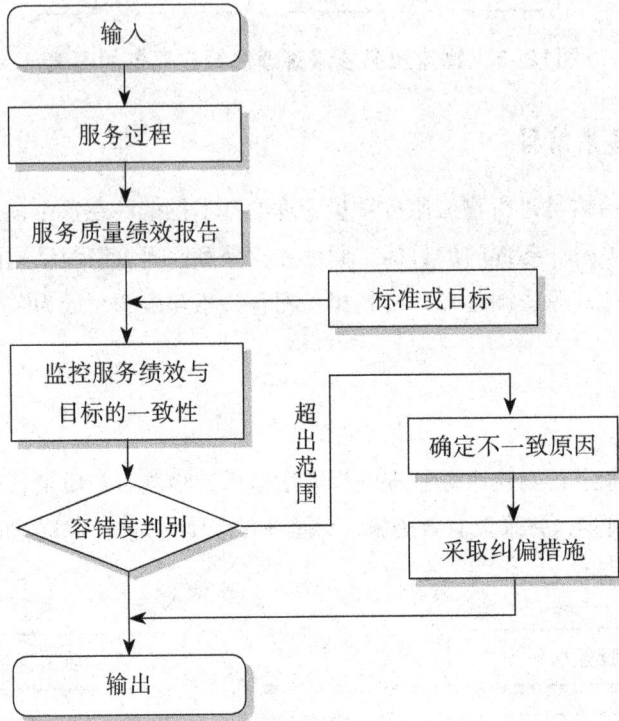

图12-7 物流服务质量控制系统运行示意图

设计的服务质量及其标准要通过测评和监控输出，确保实施情况和标准相吻合，当测评结果超出允许范围时，应分析原因并采取纠偏措施。

5. 资源要素

构成物流服务质量管理体系的资源要素包括信息资源、人力资源和物质资源三部分，具体如下表所示。

物流服务管理体系的资源要素

要素	具体内容
信息资源	收集来自客户、员工以及公众的质量反馈信息，并进行认真细致的分析
人力资源	（1）发挥企业管理层的领导力，通过其决策和实际行动来体现对质量管理的决心

（续表）

要素	具体内容
人力资源	（2）员工的工作岗位，尤其是那些需要直接与客户接触的岗位的人员安排，所聘员工应当符合岗位的要求，并能很好地与客户交流沟通 （3）对所有员工进行质量培训 （4）要给员工充分的授权，鼓励他们参与质量管理并解决质量问题
物质资源	主要包括各种服务工具、通信设备、信息系统以及其他基础设施和设备

拓展阅读

如何构建全新的物流服务质量管理体系

现代质量管理思想提出，质量的持续提升、顾客满意度的增加，需要通过企业内部全面开展质量管理来获得。因此，良好的企业管理环境是保证物流服务质量控制和改进顺利进行的前提，而创建这样的环境，需要构建适合物流企业发展的服务质量管理体系。

1. 按ISO 9000质量管理体系要求建立服务质量管理体系

物流服务质量的提高，有赖于建立有效的质量管理体系，而ISO 9000质量管理体系是当今最有效、最先进、规范化的质量管理理论和方法。虽然很多物流企业已经建立了质量管理体系，但有些企业由于执行、监管力度不足，运行效率还不尽满意。为此，物流企业应按ISO 9000族标准的要求建立服务质量管理体系，使质量管理的组织结构、过程、程序和资源构成有机整体，建立有效物流服务质量控制机制，以实施服务质量方针、实现质量目标，最大限度满足顾客的需求和期望，增强顾客的满意度。

2. 重视物流服务实现过程，持续改进和提高物流服务质量

物流企业服务质量管理体系涉及影响服务质量的所有资源和要素，以及服务实现的全过程。因此，应加强过程的控制，以适宜的物流成本提供最好的物流服务，进而提高物流企业整体素质。

3. 物流企业市场营销过程

物流企业市场营销过程是识别和分析顾客需求和期望并使物流企业获得市场机会的过程。在该过程中，物流企业应做好市场营销的策划工作，制定市场营销工作程序，并通过广泛的调查与访问来收集市场信息，进而确定和提炼出顾客对物流服务的需求，不断提高市场营销的质量。

4. 物流服务设计过程

物流服务设计过程是把物流服务的要求转化成物流服务规范及控制规范的过程。该过程以文件的形式对整个物流服务质量体系的运行作出了规定，明确提供了什么服务、怎样提供服务以及如何控制服务提高质量。要做好该过程的工作，物流企业应明

（续）

确规定物流服务设计的职责，科学编制物流服务规范和质量控制规范，并应做好设计评审，以确保物流服务持续地满足顾客的需求和符合物流服务规范。

5. 物流服务提供过程

物流服务提供过程是按物流服务规范及质量控制规范提供顾客需要的服务的过程。该过程中，物流企业应做好服务质量的评定，特别应重视顾客对服务的感受，注意物流服务规范和顾客满意方面所取得的成绩和不足，分析产生不合格物流服务的根本原因，并及时采取有效措施进行纠正。

6. 物流服务绩效的评价与改进

物流服务绩效的评价与改进是对物流服务提供的所有作业进行评价以寻求物流服务质量改进机会的过程。在该过程中，物流企业应建立有效的业绩评价体系，从服务水平、满足程度、交货水平等服务目标进行评价，并针对存在的问题，进行提高物流服务质量的探讨，提出改进措施，层层落实质量改进的职责，确保服务质量目标的实现。

7. 应用全面质量管理的思想，保证质量管理体系良性运行

为了保证质量管理体系的良性运行，物流企业引入了全面质量管理的思想。全面质量管理将质量作为公司的整体要素去考虑，实施全员的质量管理、全过程质量管理、多方法质量管理，它把以顾客为中心、全员参与、持续改进等思想贯穿企业流程的管理中，通过建立可测量、可控制的服务行为质量特征和标准，提升物流企业的服务质量。为此，物流企业应将全面质量管理思想渗透到企业的质量发展战略和质量管理体系中，合理规划资金、技术等资源，努力实现物流服务流程的制度化、规范化，不断推动和完善企业服务质量管理程序，加强企业质量文化建设，构建有统一目标、有作战能力的人才团队，使服务成为全体员工的共同价值观念、信念和行为准则，持续不断地改进服务质量和可靠性，确保物流企业不断提高服务质量。

12.5 物流服务质量管理的测定

物流服务质量管理追求的目标是：企业能在恰当的时间，以正确的货物状态和适当的货物价格，伴随准确的商品信息，将商品送达准确的地点，满足客户的各方面需求。客户可通过以下指标评价物流服务质量，具体如图12-8所示。

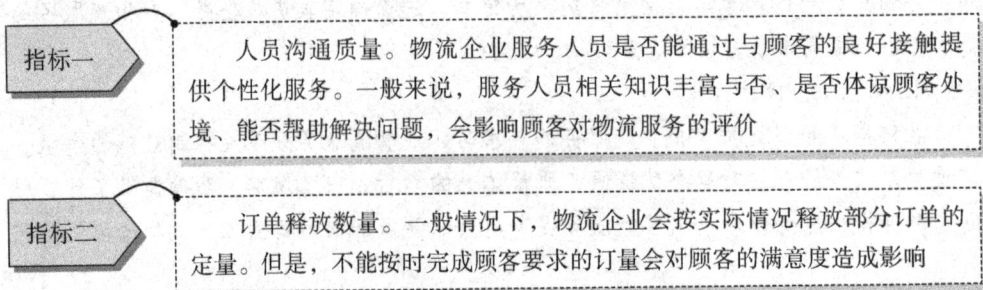

指标一　人员沟通质量。物流企业服务人员是否能通过与顾客的良好接触提供个性化服务。一般来说，服务人员相关知识丰富与否、是否体谅顾客处境、能否帮助解决问题，会影响顾客对物流服务的评价

指标二　订单释放数量。一般情况下，物流企业会按实际情况释放部分订单的定量。但是，不能按时完成顾客要求的订量会对顾客的满意度造成影响

| 指标三 | 信息质量。物流企业如果能向顾客提供足够多的可用信息，顾客就更容易作出较有效的决策，从而减少决策风险 |

| 指标四 | 订购过程，即物流企业在接受顾客的订单、处理订购时的效率和成功率 |

| 指标五 | 货品精确率，即实际配送的商品和订单描述的商品的一致程度。货品精确率应包括种类、型、规格准确及相应的数量准确 |

| 指标六 | 货品完好程度，即货品在配送过程中受损坏的程度 |

| 指标七 | 货品质量，即货品的使用量，包括产品功能与消费者的需求相吻合的程度 |

| 指标八 | 误差处理，即指订单执行出现错误后的处理。顾客如果收到错误的货品或货品的质量有问题，都会向物流供应商追索更正。物流企业对这类错误的处理方式直接影响顾客对物流服务质量的评价 |

| 指标九 | 时间性，即货品是否如期到达指定地点，包括从顾客落订到订单完成的时间 |

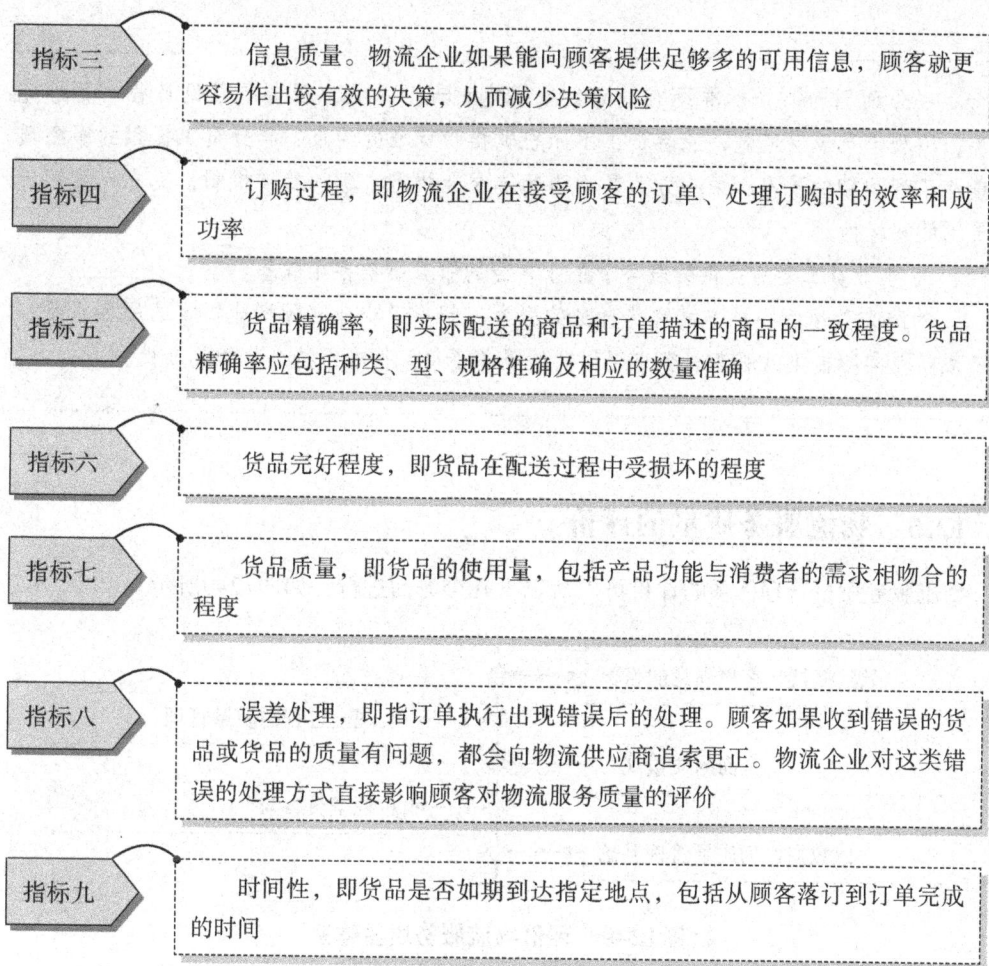

图12-8　客户评价物流服务质量的指标

> 拓展阅读 <

物流服务失效的原因

服务质量管理中存在许多企业难以控制的因素，服务过程中存在着许多导致服务质量低劣的问题。

1. 物流企业管理者对客户服务的估计与客户期望的服务存在偏差。

管理者按估计设计的服务，令客户感到与自己所预期的服务有很大的差异。一方面是管理人员在客户调查与分析中，收集到的信息不够准确或是对信息有了错误的理解；另一方面是企业员工了解的客户需求信息在向管理者传递过程中，由于组织结构层次过多，导致管理者得到的信息失真。

2. 物流服务质量标准与员工实际提供的服务质量存在偏差。

（续）

　　一方面因为质量标准没有被详细地规定和说明，物流服务质量设计程序不够完善，不利于员工的实施，或者员工不愿自觉接受标准的约束，导致员工提供的服务质量达不到预期的要求；另一方面是因为物流企业缺乏激励和约束机制，没有充分调动员工的积极性。

　　3. 企业员工实际提供的服务于企业宣传的服务质量存在偏差。

　　物流企业运用多种方式宣传自身的服务。超出了企业实际所能提供的服务水平，造成企业实际提供的服务与客户所预期的服务不符，很难保持合作的长期性。

12.6　物流服务质量的评价

物流服务质量管理体系的评价可以从以下几个方面进行，如图12-9所示。

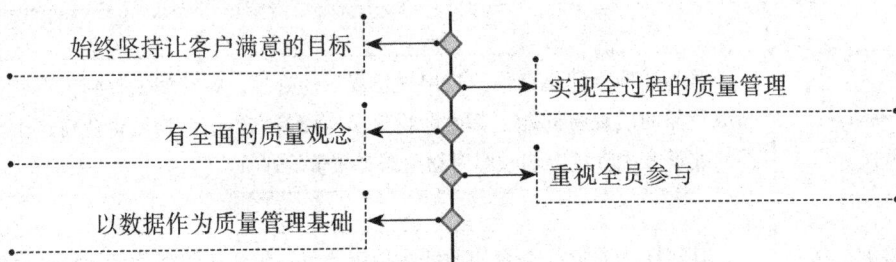

图12-9　评价物流服务质量体系

1. 始终坚持让客户满意的目标

　　让客户满意是企业发展的要求，也是全面质量管理的目标，以及进行物流服务质量管理的指导思想。企业不仅要为客户提供所需要的物流服务，还要不断发展创新，开发新产品以适应市场需求；不仅要在物流服务设计和过程中为客户着想，还要为客户提供良好的售后服务。

2. 实现全过程的质量管理

　　企业物流质量服务应该实现全过程的质量管理。如在配送服务中，全面的质量管理不仅包括从接收订单到将货物送交客户进行费用结算的整个过程，以及对订单处理、拣选、配货、包装、流通加工、装车、配送等工序的质量管理，还必须包括对客户调查、方案设计、制定标准、信息反馈等辅助过程的质量进行管理。

3. 有全面的质量观念

　　全面的质量观念不仅要求重视物流服务提供过程中的质量保证和控制，还应当重视与之相关的所有工作的质量；既要对各部门进行质量管理，又要从企业全局实施质量管理；对出现的质量问题不仅要妥善解决，还要找出原因，预防潜在问题的发生。

4. 重视全员参与

企业的物流服务活动是涉及各个部门、由各项工作组成的整体，企业的相关人员，如操作人员、后勤人员和管理者，都通过自己的工作直接地或间接地影响着物流服务质量。

小贴士

开展质量管理工作应当在提高员工的基本素质和科技技能水平的基础上，强化他们的质量意识和责任感，形成全员参与的质量管理体系。

5. 以数据作为质量管理基础

对物流服务进行全面的质量管理是建立在数据统计的基础上的，应当尽量避免在分析和解决质量问题时凭直观、凭经验的做法。虽然有些服务质量指标是很难或无法量化的，但仍应尽可能设定必要的标准和绩效指标，通过从物流服务过程中收集到的数据进行质量管理。

拓展阅读

物流服务质量的改进措施

物流服务质量管理的一项重要内容就是对服务质量进行持续的改进，不断追求更高品质的服务，以提高客户的满意度，增强企业的市场竞争力。具体改进措施如下：

1. 营造持续改进服务质量的良好环境

实现服务质量持续改进的首要前提是在企业内部营造良好的环境。要让员工通过学习和培训明确物流服务质量改进的目的和目标，要让他们理解现代质量与质量管理的真正内涵，使他们知道服务质量是可以测量和评价的，是可以通过不断的学习、改进和创新而达到让客户满意的标准的。同时，企业也应当建立良好的企业文化，对员工的需求给予充分的重视。领导要关心员工，与员工沟通，形成相互尊重、相互合作的融洽工作氛围，要使追求更高品质的服务成为所有员工的"共同愿景"。

2. 设定服务质量标杆

竞争是促进企业不断提高服务质量的最有效动力，任何企业都不能忽略竞争对手的影响。企业要把与行业中最有竞争力的佼佼者的横向对比作为明确服务质量改进战

（续）

略、制定改进措施的重要依据，要分析他们在战略、经营管理、业务运作以及技术等方面的优势，并结合企业的实际情况设定质量改进的标杆，通过不断地比较和学习提高自身的质量管理水平。

3. 改善服务流程

业务流程是物流服务提供过程中各环节顺序和相互关系的真实写照，它涵盖了影响服务质量的绝大部分因素。改进服务质量应当实施有效的流程管理，不断对业务流程进行审查，并对其进行反复的、系统的改善。

（1）流程管理的主要内容如下。

①建立流程负责制。完整的物流服务是由众多的流程构成的，质量管理者应当指派那些对流程的具体操作负有责任并有权改变流程状况的个人或群体对每一个流程负责。

②定义流程。每一个流程都应当有明确的起点和终点，并且应当有确定的工作完成方式。

③设定控制点。控制点是对流程的阶段性确认或决策活动，它们是管理流程的手段，也是评估点。

④评价和信息反馈。

（2）流程再造。

当局部的服务流程改善已经无法适应消费者的需求时，就需要运用业务流程再造（BPR）的思想对物流服务流程进行重新设计。

实施BPR是一项战略性的系统工程，需要制订周详的计划，并运用统筹学、管理科学、信息技术等手段，按照科学的步骤进行。

4. 改进服务方法

要实现让客户满意的目标，不但要对物流服务的开发、设计、作业等全过程进行质量控制和改进，还应当寻找好的服务方法。要通过倾听客户、员工、竞争对手以及社会公众的声音，了解客户喜欢或习惯的服务方式或方法，并努力使之成为现实。

12.7 物流服务意识的加强

物流企业应进一步解放思想、更新观念，正确把握物流服务质量的内涵与实质，把握物流服务的基本规律，树立全新的服务理念，用新的质量管理理论指导物流服务质量管理实践，努力拓展服务范围，实行人性化服务，不断提高物流服务质量。

1. 正确认识物流服务、物流服务质量的内涵与实质

物流服务质量是顾客对物流服务过程的一种"感知"，是物流服务活动满足顾客需求的程度。如果顾客对物流企业所提供的服务与其自身期望相接近，则其满意程度就会较高，对物流企业的服务质量评价就高；反之，则对该物流企业服务质量评价就较差。

虽然物流服务质量的内容因不同顾客而要求各异，但一般包含的内容如图12-10所示。

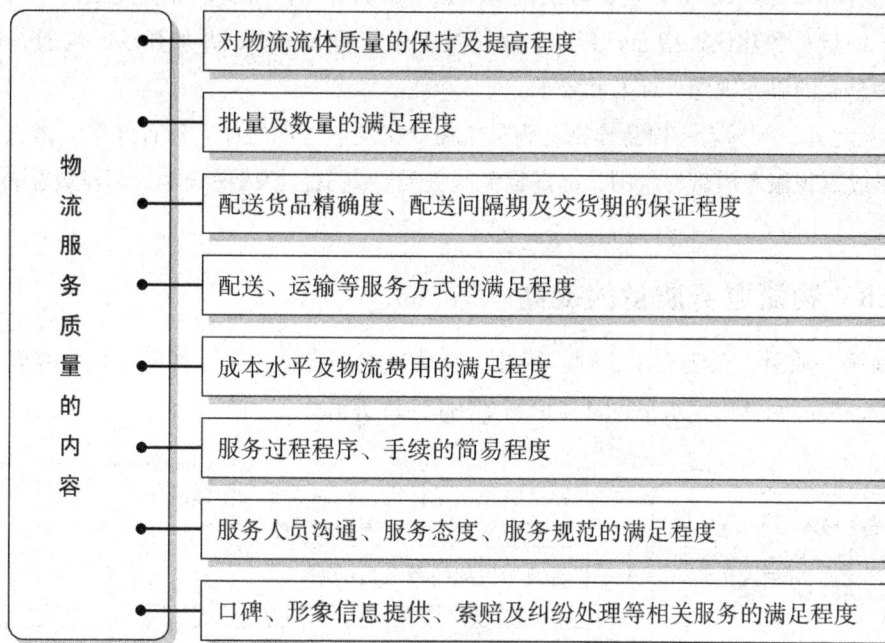

图12-10 物流服务质量的内容

物流服务的构成成分及其质量是不断变化发展的，随着绿色物流、柔性物流等新服务概念的提出，物流服务也会形成相应的新的服务质量要求。

2. 通过学习、宣传，提高物流服务人员的质量意识

企业要为顾客提供实实在在的服务，首先应有良好的服务意识。因此，企业应培养员工的现代质量管理理念，强化物流服务质量意识，树立和强化"顾客至上""质量第一""预防为主""持续改进""协作精神""注重质量效益""零缺陷"等理念，增强员工关心服务质量和保护服务质量的自觉性。

质量意识的形成与提高是一个长期的过程，但可通过各种形式的学习、宣传强化质量意识的形成，使物流服务人员提高对服务质量重要性的认识，严格按工作标准、质量法规、质量标准做好有关工作，积极主动地提高业务水平和操作技术，提高学法守法的自觉性，主动了解、挖掘顾客的需求，树立以质量为核心的职业道德，从而不断提高质量意识。

3. 提高领导层质量意识

提高企业物流服务质量意识，关键在于企业领导层的质量意识，只有领导决策层有了质量意识，高度重视服务质量控制，把质量管理作为企业经营重心工作，真抓实干，才能提高企业整体的质量意识，形成强大的内在动力，不断提高服务质量。

（1）领导者应树立优质服务策略是企业基本竞争策略的理念，追求卓越的服务，高度

重视服务细节，努力实现100%无缺陷服务。

（2）同时，深入服务现场，观察、询问、了解服务工作情况，尊重员工，主动听取顾客和员工的意见和建议，指导、帮助、激励员工做好服务工作，并加强双向沟通，使全体员工了解企业的服务观念、标准和要求。

（3）此外，领导者应以身作则，为员工树立优质服务的榜样。只有这样，物流企业才能真正形成重视服务质量的氛围，提高物流服务质量意识，始终把顾客的利益放在首位。

12.8　物流服务质量的提高

提高服务质量，关键在于管理。因此，企业应根据自己的实际情况，采取有效措施，细化管理，提高服务质量水平，具体措施如图12-11所示。

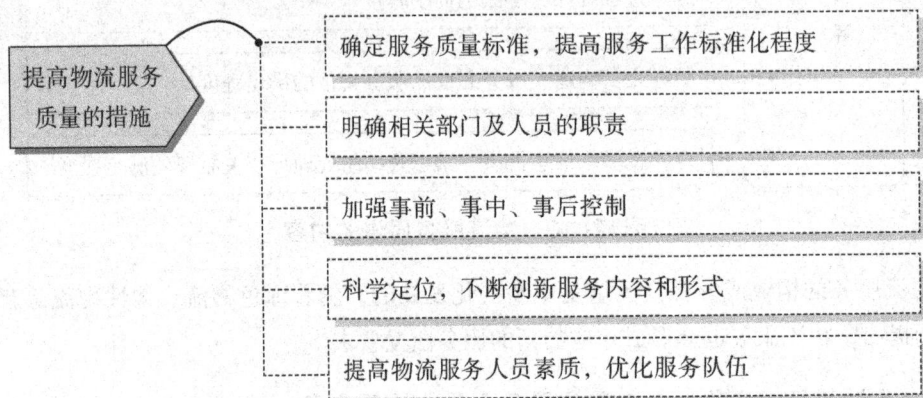

图12-11　提高物流服务质量的措施

1. 确定服务质量标准，提高服务工作标准化程度

为了提高服务质量的可测性，加快服务速度，降低成本费用，减少差错，企业应根据实际情况和顾客的要求，精确地测定各项重复性服务工作所需的时间和其他资源，精心设计服务操作程序，确定物流服务标准，力求使物流服务标准满足顾客期望、明确具体、可行、重点突出，并要求员工认真执行服务标准，不断提高工作质量，为顾客提供优质服务。

2. 明确相关部门及人员的质量职责

明确各部门及有关人员的质量职责，建立健全物流服务质量管理制度。物流服务质量涉及各个部门和人员，因此应结合物流企业实际情况，商讨、分析、明确质量职责，在此基础上进行分工，明确各部门的责任，加强配合与协作，保证质量职责的落实。

同时，企业应对服务质量形成的各环节进行分析，建立严格的质量控制程序，做到服务质量管理程序化。

此外，为了保证服务质量，必须制定严格的质量管理制度、物流服务规范与标准、服务质量档案制度等，严格按要求、规范和标准执行，规范和约束物流服务人员的行为。

3. 加强事前、事中、事后控制

为了消除顾客对物流服务无形性、不可储存性、结果差异性、过程不确定性的担忧，企业应满足顾客对服务过程的可见性的需求，通过用物流服务标准约束服务过程，并对物流服务质量实施预防性或前置性管理，加强物流服务过程的检测和控制。因此，物流企业应从事前控制开始，找出可能影响服务质量的细节因素，做好事前的预防措施，将影响服务质量的各项因素消灭在萌芽状态中，进而控制服务质量。

同时，企业应重视事中控制，通过巡视控制和顾客控制，纠正未达到要求的服务，及时处理责任人，控制现场服务质量。

此外，企业还应加强事后控制，通过建立畅通的反馈渠道，建立有效的自我修正、自我发展机制，并进行事后考核，激励服务人员不断提高服务质量。

4. 科学定位，不断创新服务内容和形式

为了满足顾客的需求和期望，物流企业应针对顾客的特点，制定能满足不同顾客需求的服务项目、服务内容、服务流程，实施个性化和差异化服务，并根据自身实际情况研究顾客需求的新特点，找准自己的服务定位，在服务上独树一帜，以特色服务去打造企业的核心竞争力。

同时，要合理确定物流服务质量水平，把物流服务当作有限的经营资源对待；根据顾客的经营规模、类型和对本企业销售贡献度的大小，将顾客分成不同的层次，依顾客的层次确定水平；应建立服务质量的反馈体系，及时了解顾客对物流服务的反应，并权衡服务、成本和企业竞争力之间的关系，使物流服务与物流成本保持平衡，实现物流服务的整体最优。

此外，不断增加服务品种，提供一站式服务、一门式服务、物流总承包等全新服务模式，并扩张服务领域，不断开发新的服务项目，为顾客做一体化的物流解决方案，大力拓展增值服务。

5. 提高物流服务人员素质，优化服务队伍

物流服务是一个人与物、人与人、人与环境、物与物、物与环境的互动过程。根据服务利润链原理，顾客忠诚度高才能给企业带来更多利润。物流企业要真正做到顾客满意，有赖于提高服务人员的素质，优化服务队伍。提高人员素质，关键在于提高人员的服务方法、服务技能、职业道德等，这都需要培训。因此，物流企业应加强各种形式的培训，提高服务人员的业务水平和学习能力、创新能力，提高服务人员的工作质量、积极性、主动性和创造性，培育具有高度的事业心和责任感、遵纪守法、沟通能力强的服务人员，以改善企业整体服务质量，提升物流企业形象。

学习笔记

通过学习本章的内容，想必您已经掌握了不少学习心得，请仔细记录下来，以便继续巩固学习。如果您在学习中遇到了一些难点，也请如实写下来，方便今后重复学习，彻底解决这些难点。

我的学习心得

1. _____

2. _____

3. _____

4. _____

5. _____

我的学习难点

1. _____

2. _____

3. _____

4. _____

5. _____

我的运用计划

1. _____

2. _____

3. _____

4. _____

5. _____

第13章

物流外包管理

外包物流即第三方物流，是指企业为了集中生产、节省管理费用，而将物流业务以合同的方式委托专业的物流企业处理运作。因此，企业在决定是否进行物流外包前，必须对各种因素进行考虑，并尽量选择合适的物流供应商。

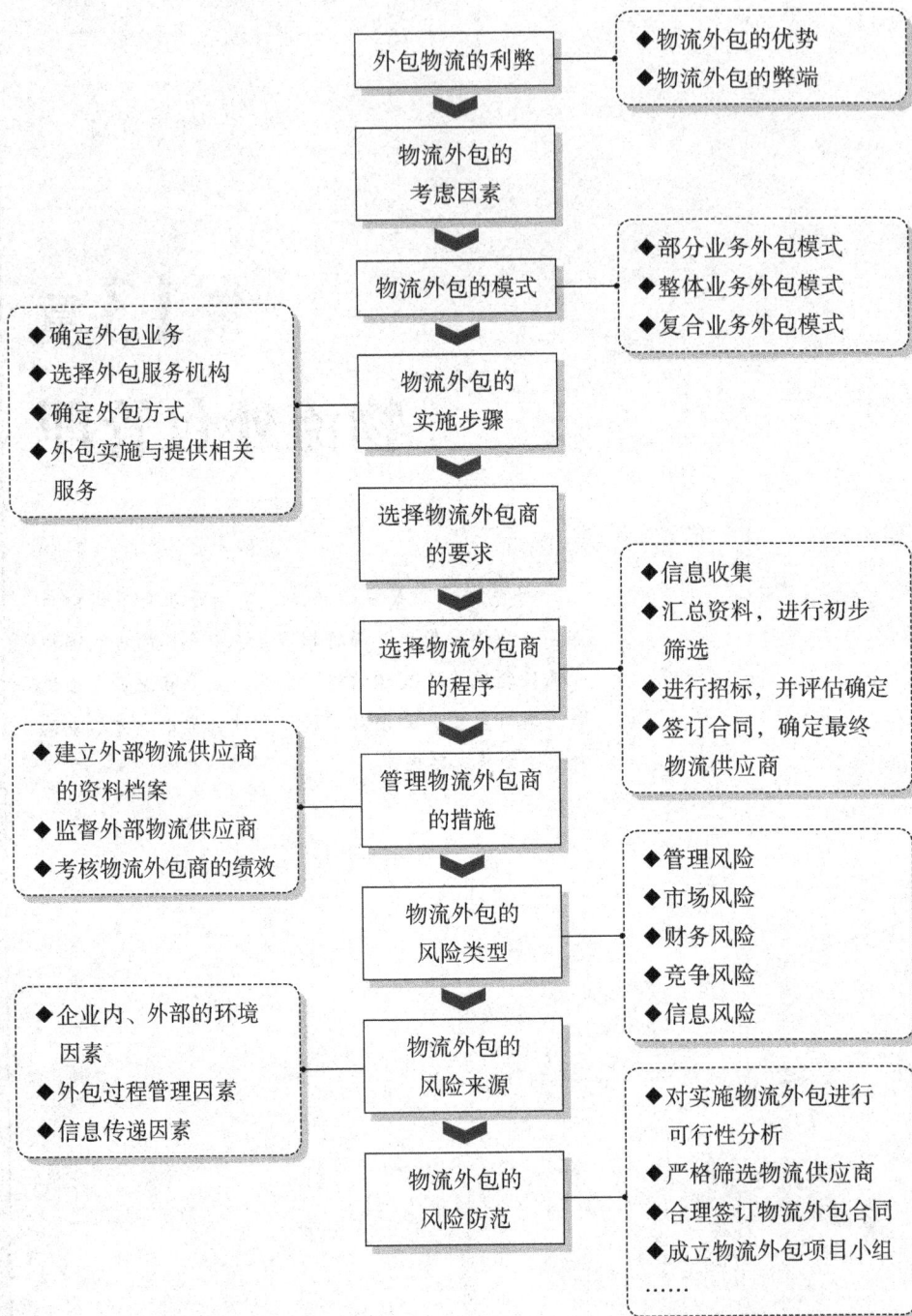

学习指引

外包物流的利弊 —— ◆物流外包的优势
◆物流外包的弊端

物流外包的
考虑因素

物流外包的模式 —— ◆部分业务外包模式
◆整体业务外包模式
◆复合业务外包模式

◆确定外包业务
◆选择外包服务机构
◆确定外包方式
◆外包实施与提供相关
服务

物流外包的
实施步骤

选择物流外包商
的要求

选择物流外包商
的程序

◆信息收集
◆汇总资料，进行初步
筛选
◆进行招标，并评估确定
◆签订合同，确定最终
物流供应商

◆建立外部物流供应商
的资料档案
◆监督外部物流供应商
◆考核物流外包商的绩效

管理物流外包商
的措施

物流外包的
风险类型

◆管理风险
◆市场风险
◆财务风险
◆竞争风险
◆信息风险

◆企业内、外部的环境
因素
◆外包过程管理因素
◆信息传递因素

物流外包的
风险来源

物流外包的
风险防范

◆对实施物流外包进行
可行性分析
◆严格筛选物流供应商
◆合理签订物流外包合同
◆成立物流外包项目小组
……

13.1 外包物流的利弊

企业将物流业务外包具有明显的优越性，能从中获得较大益处，但也会产生一些对企业不利的效应。

1. 物流外包的优势

实行物流业务外包，把全部精力集中到生产和制造上，有利于提升企业的核心竞争力，具体表现如图13-1所示。

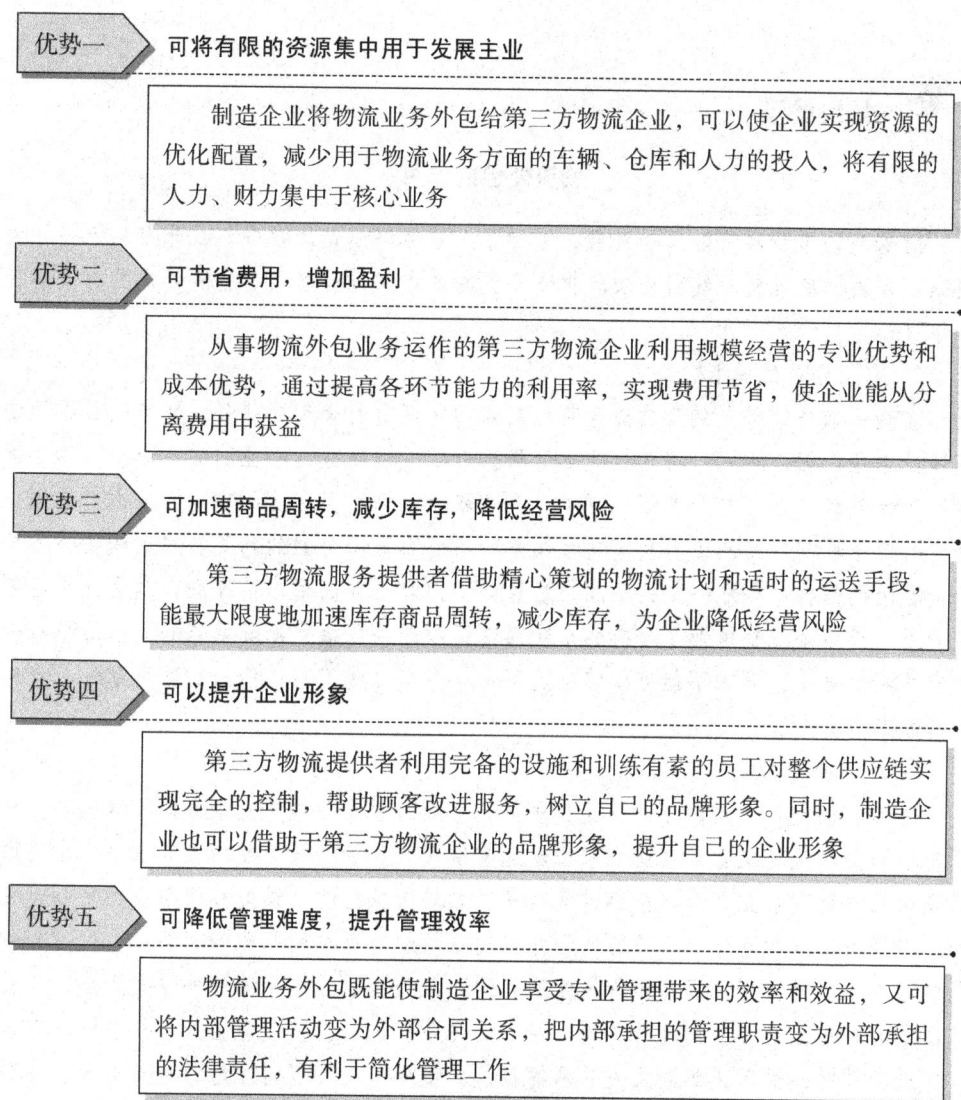

优势一 可将有限的资源集中用于发展主业

> 制造企业将物流业务外包给第三方物流企业，可以使企业实现资源的优化配置，减少用于物流业务方面的车辆、仓库和人力的投入，将有限的人力、财力集中于核心业务

优势二 可节省费用，增加盈利

> 从事物流外包业务运作的第三方物流企业利用规模经营的专业优势和成本优势，通过提高各环节能力的利用率，实现费用节省，使企业能从分离费用中获益

优势三 可加速商品周转，减少库存，降低经营风险

> 第三方物流服务提供者借助精心策划的物流计划和适时的运送手段，能最大限度地加速库存商品周转，减少库存，为企业降低经营风险

优势四 可以提升企业形象

> 第三方物流提供者利用完备的设施和训练有素的员工对整个供应链实现完全的控制，帮助顾客改进服务，树立自己的品牌形象。同时，制造企业也可以借助于第三方物流企业的品牌形象，提升自己的企业形象

优势五 可降低管理难度，提升管理效率

> 物流业务外包既能使制造企业享受专业管理带来的效率和效益，又可将内部管理活动变为外部合同关系，把内部承担的管理职责变为外部承担的法律责任，有利于简化管理工作

图13-1 物流外包的优势

2. 物流外包的弊端

物流外包能给企业提供较大的便利，但也带来了一些难以忽略的弊端。物流外包后，企业会大大降低对物流的控制能力，由于不能保证供货的及时和准确性，因此可能会增加客户管理方面的风险。

小贴士

企业在选择外包物流供应商时，一定要慎重考虑各种负面影响。尤其是具有核心商业机密或独特客户资源的企业，最好不要进行物流外包。

> **拓展阅读**

物流外包的作用

随着我国市场经济的蓬勃发展，带动了企业经济效益的提升，在此基础上企业要想完善自我约束机制，就需要采取物流外包的方式来进行管理。物流外包具有以下三个作用。

1. 降低企业的成本

企业采取物流外包的形式除了可以对流通时间进行合理安排外，还可以最大程度地降低企业内部的投入，将企业的费用降至最低，进而减少企业的资本积压。企业选择物流外包模式后，专业的第三方物流企业就会根据购买企业的实际情况进行具体分析，对每个环节进行测评后制定通过调整利用率而降低企业的相关费用，保证企业从分离费用的结构中获取一定的利润。另外，根据对企业的用车情况进行调查分析后可以看出，很多企业都解散了自有的车队而选择物流外包模式，最主要的原因就是减少固定费用的支出，同时不但可以节省购买运输汽车的费用，还能节省发货系统、仓库存储等产生的费用。

2. 提升企业的服务水平

随着我国经济市场的不断变化，服务已经成为了企业提升竞争力的关键因素。从现阶段的发展状况来看，企业采取物流外包模式有利于提升企业的服务水平，主要原因是第三方物流企业是严格按照科学的管理办法而执行的，该类型的企业除了要避免经济市场所发生的意外而导致的风险外，还必须制定严格的物流管理系统，以达到货物能够受到实时检测，提高供货精度的目的。另外，企业采用物流外包模式后，就会从原来的直接面对多位顾客转变为一对一的关系，这样就能避免企业与众多顾客直接打交道的局面，进而达到简化关系网的目的，使得企业可以将注意力全身心的转移到生产当中。

（续）

> 3. 分散企业风险
>
> 假如企业选择自己运作物流，就会面临两大类风险。一是投资类型的风险，二是存货类型的风险。企业一旦选择物流外包模式，就会将这两种风险转移到物流企业。具体来说，企业要想对顾客的购买需求提出作出最快的反应，就需要大量的存储货物，这样必然导致企业由于提高库存量而占用大量的资金。另外，由于企业的重点研发对象是生产，而配送的水平存在着一定的限制，那么为了更好的服务顾客，就需要由第三方物流企业进行专业的配送，进而减少企业内部的库存量，最终达到降低企业资金风险的目的。

13.2 物流外包的考虑因素

在对物流是否外包进行决策时，物流经理应根据企业的实际规模和自身需求，综合考虑各种影响因素并慎重决定，具体说明如表13-1所示。

表13-1 物流外包的考虑因素

考虑因素	要点说明
物流对于企业的影响程度和企业的管理能力	（1）物流极其重要，而企业的物流管理能力较低，就可进行物流外包 （2）物流对企业的重要程度相对较低，而企业处理物流的能力也较低，也可采用物流外包 （3）物流对企业的重要度很高，且企业处理物流能力也高，则最好自营物流，不需要外包
企业对物流的控制能力	如果行业竞争较激烈，企业又必须强化对供应和销售的控制，那么最好自营物流；反之，可以进行外包
企业产品自身的物流特点	（1）对于大宗工业品、原材料来说，可以进行外包 （2）对于产品较单一或是进行配套生产的企业，最好自营物流
企业的实际规模	大中型企业应自营物流，可以利用过剩的物流网络资源拓展外部业务；而小企业则适宜物流外包
物流成本	对物流系统的总成本进行分析，选择成本最小的物流系统，从而决定物流是自营还是外包
物流企业的实际服务能力	包括外包物流满足企业对原材料及时需求的能力和可靠性、对客户需求变化的反应能力等

13.3 物流外包的模式

物流经理在对物流外包模式进行选择的过程中，不仅要考虑企业实施物流外包的必要性，还需要对企业的实际情况以及内外的因素进行分析。并不是所有的企业都适合物流外包模式，物流经理要选择适当的外包模式。物流外包主要有以下三个模式，如图13-2所示。

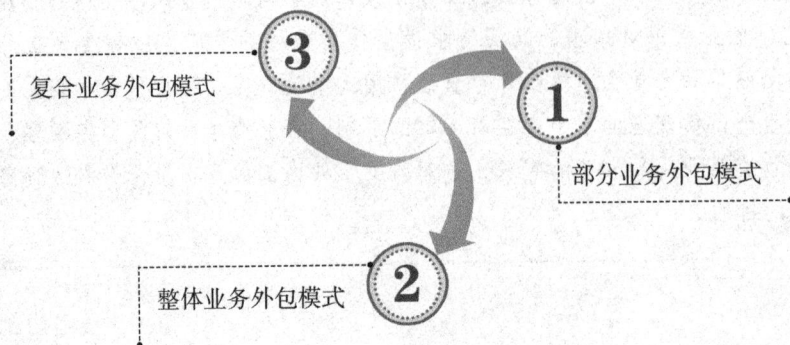

图13-2　物流外包的模式

1. 部分业务外包模式

部分业务外包模式又称为专项业务外包模式，即将企业内部一套完整的物流管理工作中的一部分交给第三方物流企业进行管理，其余部分由企业自己进行管理。

例如，可以将企业中的物流规划交给第三方物流企业，而企业自身还是负责运输和仓储等服务。这种部分业务外包的模式有助于根据企业自身的业务情况适当地采取执行的策略，并且具有易控制性。

2. 整体业务外包模式

整体业务外包模式是将企业内部的所有物流业务全部交给第三方物流企业进行管理，企业不再管理物流的工作，只是作为整个物流过程的协调者。

例如，企业将物流设计、物流信息系统的制作以及物流规划等全部交给第三方物流企业全权管理。这种整体业务的外包模式有利于企业发展核心业务而放弃非核心业务，进而提升企业自身在市场中的竞争力。

小贴士

物流经理在选择整体业务外包模式时，需要对企业外部的环境以及服务机构进行详细的调研。

3. 复合业务外包模式

复合业务外包模式是将多项物流的工作交给第三方物流企业进行管理。其中可以将多项外包业务同时交给一家企业管理，也可以将多项业务分给不同的企业管理。这种复合业务外包模式有利于健全物流的服务体系，并且可以最大程度地减少企业物流管理的压力，保证了企业有更多的精力去管理企业的核心问题。

13.4 物流外包的实施步骤

企业在确定了物流外包模式后，就需要开始实施，实施步骤如图13-3所示。

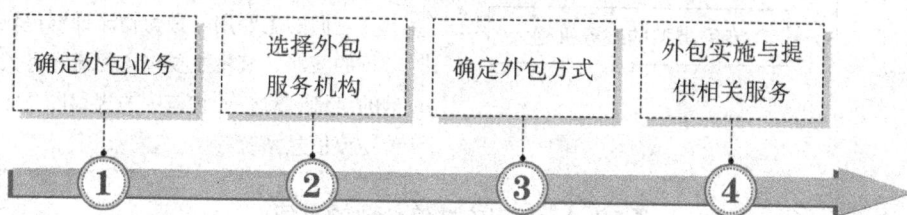

图13-3 物流外包的实施步骤

1. 确定外包业务

企业要想进行物流外包，首先需要对物流外包进行分析，并在此基础上对企业中的每个过程是否适合外包进行分析。

由于现阶段我国针对第三方物流机构承担物流外包并没有过多的法律规定，因此企业在确定外包业务之前需要考虑企业的安全情况，当前物流的业务主要包含物流规划、物流设计以及货物运输等方面，企业在确定外包业务的过程中不能将企业的核心部分外包出去，以保护好企业的产权。

2. 选择外包服务机构

确定需要外包的业务后，企业就需要选择外包机构，其中主要可以从以下两个方面来进行分析。

第一，企业需要对服务的价格进行分析。值得注意的是，某项物流业务外包以后，企业就必须承担外包成本，如果物流外包成本过高，那么企业应自身承担物流服务。

第二，企业需要对外包服务机构的服务质量和信誉进行调查，这对于企业整个物流系统来说至关重要。

例如，对于物流信息管理系统来说，该方面是属于企业的商业机密，如果选择了信誉低的外包服务机构就会发生信息泄漏的情况，进而会对企业产生一些不利因素。

3. 确定外包方式

接下来，企业需要确定外包方式，一般情况下，外包方式的选择与第三方物流机构有关。现阶段第三方物流企业主要包含三种类型，具体如图13-4所示。

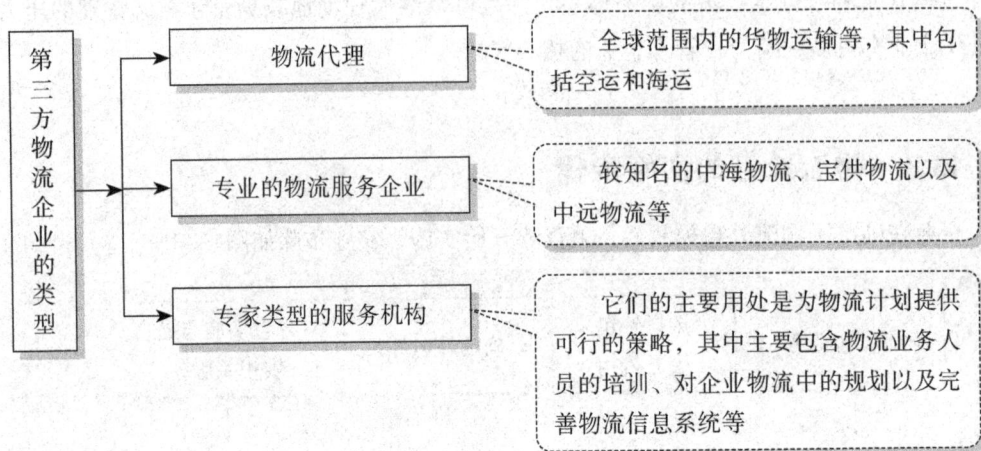

第三方物流企业的类型
- 物流代理 —— 全球范围内的货物运输等，其中包括空运和海运
- 专业的物流服务企业 —— 较知名的中海物流、宝供物流以及中远物流等
- 专家类型的服务机构 —— 它们的主要用处是为物流计划提供可行的策略，其中主要包含物流业务人员的培训、对企业物流中的规划以及完善物流信息系统等

图13-4　第三方物流企业的类型

上图所示的这三种物流类型并不是相对独立的，企业在物流外包的过程中很可能运用到其中的两种甚至三种。

4. 外包实施与提供相关服务

确定外包方式后，企业需要对第三方物流企业的实施服务进行规定。在实施的过程中，企业需要采取积极主动的态度给予第三方物流以辅助。外包实施过程中的工作如图13-5所示。

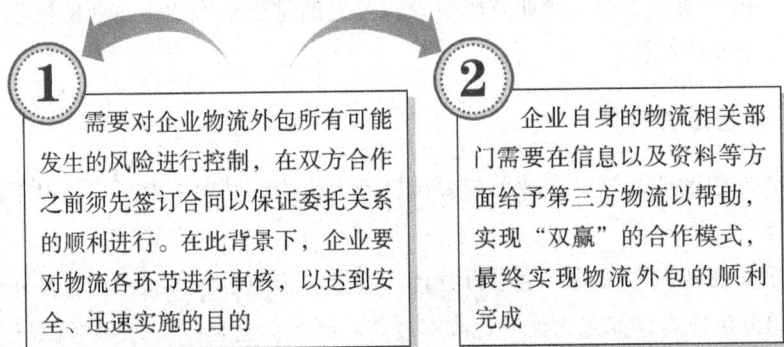

① 需要对企业物流外包所有可能发生的风险进行控制，在双方合作之前须先签订合同以保证委托关系的顺利进行。在此背景下，企业要对物流各环节进行审核，以达到安全、迅速实施的目的

② 企业自身的物流相关部门需要在信息以及资料等方面给予第三方物流以帮助，实现"双赢"的合作模式，最终实现物流外包的顺利完成

图13-5　外包实施过程中的工作

13.5　选择物流外包商的要求

一般来说，对于外部物流商的选择应从质量、成本、交货期、服务等因素进行考虑，

具体来说，应满足以下要求，如图13-6所示。

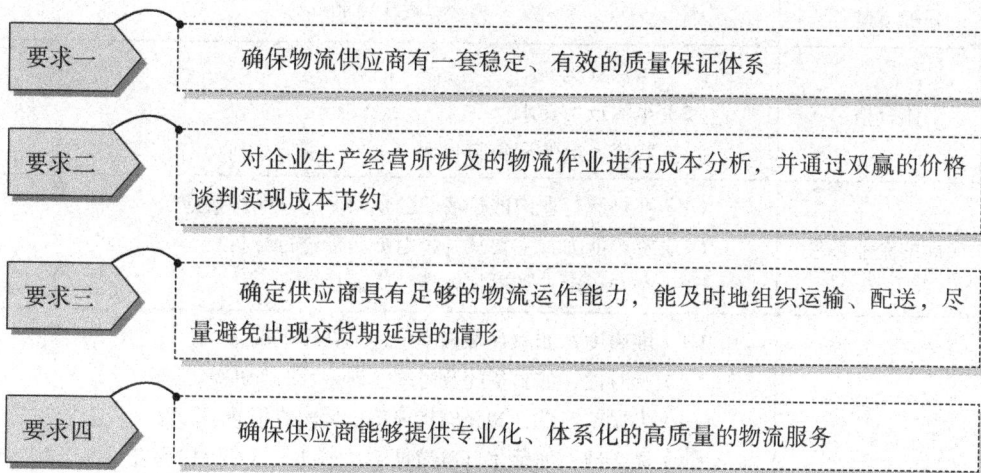

要求一	确保物流供应商有一套稳定、有效的质量保证体系
要求二	对企业生产经营所涉及的物流作业进行成本分析，并通过双赢的价格谈判实现成本节约
要求三	确定供应商具有足够的物流运作能力，能及时地组织运输、配送，尽量避免出现交货期延误的情形
要求四	确保供应商能够提供专业化、体系化的高质量的物流服务

图13-6　选择物流外包商的要求

13.6　选择物流外包商的程序

在选择外部物流供应商时，物流经理应遵循以下程序进行，如图13-7所示。

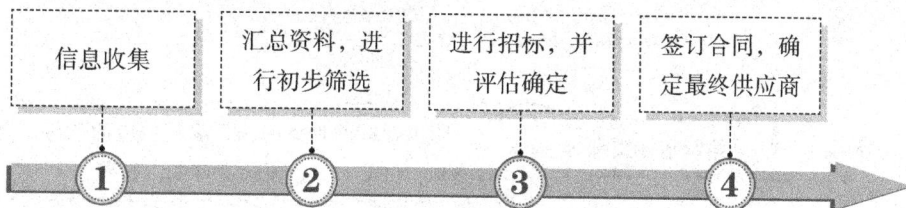

| 信息收集 | 汇总资料，进行初步筛选 | 进行招标，并评估确定 | 签订合同，确定最终供应商 |
| ① | ② | ③ | ④ |

图13-7　选择物流外包商的程序

1. 信息收集

物流经理可以通过查阅物流企业名录、物流行业报纸及期刊、销售代理商介绍、网站查询等方式，收集各类供应商的信息。

2. 汇总资料，进行初步筛选

对于收集到的各种资料进行汇总，并依照一定的标准进行分类整理，加以分析后筛选出候选名单。具体的分析项目如表13-2所示。

表13-2　供应商信息分析项目

分析项目	具体说明
主体资格	（1）运营资质 （2）车辆技术要求 （3）物流人员的配备与管理
供应商的企业形象	（1）在物流行业内的排名、公众知名度、品牌效应等 （2）资产能力，主要从各种财务指标进行分析 （3）亲和程度，如易接触性、沟通性等
服务质量	（1）准确度，如库存准确率、订单处理正确率 （2）及时性，如出货的及时率、误差及时处理率 （3）失误率高低，如仓储货损率、运输货损率 （4）灵活性，如紧急订单满足率、小批量运单完成率等
成本评价	（1）运作成本，包括单位运价、单位存储费等要素 （2）系统成本，即提供专业化服务时的系统总成本

3. 进行招标，并评估确定

对于候选的物流供应商，企业一般采取招投标的方式进行选择，具体流程如图13-8所示。

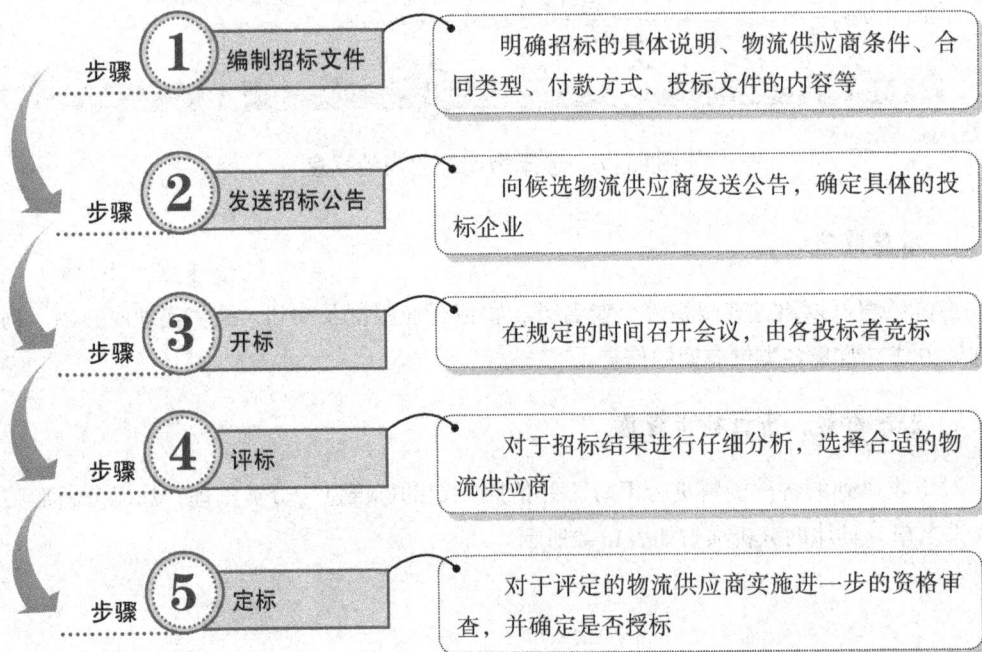

步骤 1　编制招标文件　明确招标的具体说明、物流供应商条件、合同类型、付款方式、投标文件的内容等

步骤 2　发送招标公告　向候选物流供应商发送公告，确定具体的投标企业

步骤 3　开标　在规定的时间召开会议，由各投标者竞标

步骤 4　评标　对于招标结果进行仔细分析，选择合适的物流供应商

步骤 5　定标　对于评定的物流供应商实施进一步的资格审查，并确定是否授标

图13-8　物流供应商招标流程

4. 签订合同，确定最终物流供应商

物流经理需要与确定的物流供应商进行协商沟通，并签订合同，明确双方的权利、义务和责任。

13.7 管理物流外包商的措施

与外部物流供应商建立合作关系后，物流经理应采取有效措施对其进行管理和监督，以保证物流作业的顺利进行。

1. 建立外部物流供应商的资料档案

对于已经确立了业务关系的外部物流供应商，物流经理应建立相关的档案，包括各种具体信息、物流业务范围、客户评价等资料。

小贴士

如果外部物流供应商的具体情况有所变化，物流经理应及时与其沟通并更新具体的资料档案。

2. 监督外部物流供应商

对于企业来说，物流活动的目的主要是为了降低存货量，提高物流配送与运输的效率，从而有效满足客户的各种需求。因此，企业对外部物流供应商的控制应主要从存货仓储、运输、客户服务等方面进行。

（1）存货的监督控制

企业要做好存货监督，就必须从仓库的控制与盘点等方面着手，具体如图13-9所示。

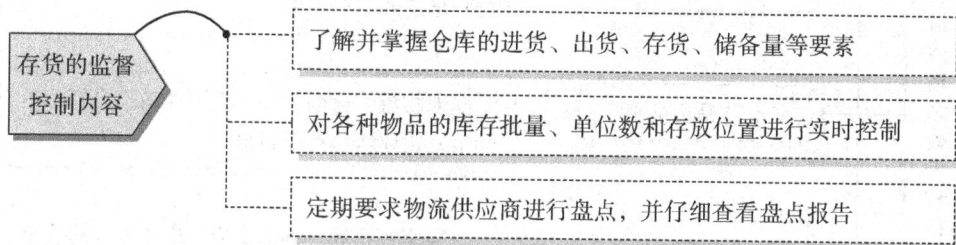

存货的监督控制内容

- 了解并掌握仓库的进货、出货、存货、储备量等要素
- 对各种物品的库存批量、单位数和存放位置进行实时控制
- 定期要求物流供应商进行盘点，并仔细查看盘点报告

图13-9 存货的监督控制内容

（2）物流运输的控制

运输监控主要是对整车或大批量原材料、发运的货物、客户服务水平等进行控制管

理。企业可以采取以下两种方法进行，如图13-10所示。

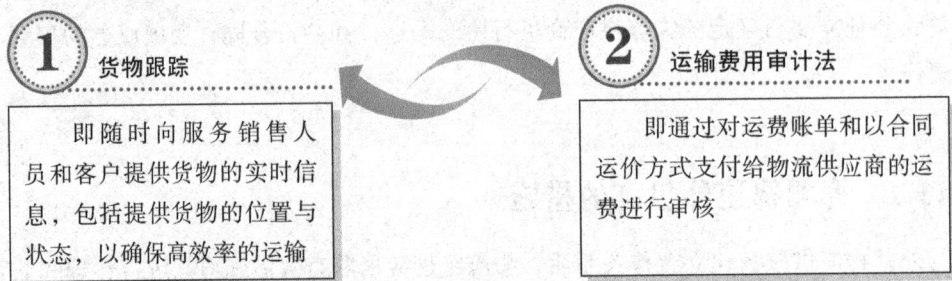

1 货物跟踪 即随时向服务销售人员和客户提供货物的实时信息，包括提供货物的位置与状态，以确保高效率的运输

2 运输费用审计法 即通过对运费账单和以合同运价方式支付给物流供应商的运费进行审核

图13-10 物流运输的控制方法

小贴士

对于物流供应商提供的各种运输账单，企业必须仔细核实。

（3）客户服务的控制

物流供应商在提供物流服务的过程中，让客户对其交货满意是此项控制的核心。企业可以对具体客户的满意度进行调查，并结合各种产品的物流数据如交货期、运输方式等进行考虑，以此对物流供应商的服务进行监控。

3. 考核物流外包商的绩效

进行外部物流商的绩效考核主要是为了加强企业与物流供应商之间的合作沟通，进一步提高物流作业的效率，具体可按各种物流主要绩效指标进行考核。

（1）物流运输绩效指标

对物流运输绩效的考核主要从以下三个方面进行评价，如图13-11所示。

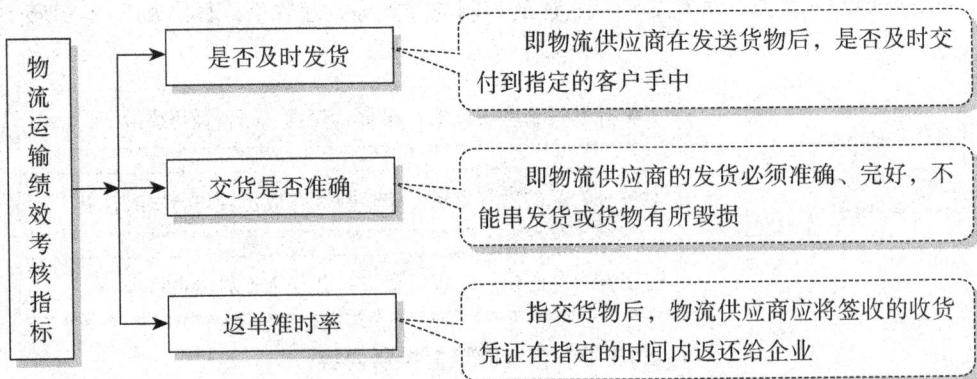

物流运输绩效考核指标：
- 是否及时发货：即物流供应商在发送货物后，是否及时交付到指定的客户手中
- 交货是否准确：即物流供应商的发货必须准确、完好，不能串发货或货物有所毁损
- 返单准时率：指交货物后，物流供应商应将签收的收货凭证在指定的时间内返还给企业

图13-11 物流运输绩效考核指标

252

（2）库存指标

对库存指标的考核主要从库存完好率、库存报表的准确度等方面进行。其中，库存完好率是指一段时间内仓库货物保存完好的比率。报表的准确度主要是针对物流供应商对库存进行定期盘点、整理时所发现的问题是否进行了有效处理，并制作了准确的报表。

（3）客户的服务质量

对客户服务质量的考核主要通过客户对物流供应商服务的反馈以及反馈处理来进行。

（4）财务指标

对于财务指标的考核主要从以下两个方面进行，如图13-12所示。

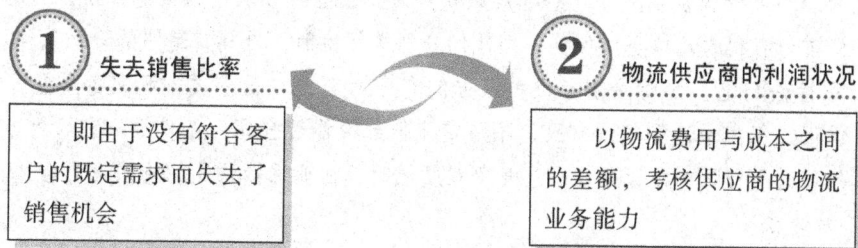

① 失去销售比率

即由于没有符合客户的既定需求而失去了销售机会

② 物流供应商的利润状况

以物流费用与成本之间的差额，考核供应商的物流业务能力

图13-12　财务考核指标

> **拓展阅读** ◄

物流供应商的评价方法

选择第三方物流供应商是一个复杂的过程，要从众多的第三方物流供应商中选择能满足企业要求的供应商是比较困难的。除了考虑评价指标体系外，还必须选择合适的方法。物流供应商评价方法的研究大致经历了三个发展阶段：定性方法、定量方法、定性与定量相结合的方法。国内外学者经过研究总结，得出以下物流供应商的评价方法。

1. 直观判断法

直观判断法是根据征询和调查所得资料并结合企业的分析判断，对第三方物流供应商进行分析、评价的一种方法。该方法主要是倾听和采纳有经验的企业内的人员意见，或者直接由企业内部人员凭经验作出判断。该方法最大优点是方便、快捷，最大缺点是受主观影响较大，很容易因为主观判断偏差而给企业带来无法弥补的损失。此法仅适于简单的物流外包项目。

2. 招标法

通过招标法选择物流供应商，通常是由企业提出招标条件，各合作伙伴进行竞标，然后由企业决标，最后与提出最有利条件的合作伙伴签订合同或协议。招标法可以是公开招标，也可以是指定竞级招标。公开招标对投标者的资格不予限制，指定竞标法由企业预先选择若干可能的合作伙伴，再进行竞标和决标。而且，招标法能够使企业在更广泛的范围内选择适当的合作伙伴。

招标法透明度好，适合外包物流业务比较复杂的物流供应商的选择，但招标法手续较繁杂，时间较长，对于紧急服务不合适；订购机动性差，有时订购者对投标者了解不够，双方未能充分协商，造成货不对路或不能按时到货，不适用于选择战略供应商。而且，评价标准确定的科学与否是评标的关键。

3. 协商选择法

在第三方物流供应商较多、企业难以抉择时，企业可以采用协商选择法，即由企业选出条件较为有利的几位合作伙伴，同他们分别进行协商，再确定适当的合作伙伴。

与招标法相比，协商法由于供需双方能充分协商，在服务成本和服务质量等方比面较有保证，但由于选择范围有限，不一定能得到价格最合理、条件最有利的物流供应商。当外包时间有限、投标单位少、竞争程度低时，协商选择法比招标法更为合适。

4. 成本法

对质量和交货期都能满足要求的物流供应商，通常需要对其成本进行比较分析，包括涉及的运输成本、仓储成本、存货成本、批量成本等各种成本，来选择总成本相对较低的物流供应商。

成本法从成本的角度对供应商进行了准确的衡量，为企业节约成本奠定了科学基础，但在战略成本观念时代，认为如果成本支出稍增而能够带来企业长期竞争力的大幅提升是应该提倡的，这在成本法的评价中是难以实现的。

5. 标杆方法

标杆方法起源于施乐公司在复印机市场上失去其领导地位后，采取的针对制造活动进行产品质量及特性的改进计划。该方法以物流行业内一家物流企业的最佳实践为基准，将各个物流供应商的实际情况与这些基准进行定量化评价和比较，从中选择出符合企业要求的物流供应商。

该方法的优点是能够充分利用同行业先进水平作为企业评价的标准，衡量出该物流供应商与最高水平物流供应商之间的差距。该方法的缺点在于只能对同一物流环节上的物流供应商进行评价选择，无法进行整个企业外部物流的供应商评价选择；而且应注意同行业最高水平的物流供应商或最接近最高水平的物流供应商不一定是最适合企业的物流供应商。

6. 统计分析法

统计分析法是建立在历史数据资料基础上的，要求该物流供应商能够提供真实、可靠的交易记录及运作效果记录，企业需要从这些记录中提取数据信息，再利用相关的数理统计方法对其进行趋势分析和预测，以此对该物流供应商作出判断。

该方法的优点是在历史数据的基础上研究事物发展趋势，在一定程度上避免了人为因素的干扰。该方法的缺点是难以保障采集到有效的数据，真正实施起来比较困

（续）

难，且没有充分注意到外部环境的变化带给事物的绝对影响。

7. 线性权重法

线性权重法是一种广泛应用于解决单资源问题的方法。它的基本原理是给每个准则分配一个权重，权重越大表明其越重要。供应商的积分为其各项准则的得分与其权重乘积之和，积分最高者为最佳供应商。由于这种方法人为判断因素过大且不同的准则权重相同，因此很多引用此方法的人都会加以改变、补充，做到更实用、更好的结合企业的实际需要来选择供应商。

8. 数据包络分析法

由于具体问题的复杂性，解析的方法难以解决许多优化决策问题。人们尝试采用各种非解析方法来解决供应商选择过程中存在的问题，智能方法是近年来逐渐发展起来的一种很有潜力解决供应商选择问题一种方法。Khoo等人提出用智能软件代理的方法选择供应商；Cook提出了案例分析系统（Case-Based Reasoning）来制定采购决策，通过积累的大量信息训练系统的能力，从中选择合理的供应商；Albino提出了一个基于神经网络（Neural Networks）的决策支持系统；Vokerka等人开发了一个专家系统来选择供应商；Weber提出数据包络分析法（Data Envelopment analysis, DEA）来评价已经选择的供应商，它是在相对效率评价概念的基础上建立起来的一种系统分析方法，在进行供应商选择时，需要把确定的选择准则转化为输入变量和输出变量，然后建立数据包络分析模型，计算各候选供应商的相对效率从而选择合适的供应商，之后进一步研究了用DEA规划相结合的方法协调选择供应商。

9. 神经网络算法

人工神经网络（简称ANN）是20世纪80年代后期迅速发展的一门新兴学科。ANN可以模拟人脑的某些智能行为，如知觉、灵感和形象思维等，具有自学、自适应和非线性动态处理等特征。将ANN应用于物流供应商的综合评价选择，旨在建立更加接近于人类思维模式的定性与定量相结合的综合评价选择模型。通过对给定样本模式的学习，获取评价专家的知识、经验、主观判断及对目标重要性的倾向。当对供应商作出综合评价时，该方法可再现评价专家的经验、知识和直觉思维，从而实现定性分析与定量分析的有效结合，也可以较好地保证供应商综合评价结果的客观性。

10. 层次分析法

层次分析法是由美国运筹学家萨蒂于1973年提出的一种多目标、多准则决策方法。层次分析法运用综合定量和定性分析将人的思维条理化、层次化，根据所要达到的目的，将问题分解为不同的组成因素，并按照因素间的相互关联以及隶属关系将因素按不同层次聚集组合，形成一个多层次的分析结构模型。根据系统的特点和基本原则，对各层的因素进行对比分析，对决策方案优劣进行排序，具有科学性、实用性、系统性、简洁性的特点。

13.8 物流外包的风险类型

风险是指产生损失的可能性或程度，具有不可预知性和不确定性。因为企业物流外包涉及企业与企业之间的合作，所以企业通过物流外包获取更多利益的同时会出现很多风险，企业的物流外包相对于企业自营物流来说出现的不确定性会更多，当然也产生了更多的风险。物流外包的风险类型如图13-13所示。

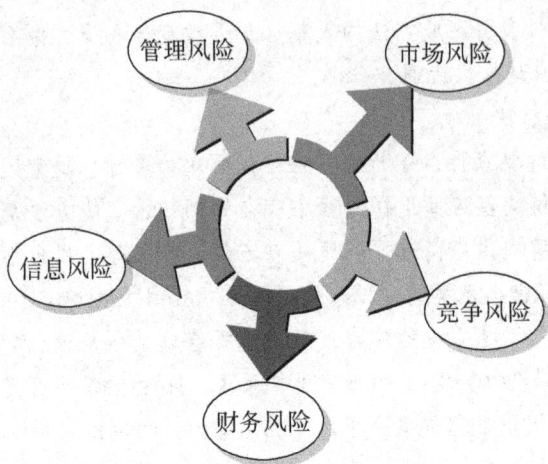

图13-13　物流外包的风险类型

1. 管理风险

管理风险包括决策风险、供应商失控风险、人力资源风险、文化差异风险和客户风险。其中，决策风险是指企业在对是否要选择外包以及怎样分配企业外包的业务进行决策时，其决策结果会不可避免地带来发生问题的风险。

物流外包后，由于委托方企业和物流服务商在经营管理模式上存在差异，并且有着不同的企业文化、目标和利益，因此会产生问题，并由此带来不可控制性，情况严重时甚至会造成管理上的失控。管理风险是企业无法避免的问题，应该慎重对待。

2. 市场风险

由于市场不稳定等企业外部环境造成的风险叫做市场风险，如劳动力价格、原材料的供应、消费者的需求变动，以及物流服务市场的波动所造成的风险。

如果物流市场景气，劳动力价格、原材料价格、市场服务价格上涨，市场服务价格高于外包合同制定的价格，那么物流委托方受益；如果物流市场不景气，市场服务价格低于外包合同所制定的价格，那么会使物流委托方受损。

从长远目标来看，委托方在物流外包后将更加依赖物流服务商，关注费用的同时也降低了企业自身物流创新的能力，在合作中将会处于被动局面。

小贴士

市场风险在任何企业都存在，需要我们正确看待。

3. 财务风险

财务是让任何企业都感到困扰的问题，财务的明确是十分必要的。物流外包的成本是不明确的，常常物流外包运作完成后会发现其成本超支严重，也就不能实现预期目标。与第三方物流供应商进行谈判和起草合同时需要的费用常会被企业忽视，再加上对物流外包进行管理也是需要费用的，以及一旦发生物流外包风险后所造成的损失，这些都是成本超支的原因。

4. 竞争风险

竞争存在于任何服务中，目前激烈的物流市场竞争成为了物流服务商主要面临的竞争风险。如今，很多规模相对较小的企业却冠以物流公司的名称，同时由于物流行业门槛低和发展前景良好，未来潜在竞争对手的进入将会瓜分物流市场份额。

5. 信息风险

信息风险是指由于合作双方信息得不到及时、有效的沟通，因此造成信息不能共享、信息反馈滞后、信息失真等问题的出现。即使是合作双方信息能够实现信息共享，也可能由于信息的泄露而造成企业核心能力的外泄，让竞争对手有模仿的机会，导致企业产品销售量和市场范围的缩小、丢失，造成企业利益受损。

13.9 物流外包的风险来源

物流外包是由具有不同核心能力的企业与物流服务商组成的由利益为驱动的业务组合，是一个开放、复杂的系统。委托企业和代理企业之间相互作用的关系具有较大的复杂性，再加上人为失误、制度的约束、落后的观念和技术管理缺陷等因素，在相互活动的过程中一定会出现环境、人员、组织、决策、文化等方面的很多潜在的风险来源。

1. 企业内、外部的环境因素

企业内、外部的环境因素引发的物流外包风险如图13-14所示。

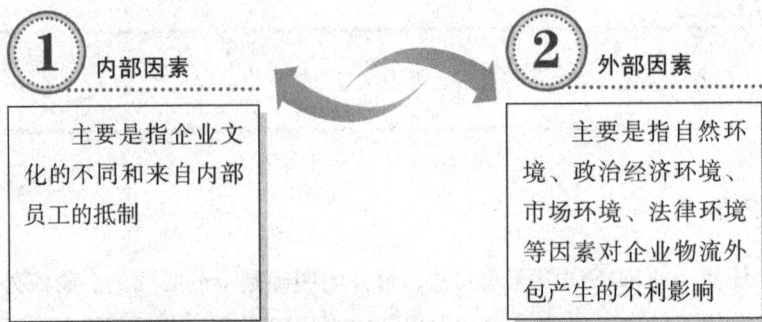

图13-14 企业内、外部的环境因素引发的物流外包风险

2. 外包过程管理因素

企业在外包决策与实施过程中，由于自身的管理问题会导致外包风险的发生，主要有以下六个方面，如图13-15所示。

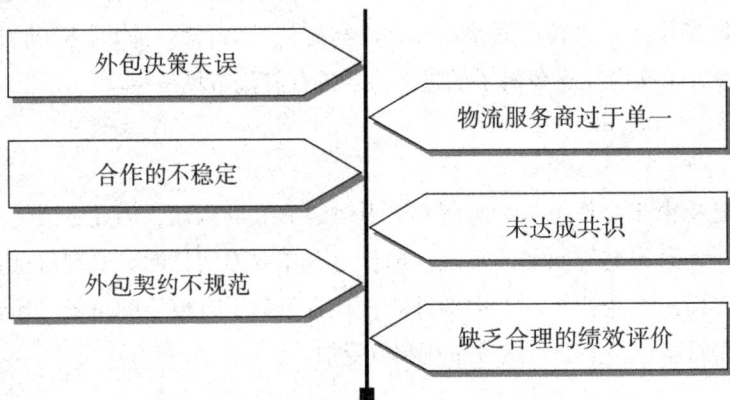

图13-15 企业管理导致的物流外包风险

3. 信息传递因素

由信息传递引发的物流外包风险主要包括两个因素，如图13-16所示。

图13-16 信息传递因素引发的物流外包风险

13.10 物流外包的风险防范

随着物流外包业务的逐渐发展，在实施物流外包的过程中，企业必须谨慎行事，考虑物流外包能够带来利益优势的同时也必须重视潜藏在外包过程里的风险，用系统的、长远的观点作出物流外包决策，同时也要根据企业物流外包风险采取一些必要的防范措施来应对各种潜在的风险，具体措施如图13-17所示。

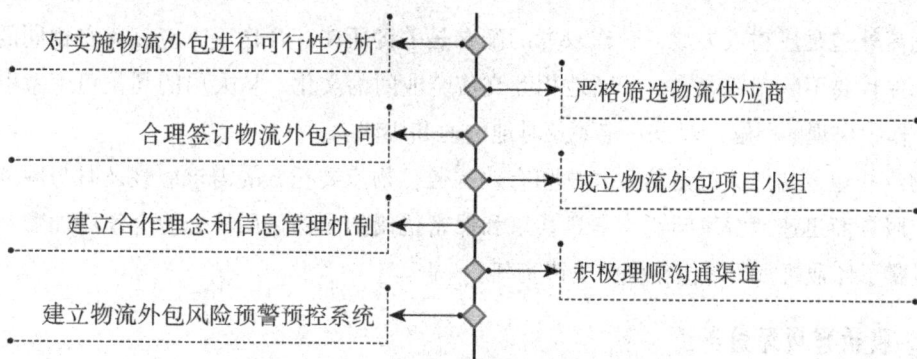

图13-17 物流外包的风险防范措施

1. 对实施物流外包进行可行性分析

企业只有对自身的物流能力、实施物流外包的需求特征、物流外部的市场环境以及实施物流外包的发展前景、经济效益等各个方面的情况进行系统的综合考虑，才可以对物流是否外包、怎样外包等问题作出合理的安排与决策。

2. 严格筛选物流供应商

在物流供应商选择这一问题上，企业在致力于加强企业内部核心竞争能力的同时，还要考虑物流供应商的利益。企业应从长远的战略思想和眼光来看待物流外包，这样既可以实现企业利益的最大化，又有利于物流供应商保持稳定的发展，最终达到供需双方双赢的局面。

对于物流供应商的报价和承诺，企业必须认真地进行分析与衡量。对于外包承诺，尤其是涉及政府政策或供应商战略方面的项目，必须由供应商企业里最高管理者决策，避免在今后履行合同的过程中出现对相关条款理解不一致的现象。

3. 合理签订物流外包合同

物流外包合同中需要制定出具有可操作性、具有可行性的工作范围。也就是说，在这个过程中，要对服务的每一个环节、作业方式、作业时间、服务所需的费用等细节作出明确的规定；制定出合理的利益风险分担机制，阐明双方应负的责任、利益以及会发生的风险。

4. 成立物流外包项目小组

企业应成立物流外包项目小组，由具有较强技术性的人才负责企业物流外包中可能出现的问题，同时把物流外包当成是企业的一个重要项目实施运作，这样能够在一定程度上降低物流外包风险。

5. 建立合作理念和信息管理机制

物流外包是成功或失败，合作双方的配合是关键所在。合作双方应该树立相同的合作理念，并且要不断创新观念，不断地相互交流企业间的文化，从大局的利益角度做事情，面对合作中出现的问题，双方一定要及时地沟通和协调。

物流外包成功的关键是信息共享和有效沟通，物流委托方的需求应该及时与服务商交流，让服务商迅速地解决问题。信息共享和保密机制的成功运用将会使合作更加顺利。同时，泄露了商业机密要承担相应的法律责任。

6. 积极理顺沟通渠道

计划错误是导致物流外包合作关系失败的首要原因，其次就是沟通不畅。沟通的重要性仅次于计划，沟通不畅大多数时候会使供需双方在日常合作中出现问题。供需双方应该找到矛盾产生的根源，并且能够达成共识，然后建立正确的沟通机制。如此，当出现问题的时候，双方就能够保持理性，用积极的态度解决问题。其实，在履行合同的过程中，能够愿意用一定的精力和时间去互相了解，做好及时沟通，探讨合同本身存在的问题以及在合同之外的问题，这对维持双方良好的合作关系是很有必要的。

7. 建立物流外包风险预警预控系统

由于物流外包过程存在不确定性，因此企业要建立物流外包风险预警预控系统，对物流外包过程中的管理、信息、财务、需求、法律等因素所可能带来的风险进行分析、评价、推断、预测，根据风险程度事先发出警报信息，并且在真正发生风险事件之后找出风险的成因并进行控制，制定出应变措施和应对风险事件的具体工作步骤。

学习笔记

通过学习本章的内容，想必您已经掌握了不少学习心得，请仔细记录下来，以便继续巩固学习。如果您在学习中遇到了一些难点，也请如实写下来，方便今后重复学习，彻底解决这些难点。

我的学习心得

1. _____
2. _____
3. _____
4. _____
5. _____

我的学习难点

1. _____
2. _____
3. _____
4. _____
5. _____

我的运用计划

1. _____
2. _____
3. _____
4. _____
5. _____

第14章
物流成本管理

随着经济的全球化和物流行业的飞速发展，现代物流管理已经成为企业降低成本、创造利润、提高经济效益的新途径。许多现代企业中，物流成本管理已成为赢得市场竞争的重要法宝，降低物流成本已成为物流管理的首要任务。

学习指引

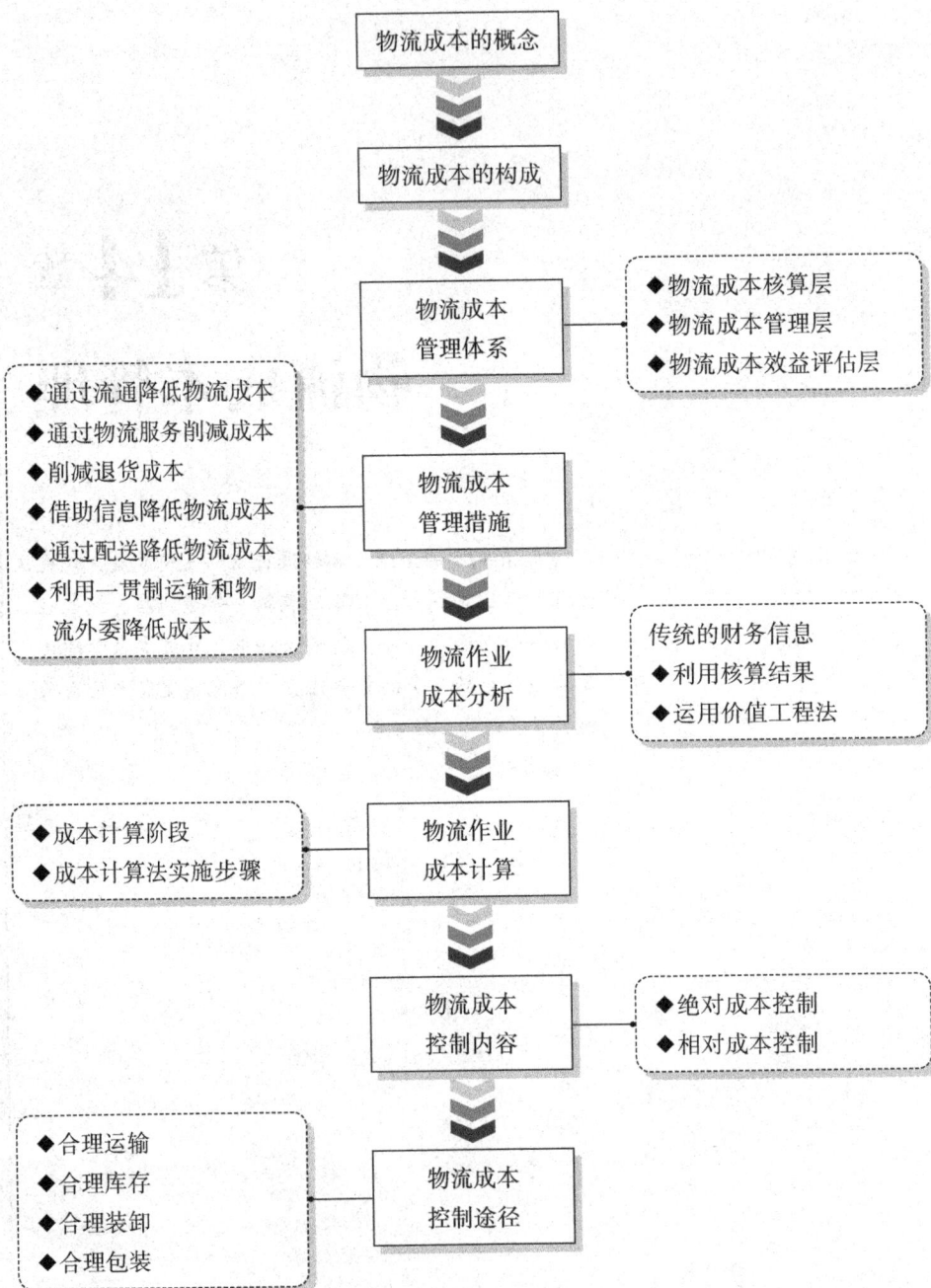

物流成本的概念

物流成本的构成

物流成本
管理体系
◆物流成本核算层
◆物流成本管理层
◆物流成本效益评估层

◆通过流通降低物流成本
◆通过物流服务削减成本
◆削减退货成本
◆借助信息降低物流成本
◆通过配送降低物流成本
◆利用一贯制运输和物
流外委降低成本

物流成本
管理措施

物流作业
成本分析
传统的财务信息
◆利用核算结果
◆运用价值工程法

◆成本计算阶段
◆成本计算法实施步骤

物流作业
成本计算

物流成本
控制内容
◆绝对成本控制
◆相对成本控制

◆合理运输
◆合理库存
◆合理装卸
◆合理包装

物流成本
控制途径

14.1 物流成本的概念

物流成本是指产品的空间移动或时间占有中所耗费的各种活劳动和物化劳动的货币表现。具体来说，它是产品在实物运动过程中，如包装、搬运装卸、运输、储存、流通加工等各个活动中所支出的人力、物力和财力的总和。

物流成本具有以下三个特点，图14-1所示。

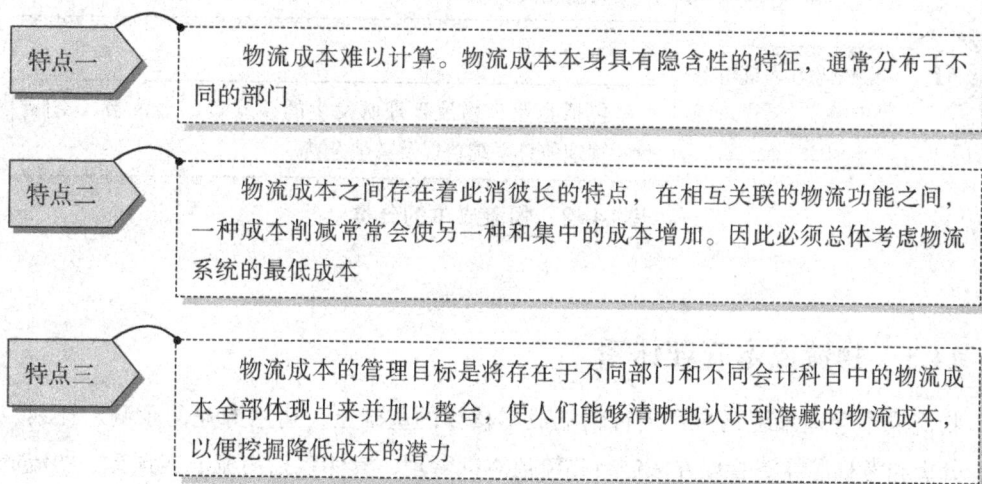

特点一 　物流成本难以计算。物流成本本身具有隐含性的特征，通常分布于不同的部门

特点二 　物流成本之间存在着此消彼长的特点，在相互关联的物流功能之间，一种成本削减常常会使另一种和集中的成本增加。因此必须总体考虑物流系统的最低成本

特点三 　物流成本的管理目标是将存在于不同部门和不同会计科目中的物流成本全部体现出来并加以整合，使人们能够清晰地认识到潜藏的物流成本，以便挖掘降低成本的潜力

图14-1　物流成本的特点

14.2 物流成本的构成

现代物流成本的范围更广，贯穿于企业经营活动的全过程，包括从原材料供应开始一直到将商品送达到消费者手中所发生的全部物流费用。

物流成本按不同的标准有不同的分类，按产生物流成本主体的不同可以分为企业自身物流成本和委托第三方从事物流业务所发生的费用，即委托物流费。

按物流的功能划分，物流成本可以分为六类，如图14-2所示。

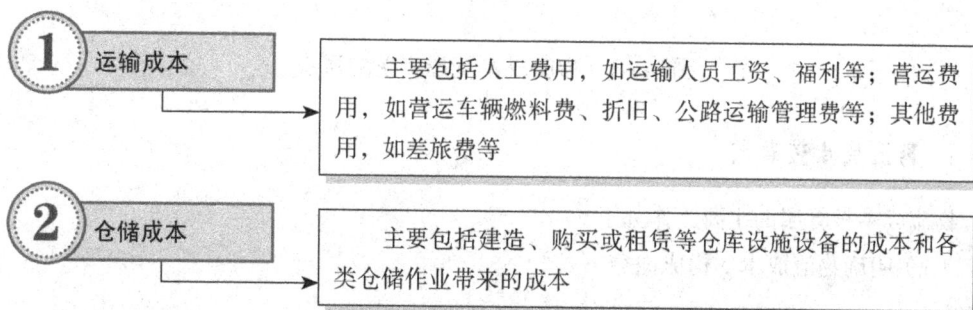

1 运输成本 　主要包括人工费用，如运输人员工资、福利等；营运费用，如营运车辆燃料费、折旧、公路运输管理费等；其他费用，如差旅费等

2 仓储成本 　主要包括建造、购买或租赁等仓库设施设备的成本和各类仓储作业带来的成本

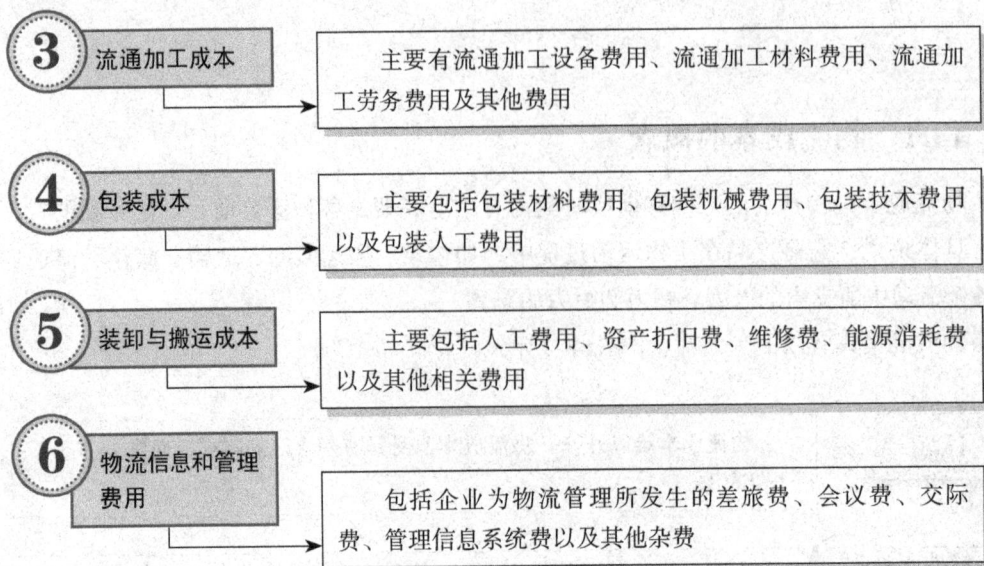

3	流通加工成本	主要有流通加工设备费用、流通加工材料费用、流通加工劳务费用及其他费用
4	包装成本	主要包括包装材料费用、包装机械费用、包装技术费用以及包装人工费用
5	装卸与搬运成本	主要包括人工费用、资产折旧费、维修费、能源消耗费以及其他相关费用
6	物流信息和管理费用	包括企业为物流管理所发生的差旅费、会议费、交际费、管理信息系统费以及其他杂费

图14-2　物流成本的分类

14.3　物流成本管理体系

物流成本管理系统是指在进行物流成本核算的基础上，运用专业的预测、计划、核算、分析和考核等经济管理方法进行物流成本的管理，具体包括物流成本预算、物流成本性态分析、物流责任成本管理及物流成本效益分析等。物流成本管理可分为三个层次，具体如图14-3所示。

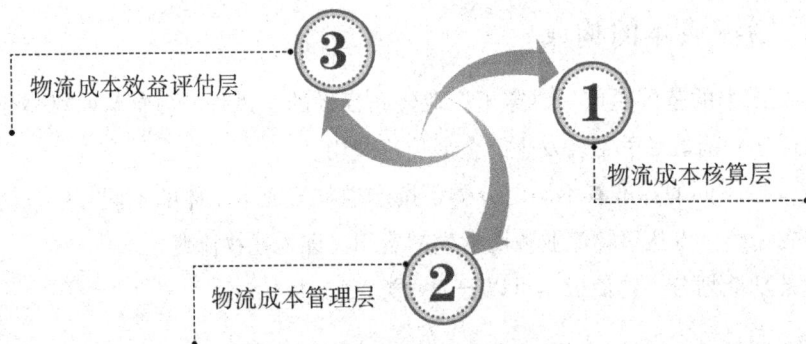

图14-3　物流成本管理体系的层次

1. 物流成本核算层

物流成本核算层的主要工作如下。

（1）明确物流成本的构成内容。

物流成本的各项目之间存在此消彼长的关系，某一项目成本的下降将会使其他项目的成本上升。因此，在达到一定服务标准的前提下，不明确物流总成本的全部构成，仅仅对其中的某一部分或某几部分进行调整和优化，未必会带来全部物流成本的最优。因此，明确物流成本的构成，将全部物流成本从原有的会计资料中分离出来是十分必要的。只有在此基础上，才能进行有效的物流成本核算、物流成本管理以及物流成本的比较分析。

（2）对物流总成本按一定标准进行分配与归集核算。

物流总成本可以按照不同的标准进行归集。较常用的方式有：根据不同的产品、不同的顾客或不同的地区等成本核算对象进行归集；根据装卸费用、包装费用、运输费用、信息费用等物流职能进行归集；按照材料费、人工费等费用支付形式进行归集。这些归集方法与目前的财务会计核算口径一致。

现在，越来越多的企业在推行作业成本法，这也是进行物流成本归集核算的有效方法。

（3）明确物流成本核算的目的。

在进行企业物流成本核算时，要明确物流成本核算的目的，使整个核算过程不仅仅停留在会计核算层面上，如果能够充分运用这些成本信息，对于企业有更大意义。

2. 物流成本管理层

物流成本管理层是指在物流成本核算的基础上，采用各种成本管理与管理会计方法进行物流成本的管理与控制。结合物流成本的特性，可以采用的成本管理方法如图14-4所示。

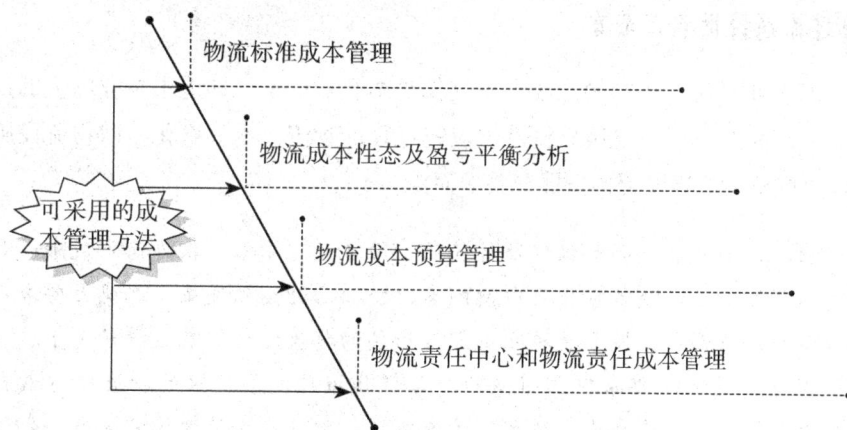

图14-4　可采用的成本管理方法

3. 物流成本效益评估层

物流成本效益评估层是指在物流成本核算的基础上，再进行物流系统对企业收益贡献程度的评价，并进行物流系统经济效益的评估。在此基础上，企业应针对物流系统的变化或改革作出模拟模型，以寻求最佳的物流系统的设计。

按照日本著名物流学家菊池康也的分析，目前日本的物流成本管理大多数处于前两个层次上，还没有达到第三个层次，对企业物流部门的成本管理还落后于销售及生产部门。在我国，对物流成本的管理更多地停留在第一个层次上。

14.4 物流成本管理措施

降低物流成本与提高物流服务水平是物流成本管理最基本的课题，其意义在于通过对物流成本的有效把握，利用物流要素之间的效益背反关系，科学、合理地组织物流活动，加强对物流活动过程中费用支出的有效控制，降低物流活动中的物化劳动和活劳动的消耗，从而达到降低物流总成本、提高企业经济效益的目的。其具体措施如图14-5所示。

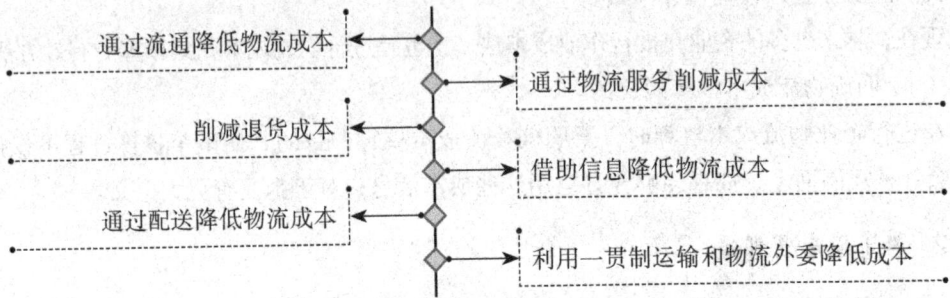

图14-5 降低物流成本管理的措施

1. 通过流通降低物流成本

对于一家企业来说，控制物流成本不仅仅是本企业的事，即追求企业物流的效率化，而应该考虑从产品制成到最终用户整个供应链过程的物流成本效率化，即物流设施的投资或扩建与否要视整个流通渠道的发展和要求而定。

例如，原有厂商是直接面对批发商经营的，很多物流中心与批发商物流中心相吻合，从事大批量的商品输送。随着零售业中便民店、折旧店的迅猛发展，客观上要求厂商必须适应这种新型的产业形式，展开直接面对零售店铺的物流活动。在这种情况下，原有的投资就有可能沉淀，同时又要求建立新型的符合现代流通发展要求的物流中心或自动化设施。这些投资尽管从本企业来看，增加了物流成本，但从整个流通过程来看，却大大提高了物流绩效。

2. 通过物流服务削减成本

随着当今食品业界价格竞争的日益激烈，ECR等新型供应链得到不断发展与普及。这种新型的物流管理体制使用户除了对价格提出较高的要求外，更要求企业能有效缩短商品周转时期，真正做到迅速、准确、高效地进行商品管理。要实现上述目标，仅仅本企业的物流体制具有效率化是不够的，它需要企业协调与其他企业（如部件供应商等）以及顾客、运输业者之间的关系，实现整个供应链活动的效率化。

正因为如此，追求成本的效率化不仅仅是企业物流部门或生产部门的事情，同时也是经营部门以及采购部门的事情，即将降低物流成本的目标贯彻到企业所有职能部门中。提高对顾客的物流服务水平是企业确保利益的最重要手段。从某种意义上来说，提高顾客服务水平是降低物流成本的有效方法之一。但是，超过必要量的物流服务不仅不能带来物流成本的下降，反而有碍于物流效益的实现。

例如，随着多频度、少量化经营的扩大，对商品配送的要求越来越高，在这种情况下，如果企业不充分考虑用户的产业特性和运送商品的特性，一味地开展商品地次日配送或发货的小单位化，无疑将大大增加发货方的物流成本。在正常情况下，为了既保证提高对顾客的物流服务水平，又防止出现过剩的物流服务，企业应当在考虑用户产业特性和商品特性的基础上，与顾客充分协调和探索有关配送、降低成本等问题，如果企业能够实现1周2~3次的配送，可以商讨将由此产生的利益与顾客方分享，从而在提高物流服务水平的前提下相互促进，寻求降低物流成本的途径。

3. 削减退货成本

退货成本是企业物流成本中的重要组成部分，它往往占据了相当大的比例。退货成本之所以成为某些企业主要的物流成本，是因为退货会产生一系列的物流费、退货商品损伤或滞销而产生的费用，以及处理退货商品所需的人员费等各种事务性费用。特别是出现退货时，一般是由商品提供者承担退货所发生的各种费用，而退货方因为不承担商品退货产生的损失，很容易随意地退回商品。由于这类商品大多数量较小，因此配送费用有增高的趋向。不仅如此，由于这类商品规模较小，也很分散，因此商品入库、账单处理等业务也都非常复杂。

例如，销售额达100万元的企业，退货比率为4%，即4万元的退货。由此产生的物流费用和企业内处理费用一般占据退货物流费用的9%~10%，因此，伴随着退货将产生4 000元的物流费。同时，由于退货商品物理性、经济性的损伤，可能的销售价格只为原来的50%，因此，由于退货产生的机会成本为20 000元。综合上述费用，退货所引起的物流成本为24 000元，占销售额的2.4%。以上仅假定退货率为4%，如果退货率为6%时，物流费用将达到36 000元，占销售额的3.6%。

由此可以看出，削减退货成本十分重要，它是物流成本控制活动中需要特别关注的问题。控制退货成本，首先要分析退货产生的原因。一般来说，退货可以分为由于用户的原因产生的退货和企业自身的原因产生的退货两种情况。

（1）由于用户的原因而产生的退货。

通常认为由于用户的原因所产生的退货是不可控的，但事实并非如此。具体来说，对于零售商或批发商而言，为了防止由于商品断货而产生机会成本是它们过量进货的主要原因。虽然利用POS系统可以根据不同商品过去的经营绩效加以调整，但是对于季节性或流行性商品，却无法合理地进行控制。在这种状况下，一旦出现商品滞销，必然会存在退货问题。要想杜绝此类情况发生，就必须不断掌握本企业产品的销售状况，对于销售较差的商品应及时制定促销策略，季节性产品或新产品应在销售预测的基础上，根据掌握的当天的销售额确定以后的生产量，也就是说利用单品管理建立实需型销售体制。

从方法上来说，建立实需型销售体制需要在用户店铺设置本企业的EOS系统，这样企业就能及时掌握客户的经营情况，进而不断调整企业的产品生产量和产品种类，真正从根本上遏止退货现象的出现。

（2）由于企业自身的原因而产生的退货。

造成这一退货现象的一个根本原因是生产方片面追求经济效益，采取推进式销售方式而引起的负面效应。很多企业为了追求最大销售目标，一味地将商品推销给最终用户，而不管商品实际销售的状况和销售中可能引起的问题，结果造成流通在库增加、销售不振，退货成本高昂。要想有效降低退货成本，企业必须改变片面追求销售额的目标战略，在追踪最终需求动向和流通在库的同时，为实现最终需求增加而实施销售促进战略。与上述问题相关联，要根本削减退货成本，企业还必须改变营业员绩效评价制度，即不是以营业员每月的销售额作为奖惩的依据，而是在考察用户在库状况的同时，以营业员年度月平均销售额作为激励的标准，这样才能在防止退货出现的情况下提高经营效率。当然，在制度上，企业还必须明确划分产生退货的责任，如果是因为商品数量、品种与顾客要求不一致而造成的退货，就应该由发货业务人员承担相应的损失；由于错误配送而导致的退货应当由运输人员承担相应的损失。

4. 借助信息降低物流成本

各企业内部的物流效率化，仍然难以使企业在不断激烈的竞争中取得成本上的竞争优势。因此，企业必须与其他交易企业之间形成一种效率化的交易关系。即借助现代信息系统的构筑，一方面使各种物流作业或业务处理能准确、迅速地进行，另一方面能由此建立物流经营战略系统。通过将企业订购的意向、数量、价格等信息在网络上进行传输，从而使生产、流通全过程的企业或部门分享由此带来的利益，充分应对可能发生的各种需求，进而调整不同企业间的经营行为和计划。这无疑从整体上控制了物流成本发生的可能性。也就是说，现代信息系统的构筑为彻底实现物流成本的降低奠定了基础。

5. 通过配送降低物流成本

对于用户的订货要求，建立短时期、正确的进货体制，是企业物流发展的客观要求。但是，伴随配送产生的成本费用要尽可能降低，特别是多频度、小单位配送的发展，更要求企业采用效率化的配送方法。一般来说，企业要实现效率化的配送，就必须重视配送车计划管理、提高装载率以及车辆运行管理。所谓配车计划是指企业与客户的订货相吻合后，将生产或购入的商品按客户指定的时间进行配送的计划。

（1）对于生产商而言，如果不能按客户指定的时间进行生产，也就不可能在客户规定的时间配送商品，因此，生产商配车计划的拟订必须与生产计划相联系。同样，批发商必须将配车计划与商品进货计划相匹配。当然，要做到配车计划与生产计划或进货计划相匹配，就必须构建最为有效的配送计划信息系统。这种系统不仅仅用于处理配送计划，而且在订货信息的基础上，管理从生产到发货全过程业务的系统。特别是制造商为缩短对用户的商品配送时间，同时降低成本，必须通过这种信息系统制订配送计划，商品生产出来后，装载在车辆中进行配送。

（2）对于发货量较多的企业来说，需要综合考虑并组合车辆的装载量和运行路线。也就是说，当车辆有限时，在提高单车装载量的同时，事先设计好行车路线以及不同路线的行车数量等，以求在配送活动有序开展的同时，追求综合成本的最小化。另外，在制订配车计划的过程中，还需要考虑用户的进货条件。

例如，进货时间、司机在客户作业现场搬运的必要性、用户附近道路的情况等都需要关注和综合分析。还有用户的货物配送量也对配车计划具有影响，货物输送量少，相应的成本就高，配车应当优先倾向于输送量较多的地域。在提高装载率方面，先进企业的做法是将本企业取得的商品名称、容积、重量等数据输入到信息系统中，再根据用户的订货要求计算出最佳装载率。

从总体上来看，对于需求比较集中的地区，可以较容易地实现高装载率运输；对于需求相对较小的地区，可以通过共同配送来提高装载率。削减配送成本的另一方面是追求车辆运行的效率化。

小贴士

提高车辆运行效率的有效方法是建立有效的货车追踪系统，即在车辆上搭载全球定位系统（GPS），通过这种终端与物流中心进行通信，一方面对货物在途情况进行控制，另一方面可以有效地利用空车信息，合理配车。

6. 利用一贯制运输和物流外委降低成本

从运输手段上来说，可以通过一贯制运输来降低物流成本，即将从制造商到最终消费者之间的商品搬送，利用各种运输工具的有机衔接来实现，运用运输工具的标准化以及运输管理的统一化来减少商品周转、捣载过程中的费用和损失，并大大缩短商品在途时间。在控制物流成本方面，有一种行为值得我们注意，那就是物流的外委，或称第三方物流或合同制物流。它是利用企业外部的分销公司、运输企业、仓库或第三方货运人执行本企业的物流管理或产品分销职能的全部或部分。其范围可以是对传统运输或仓储服务的有限的简单购买，或者是广泛的，包括对整个供应链管理的复杂的合同。它可以是常规的，即将先前内部开展的工作外委；或者是创新的，有选择地补充物流管理手段，以提高物流效益。一位物流外委服务提供者可以使一家公司从规模经济、更多地门对门运输等方面实现运输费用的节约，并体现出利用这些专业人员与技术的优势。另外，一些突发事件、额外费用如空运和租车等问题的减少，增加了工作的有序性和供应链的可预测性。实际上，外委的利益不仅局限于降低物流成本，企业也能在服务和效率上得到许多其他改进，如增强战略行动的一致性、提高顾客服务反应能力、降低投资需求、带来创新的物流管理技术和有效的渠道管理信息系统等。

拓展阅读

物流成本管理应注意的问题

在物流成本管理中，物流经理需要注意以下八点。

（1）物流在企业财务会计制度中没有单独的项目，一般所有成本都列在费用一栏中，较难对企业发生的各种物流费用作出明确、全面的计算与分析。

（2）在一般的物流成本中，物流部门完全无法掌握的成本很多。例如，保管费中过量进货、过量生产、销售残留品的在库维持以及紧急输送等产生的费用都是纳入其中的，从而增加了物流成本管理的难度。

（3）通常的企业财务决算表中，物流费是企业对外部运输业者所支付的运输费或向仓库支付的商品保管费等传统的物流费用。对于企业内与物流中心相关的人员费、设备折旧费、固定资产税等各种费用则与企业其他经营费用统一计算。从现代物流管理的角度来看，企业难以正确把握实际的企业物流成本。

（4）物流成本中各项目间存在着此消彼长的关系，某些项目成本的削减可能引起其他项目成本的增加。因此，物流成本间各项目是相互关联的。

（5）对物流成本的计算和控制，各企业通常是分散进行的。也就是说，各企业根据自己不同的理解和认识来把握物流成本。这就带来了一个管理上的问题，即企业间无法就物流成本进行分析比较，也无法得出产业平均物流成本值。

（6）物流成本削减具有乘数效应。例如，如果销售额为100亿元，物流成本为10亿元，那么物流成本削减1亿元，不仅直接产生了1亿元的利益，而且因为物流成本占销售额的10%，所以间接增加了10亿元的利益，这就是物流成本削减的乘数效应。

（7）由于物流成本是以物流活动全体为对象，因此它是企业唯一的、基本的、共同的管理数据。

（8）从销售关联的角度来看，物流成本中过量服务所产生的成本与标准服务所产生的成本是混同在一起的。例如，很多企业将销售促进费都算在物流成本中。

14.5　物流作业成本分析

作业成本法为企业物流成本的核算提供了重要的成本信息，同时也为物流管理引入了作业管理的观念，通过对产品、价值（作业）链、作业和资源的分析，为改善企业的物流管理提供了重要的非财务信息，有效地促进了物流管理的发展。

物流作业的成本可从以下几个层面进行分析。

1. 传统的财务信息

对企业的物流活动进行作业管理，首先必须善于从普通的财务信息中获取物流作业信息，从而确认企业所从事的物流作业，并且评价这些作业对企业的价值。下面以传统成本核算方法中的资产负债表为例，描述如何采集物流作业的基本信息。

（1）现金及应收账款这类流动资产对企业经营的灵活性影响很大。例如，缩短订货周期（从顾客发出订单开始到收到货物为止的全部时间），货款就能尽快回笼。同样，订货的完成率对企业资产的灵活性也有较大的影响。如果发货出现了错误，除非问题得到彻底解决，否则顾客是不会付款的。而且，订货周期、订货完成率以及发货的准确性这些信息都与企业物流作业的效率密切相关。

（2）据统计，企业通常有50%的流动资产是以存货的形式表现，包括原材料、零部件、外购件等。企业的存货政策，如制定的安全存货量、订货周期、存货地点等都将对总的存货量产生影响，最终体现在存货成本上。

（3）企业设计一个物流系统，涉及许多固定资产，如工厂、仓库等，它们都将消耗一定的资源。同时，物料的储存、运输以及加工过程中也需要占用大量的机器设备，这部分资产在固定资产总额中也占据很大的比例。

（4）一定时期内必须以现金偿还的商业负债。从物流的角度来看，对这部分成本影响最大的是购买原材料、零部件等的应付款项，属于采购部门和生产部门共同控制的领域。使用传统的经济订货批量模型，因为不能反映生产或销售领域的实际需要，往往会导致过多的存货，从而造成较大的物流成本费用。随着管理技术的发展，许多企业尤其是国际知名企业，大多数都运用MRP、DRP等先进的资源配置技术解决供应与需求的匹配问题。

（5）当今企业越来越致力于核心业务的发展，有可能缺乏足够的实力拥有全部物流活动所需要的设施与设备，因而企业对第三方物流的利用越来越多。可见，企业在物流方面的决策将在很大程度上影响企业经营所需的资金，企业负债与所有者权益之间的比例可以作为企业的财务杠杆影响企业的权益报酬率。

2. 利用核算结果

（1）产品效益分析

首先要计算出相关的产品成本。作业成本法为核算总成本中的物流作业成本提供了很好的工具。使用作业成本法能使企业乃至供应链更好地追踪物流成本，将资源消耗归集给相应的物流作业活动，然后将该项作业成本分配给消耗该项作业的产品上，从而将总的物流成本分配给相应的产品。

除此之外，当企业发生经营变化时，如推出新产品或运输方式改变等，都将使企业的物流成本发生变化。这时，利用作业成本法就能很快地找出变化的物流作业活动，并且核算出相应的作业成本。因此，物流作业成本法有助于管理者进行产品效益分析。

（2）客户效益分析

企业所有的作业中，只有得到客户认可的部分才能实现价值增值，才是应该保留的作业。对于一项物流作业来说，它的下一道工序即该物流作业的客户，因此只有对下一道工序有价值的物流作业，才能称之为增值的物流作业。然后再把物流作业看成是商品，对其进行客户效益分析。

研究显示，通常公司只有1/3的客户是盈利的，即能带给企业增值价值；1/3的客户保持盈亏平衡；还有1/3则是亏损的，即为这部分客户服务的作业环节所消耗的资源多于能够获得的价值增值。利用作业成本法对物流作业的成本进行核算，获得相应的成本信息可以帮助决策者决定对于特定的客户所应该提供的服务水平。因此，物流作业环节的操作者不仅要掌握该项物流作业所消耗的资源及成本，还要清楚客户的要求及其能带给企业的效益。

3. 运用价值工程法

由于传统企业长期以来对物流管理不够重视，因此现有的物流作业环节中存在大量不合理或不增值的作业，如何对物流作业进行作业分析以判断其能否带来价值增值已成为当务之急。在这里，引入价值工程方法进行分析。

价值公式：$V = F / C$。式中，V表示某项物流作业的价值，F表示该项物流作业的功能，C表示该项物流作业所消耗的成本费用。利用该公式，分五种情况对具有增值作用的物流作业进行分析。

（1）F上升，C下降。

这是最优的情况，说明该项物流作业通常情况下都能产生价值增值。对企业乃至整个供应链的物流作业进行改善时，这类物流作业既是作业改善的中心环节，也是通过作业改善获利最大的环节。

（2）F不变，C下降。

这是一种次优的情况，在功能不变的情形下，物流作业的成本有所下降，原因有可能是供应链企业间加强了合作，减少了企业间物流的重复作业，即减少了物流资源的浪费；也可能是提高了物流作业的熟练程度，即由于效率的提高导致作业成本费用的降低。

（3）F上升，C不变。

在这种情况下，消耗同样多的企业资源可以获得更高的价值。这通常是由于供应链企业间相关物流作业的整合所致。例如，利用配送中心对运往某个特定零售商且来源不同的货物进行整合运输，由于减少了空载率和装卸次数，必然也降低了成本。

（4）F上升，C上升，并且功能的增加比率高于成本的上升比率。

对于这种情况，必须对功能增加和成本上升进行详细分析，以得出相关的上升比率。通常这种作业是物流作业优化的主要对象，通过有效的成本—效益分析做出作业环节的增减决策。

（5）F下降，C下降，并且功能的下降比率低于成本的下降比率。

对于这种情况，也要对功能增加和成本上升进行详细分析，以得出功能下降和成本减少的相应比率。通常符合这种情况的物流作业是作业效率逐渐降低，亟须进一步改善或是消除的作业环节。

14.6 物流作业成本计算

现代物流的发展变化促进了现代物流观的形成，物流所关注的是如何把价值转移给客户并收取相应的利润。

1. 成本计算阶段

一般来说，物流作业成本计算需要经过以下四个阶段，如图14-6所示。

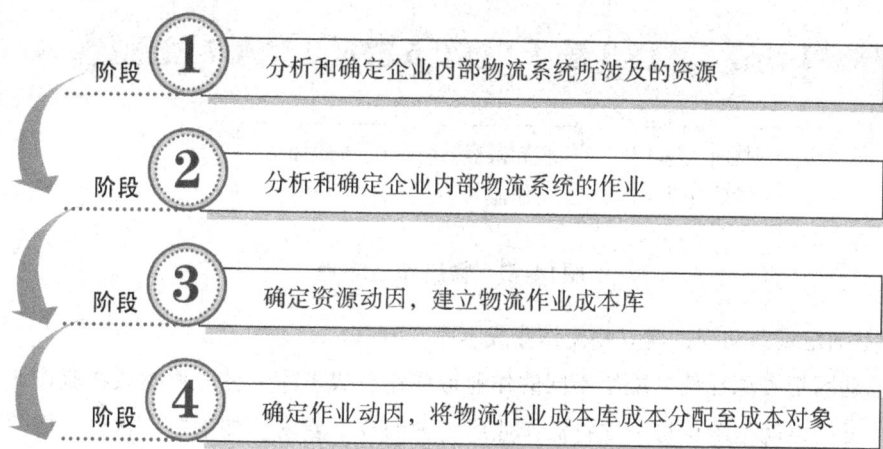

图14-6 物流作业成本计算的阶段

（1）分析和确定企业内部物流系统所涉及的资源。

资源是成本的源泉，物流资源表明了物流作业所消耗的成本源泉。有关物流作业消耗的资源信息可以从企业的总分类账得到。在分析和确定资源时，有时候需要把一些账目和预算科目结合起来组合成一个资源库；有时候需要把一些被不同作业消耗的账目或预算科目分解开来。

资源的界定是在作业界定的基础上进行的，确定每项作业涉及的相关资源，与作业无关的资源应从物流核算中剔除。企业内部物流系统所消耗的资源在企业会计科目中包括了直接人工、直接材料、制造费用以及管理费用和营业费用等，首先要从企业的会计账目中将物流活动消耗的有关资源从这些费用中分离出来。

（2）分析和确定企业内部物流系统的作业。

在分析和确定物流作业的过程中，要分清物流服务和作业的各个环节，作为计算物流作业和评价物流作业效果的基础，这个过程把组织的活动分解为一个个易理解和操作的基本作业。物流作业是物流活动的基本单位，作业的类型和数量会随着企业的不同而不同。作业不一定正好与组织的传统职能部门一致。有时候，物流作业是跨部门的，有时候一个部门可能要完成几项物流作业。

在实施物流作业成本计算时，必须在合理的范围内确认作业，作业范围太大，会影响执行作业成本计算的效果；作业划分过细，会增加执行作业成本计算的负担，导致不必要的时间、人工等资源的浪费。确认物流作业时，必须对物流作业进行整合和分解。

不同的企业会有不同的物流作业流程。一般生产企业内的物流作业包括以下流程，如图14-7所示。

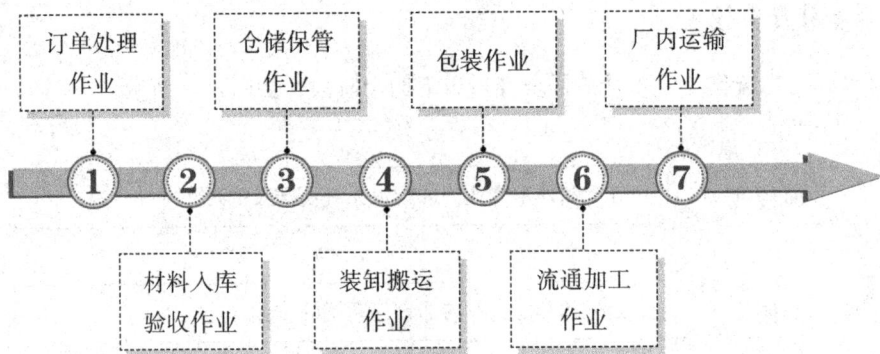

图14-7 物流作业流程

（3）确定资源动因，建立物流作业成本库。

资源动因把资源耗费分配给不同的作业形成作业成本库。首先要确认物流作业所包含的资源种类，也就是确认每一项物流作业所包含的成本要素，如工资、材料、折旧等。将资源从企业的总分类账中分离出来以后，再确立各类资源的资源动因，将资源分配到各物流作业中。资源动因关联着资源和物流作业，它把总分类账上的资源成本分配到物流作业中去。

对于资源动因，工资可以按人数比率，即该物流作业人数除以企业人数来分配，若一位员工涉及多项物流作业，则可以与工时比率同时考虑进行分配；设施折旧费可以按面积比率，即该物流作业设施所占面积除以企业总面积来分配；机器折旧费和维修费按工时比率，即该物流作业所用工时除以机器总工时来分配；通信费、材料费和燃料费等则按实际消耗数分配至物流作业。

针对不同的资源项目选用不同的计算基准计算出各物流作业成本库的资源费用后，再根据计算出的每项作业中该成本要素的成本额开列作业成本单，汇总各物流成本要素，得出各物流作业成本库的总成本额。汇总各物流作业成本库的总成本额，就是企业总物流成本。

（4）确定作业动因，将物流作业成本库成本分配至成本对象。

将资源耗费分配给物流作业成本库后，就需要确定作业动因，将物流作业成本库的成本分配到成本对象中。所有物流作业的作业动因都确定后，便可依据这些作业动因统计作业动因的总数，据此分别计算各物流作业库的单位作业成本分配率。然后根据各成本对象所耗作业量（或作业动因数），给各成本对象（产品或服务等）分配其应得的物流作业成本。

作业动因反映了成本对象对物流作业消耗的逻辑关系。例如，要求特殊包装的产品会产生包装作业中更多的人工工时和机器工时，因此按照所耗工时的多少（作业动因）把包装作业的成本分配到相应的产品或客户中去。

2. 成本计算法实施步骤

（1）变革企业组织。

企业要想有效地实施内部物流作业成本法，必须得到组织各阶层人士的支持和认可。为完成这项任务，企业管理者应意识到原有物流成本计算和管理中存在的缺陷，说明这些缺陷是如何形成不准确和误导性信息的，以及这些信息如何误导管理者做出与企业目标相悖的决策。

（2）营造良好的物流成本管理氛围。

目前我国对物流作业成本系统还不太熟悉，因而推行这项工作，首先需要企业员工对这种管理方式的理解和配合，形成一定的氛围，这是保证物流作业成本法顺利开展的基础和条件。没有广大职工达成共识，单靠条文规定，执行起来难以奏效。要想真正重视物流作业管理，必须有长期宣传、引导的过程，作业成本法方能全面推开，收到良好效果。

（3）制定管理规范。

在企业内推行物流作业成本系统，必须先制定管理规范，做到有章可循。在国家尚未出台物流成本管理规定的情况下，企业可以先依据自己的情况和管理目标制定试行规划，利用规划对相关部门进行管理，对物流作业成本计算和作业管理的实施做好基础工作和制度保证。

（4）编制物流作业成本法实施计划。

企业应编制物流作业成本法实施计划，包括物流作业成本法实施的范围、试点的部门，物流作业成本法系统的复杂和详细程度，物流成本核算的准确程度，物流作业成本法实施的组织保障等。

（5）对管理人员进行培训。

管理人员只有具备专业的会计知识和熟悉生产工艺流程，才能够开展物流作业成本法。企业管理人员必须理解物流作业成本法的要求、作用及有关成本动因的概念，运用作业成本法所提供的信息进行作业分析和管理。

（6）收集信息，辨认作业。

实施人员要深入了解企业的生产活动，对企业的生产流程进行分析，对企业生产中的物流活动进行分析，确认从资源的消耗到产品的产出中的物流作业，确定物流作业中心。如果是进行物流作业成本计算，作业可以先较广义地定义；如果是进行物流作业分析，作业则要较狭义地定义。

（7）确定物流作业与成本的关系。

确认成本动因是物流作业成本计算中非常重要，也是难度最大的一个步骤。这项工作不仅需要会计部门人员参加，还需要企业各部门人员的广泛参与。确定成本动因的数目，与所要求的物流成本的精确度和物流作业的复杂程度有关。

（8）物流作业分析。

物流作业的确认过程就是物流作业链（价值链）的形成过程。企业应对价值链进行分析，确认不增值的物流作业，并设法将其从组织里消除。对于不能消除的不增值物流作业，则要尽量提高效率和减少作业。

（9）选择重要的物流作业进行作业成本计算。

企业依据物流作业是否必要或是否有效地执行，按在最终产品中所占比例的大小对物流作业成本进行排列，对排在前面的作业，企业可根据需要进行物流作业成本计算。

14.7 物流成本控制内容

在日常物流运营的过程中，需要通过各种物流管理技术和方法的应用提高物流效率，以达到降低物流成本的目的。物流成本控制的目的在于加强物流管理、促进物流合理化。一般来说，物流成本的控制涵盖以下两个方面的内容，如图14-8所示。

图14-8 物流成本控制的内容

1. 绝对成本控制

绝对成本控制是将物流成本控制在一个绝对金额以内的控制方法。绝对成本控制从节约各种成本支出、避免浪费的角度进行物流成本控制，要求把生产劳动过程中发生的一切成本费用支出都划入成本控制范围，并有针对性地进行控制。

2. 相对成本控制

相对成本控制是通过成本与产值、利润、质量和服务等的对比分析，寻求在一定制约因素下取得最优经济效益的一种控制方法。相对成本控制扩大了物流成本控制领域，要求在降低物流成本的同时注意与成本关系密切的因素，如产品结构、项目结构、服务质量水平、质量管理等方面的工作，以减少单位产品的成本投入，提高整体经济效益。

14.8　物流成本控制途径

降低物流成本，可以从两个角度考虑：一是以改变客户服务水平为前提的物流合理化；二是在规定服务水平的前提下改进物流活动效率的合理化。一般来说，可实施的具体控制途径如图14-9所示。

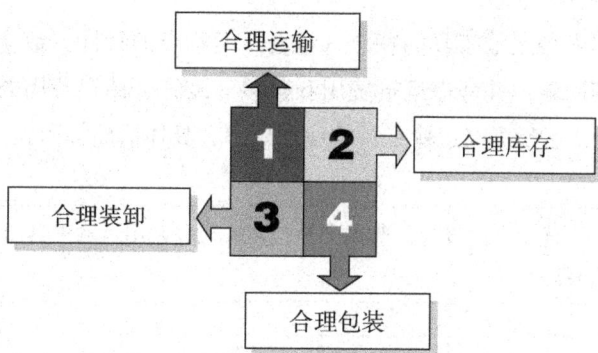

图14-9　物流成本控制途径

1. 合理运输

据统计，物流成本中运输费用的支出约占30%，所以合理运输是降低物流成本的主要途径之一。具体来说，合理运输包括以下三个方面。

（1）合理确定运输路线。

企业运输包括企业内运输和企业外运输两部分。企业内运输路线是否合理主要取决于企业平面位置的规划，企业应合理规划企业车间、仓库的位置，以及车间内机器设备的位置，优化企业内的物流路线，使物流在企业内的搬运短程化、直线化，减少物料在企业内的迂回、倒流、重复和过远运输。对于企业外运输路线的合理选择，应尽量就近组织物料供应和产品销售，避免相向、重复、迂回、倒流等各种不合理运输，以缩短物资在途时间，加快物流速度，降低物流成本。

（2）合理选择运输方式。

直达运输有利于减少中转环节和装卸次数，从而加快物流速度和减少途中损耗，此种运输方式适用于大宗物资、急需物资和专用物资的运输，反之则应采用中转运输。联合运输与独立运输相比，联合运输可以提高运载工具效率，降低物流成本，所以物流经理应彻底跳出以企业自身为本位的狭隘观点，尽可能多地组织联合运输。

自行运输具有方便灵活、不受牵制的特点，但自行运输费用较高，因为它只服务于本企业，很多是单程运输，而委托专门运输部门运输，由于其服务面广，通过合理调度可以组织双程运输，所以物流经理应对费用进行比较分析，以保证合理选择运输方式。

（3）合理运用运输工具。

物流经理应根据各种运输工具的特点，结合所运物资的特性、数量、运输路程的远近及运输任务的缓急等因素，并考虑运输费用和包装、装卸、储存费用的相关性，从而合理选择运输工具。同时，还要提高运输工具的使用效率，具体措施如图14-10所示。

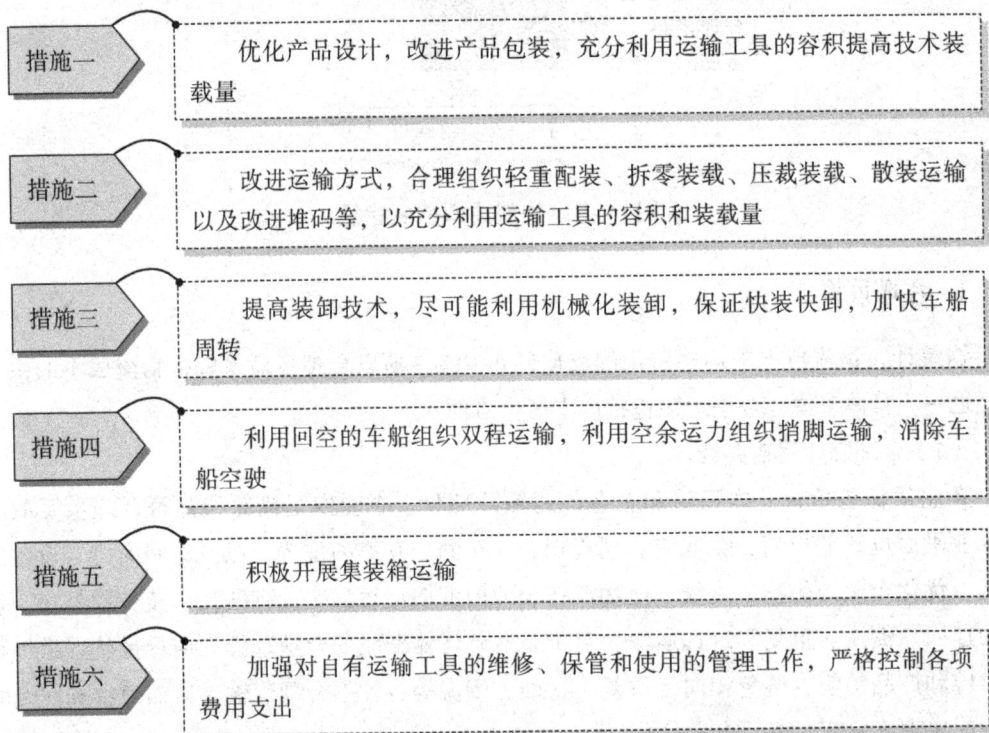

措施一	优化产品设计，改进产品包装，充分利用运输工具的容积提高技术装载量
措施二	改进运输方式，合理组织轻重配装、拆零装载、压裁装载、散装运输以及改进堆码等，以充分利用运输工具的容积和装载量
措施三	提高装卸技术，尽可能利用机械化装卸，保证快装快卸，加快车船周转
措施四	利用回空的车船组织双程运输，利用空余运力组织捎脚运输，消除车船空驶
措施五	积极开展集装箱运输
措施六	加强对自有运输工具的维修、保管和使用的管理工作，严格控制各项费用支出

图14-10　合理运用运输工具的措施

2. 合理库存

据统计，如果库存物资价值1亿元，则一年与库存有关的成本费用要高达库存物资价值的10%~30%。要想有效降低物流成本，合理库存是关键的一个环节。企业应尽力消除不必要的库存积压，尽量减少因保管不善造成的损失。合理库存的具体措施如图14-11所示。

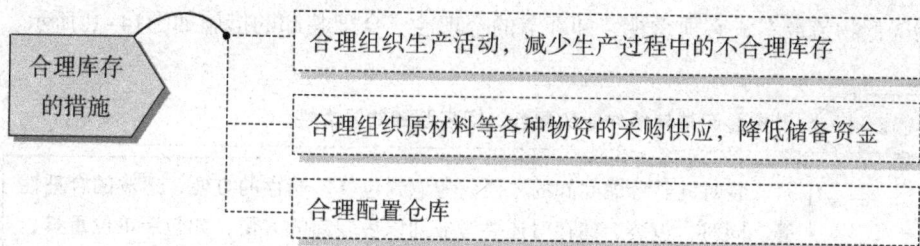

图14-11　合理库存的措施

（1）合理组织生产活动，减少生产过程中的不合理库存。

为减少生产储备，减少物料在生产过程中的停滞时间，企业应改革传统生产管理方式，采用看板管理、即时生产方式等先进的生产组织方法，工序之间以需定产，下道工序需要多少，前道工序就生产多少，下道工序按时、按质、按量向前道工序取货，使物资按生产所需要的时间、品种和速度流动，既不超量多流，也不减量少流。这样可大大减少中间产品周转数量和资金占用，甚至可取消中间产品仓库。

（2）合理组织原材料等各种物资的采购供应，降低储备资金。

应将按用途划分的物资管理改为按物资大类、类别进行管理，无论何处使用，均集中在一个部门进行管理，这样可以克服企业内部的重复采购、重复储备、重复积压的现象，减少资金占用，同时可以节约用人、用库，节约物资的维修与保养费用。彻底进行零部件、原材料的标准化，提高其通用性，以减少库存量。在物资储备和采购工作中，与其他企业搞横向联合，即联合采购、联合储备，从而降低企业的储备资金占用。全面了解市场情况，尽量减少市场上供应充足物资的库存，避免盲目多储和提前储备。积极利用流通库存，利用配送中心供应其所需物资，这样做可减少企业库存，甚至取消部分物资的库存，实现零存货。

（3）合理配置仓库。

利用营业仓库可节省企业的仓库建设投资，减少保管人员和其他保管设施。若自建仓库，对于自建仓库的数量、地点、规模、形式的确定，企业要对各方案成本进行比较分析，尽可能减少库存量，实现企业内物资的集中库存，同时也要防止盲目扩大仓库规模，浪费仓储能力。

小贴士

要增加适销对路的产品，避免盲目增产，减少成品积压损失；加强物资的维修与保养，降低物资的报损报废率，减少物资的保管损耗；充分利用库存，提高仓位及设施利用率和进出仓效率。

3. 合理装卸

为降低物流成本，必须重视装卸环节的合理性。合理装卸的措施如图14-12所示。

措施一 考虑装卸与其他作业的配合，提高装卸的灵活性

装时就要考虑到卸的方便，考虑到包装、储存的方便，运输的合理性等。同时，包装、储存时还要考虑到以后装卸的方便，如包装单位重量、体积及使用材料的确定，就应考虑到装卸方式的要求。人工装卸时，重量、体积都不能过大，机械装卸则无须考虑这点

措施二 加强装卸作业管理，提高装卸效率

一方面要提高装卸速度，尽量快装快卸，减少压车压船占库的损失；另一方面要提高装卸质量，减少装卸过程中的丢失与破损

措施三 合理选择装卸方式，提高装卸技术水平

实现装卸机械化，以减轻工人劳动强度，提高装卸速度和质量，降低物流成本

图14-12 合理装卸的措施

4. 合理包装

为降低物流成本，物流经理应充分注意包装在物流中的经济性，认真研究包装与运输、装卸、储存等环节的适应性，提高包装技术水平，力求合理包装。同时，在方便物流、保证物资安全的前提下，应尽可能降低包装成本。合理包装的措施如图14-13所示。

措施一 合理设计包装，保证包装程度的集中

包装设计要与装卸、储存和运输条件相适应，保证包装功能与成本相适应，避免包装功能过剩。企业在包装设计时要进行功能成本分析，尽可能简化和改进不必要的包装，应尽量选用物美价廉的包装材料

措施二 合理使用包装物

对于周转使用的包装物，注意加速包装物的周转，制定包装物周转率指标，并加强考核，延长包装物使用年限和使用次数；要注意搞好包装物的回收与利用，避免使用过程中的损失浪费

措施三 ▷ **加强包装物的收发管理**

在购入所有包装物品时，主管部门必须记账，并制定包装物的消耗定额，根据限额领料凭证发料，严格控制其使用数量

措施四 ▷ **加强包装物的计划管理**

各使用部门应按需要时间提交使用计划，主管部门据此加工或购置，如逾期无计划造成供应不及时或计划不准确造成供应量过多或过少，均应追究相关部门的责任

图14-13　合理包装的措施

> **拓展阅读** ◁

物流成本控制的12个关键点

高昂的物流成本，一直是制约物流企业发展壮大的主要因素。企业在物流运营过程中，除了要通过预算管理、责任中心管理等成本控制的技术方法进行物流成本管理之外，还需要通过各种方法的应用提高物流效率，达到降低物流成本的目的。企业进行物流成本控制应抓住以下12个关键点。

1. 成本控制与服务质量控制相结合

物流成本控制的目的在于加强物流管理、促进物流合理化。物流是否合理取决于两个方面，一是对客户的服务质量水平，二是物流费用的管理水平。如果只重视降低物流成本，就有可能影响客户服务质量。

一般来说，提高服务质量水平与降低物流成本之间存在着一种"效益背反"的矛盾关系。也就是说，要想降低物流成本，物流服务质量水平就有可能会降低；反之，如果提高服务质量水平，物流成本就有可能会提高。因此，在进行物流成本控制时，必须要结合服务质量控制与物流成本控制，要正确处理降低物流成本和提高客户服务质量的关系，从二者最佳的组合上，谋求物流效益的提高。

2. 局部控制与整体控制相结合

局部控制是指对某一物流功能或环节所耗成本的控制；系统控制则是指对全部物流成本的整体控制。物流成本控制最重要的原则是对总成本进行控制。物流是以整个系统作为本质的，这就要求将整个系统及各个辅助系统有机地结合起来进行整体控制。从总成本的角度来看，不应单看运输费用的削减与否。从一定意义上来说，采用总成本控制比局部物流功能的成本控制更为合适。总成本的系统控制是决定物流现代化成败的决定性因素，物流成本控制应以降低物流总成本为目标。

3. 全面控制和重点控制相结合

物流系统是一个多环节、多领域、多功能的全方位开放系统。这一特点从根本上要求我们在进行成本控制时必须遵循全面控制的原则。

首先，无论是产品设计、工艺准备、采购供应，还是生产制造、产品销售，抑或售后服务各项工作都会直接或间接地引起物流成本的上升或下降，这就要求对整个生产经营活动实施全过程进行控制。

其次，物流成本的发生直接受制于企业供、产、销各部门的工作，这就要求实施物流成本的全部门和全员控制。

再次，物流成本是各物流功能成本所构成的统一整体，各功能成本的高低直接影响物流总成本的上升或下降，这就要求实施全功能的物流成本控制。

最后，从构成物流成本的经济内容来看，物流成本主要是由材料费、人工费、折旧费、委托物流费等因素构成，这就要求实施物流成本的全因素控制。

强调物流成本的全面控制，并非要将影响成本上升或下降的所有因素事无巨细、一律平等地控制起来，而是应按照例外管理的原则，实施重点控制。也就是说，要对物流活动及其经济效果有重要影响的项目或因素作为重点严加控制。

4. 经济控制与技术控制相结合

要把物流成本日常控制与物流成本经济管理系统结合起来，进行物流成本的综合管理与控制。物流成本是一个经济范畴，实施物流成本管理必须遵循经济规律，广泛利用利息、奖金、定额、利润等经济范畴，以及责任结算、业绩考核等经济手段。同时，物流管理又是一项技术性很强的管理工作。要想降低物流成本，必须从物流技术的改善和物流管理水平的提高上下一番工夫。通过物流作业的机械化和自动化，以及运输管理、库存管理、配送管理等技术的充分应用，来提高物流效果，降低物流成本。

5. 专业控制与全员控制相结合

与物流成本形成有关的部门（单位）进行物流成本控制是必要的，这也是这些部门（单位）的基本职责之一。有了专业部门的物流成本控制，就能对物流成本的形成过程进行连续、全面的控制，这也是进行物流成本控制的一项必要工作。

6. 从流通全过程考虑

控制物流成本不仅仅是本企业的事，还应该考虑从产品制成到最终用户整个供应链过程的物流成本效率化，亦即物流设施的投资或扩建与否要视整个流通渠道的发展和要求而定。在控制企业物流成本时，要注意针对每位用户成本削减的幅度有多大。特别是当今零售业的价格竞争异常激烈时，零售业纷纷要求发货方降低商品价格，因此，作为发货方的厂商或批发商都在努力提高针对不同用户的物流活动绩效。

7. 提高供应链管理水平

在供应链物流管理体制下，仅本企业的物流效率化是不够的，它需要企业协调与其他企业以及顾客、运输业者之间的关系，实现整个供应链活动的效率化。正因为如此，追求成本的效率化不仅仅是企业物流部门和生产部门的事，还是经营部门以及采购部门的事，亦即将降低物流成本的目标贯彻到企业所有职能部门中。

8. 提高物流服务水平

提高对顾客的物流服务是企业确保利益的最重要手段。从某种意义上来说，提高顾客服务是降低物流成本的有效方法之一。但是，超过必要量的物流服务不仅不能降低物流成本，反而有碍于物流效益的实现。因此，在正常情况下，为了提高物流服务水平，并防止出现过剩的物流服务，企业应当在考虑用户产业特性和商品特性的基础上，与顾客充分协调、探讨、寻求降低物流成本的途径。

9. 借助现代信息系统

企业必须与其他交易企业之间形成效率化的交易关系，即借助于现代信息系统，一方面使各种物流作业或业务处理能准确、迅速地进行；另一方面，建立物流经营战略系统。也就是说，现代信息系统的构筑为彻底实现降低物流成本，而不是向其他企业或部门转嫁成本奠定了基础。

10. 提高配送效率

针对用户的订货要求建立短时期、正确的进货体制是企业物流发展的客观要求，但是，伴随配送产生的成本费用要尽可能降低，特别是最近多频度、小单位配送的发展，更要求企业采用效率化的配送方法。一般来说，企业要想实现效率化的物流配送，必须重视配车计划管理、提高装载率以及车辆运行管理。

11. 削减退货成本

退货成本是企业物流成本中的重要组成部分。退货会产生一系列的物流费、退货商品损耗或滞销而产生的费用以及处理退货商品所需的人员费等各种事务性费用。要想消减退货成本，企业必须改变营业员绩效评价制度，即不能以营业员每月的销售额作为奖惩的依据，而是要在考察用户在库状况的同时以营业员年度月平均销售额作为激励的标准，这样才能在防止退货出现的情况下提高经营效率。当然，在制度上还必须明确划分产生退货的责任。

12. 利用一贯制运输和物流外包

通过一贯制运输来实现，即将从制造商到最终消费者之间的商品搬运，利用各种运输工具的有机衔接来实现，运用运输工具的标准化以及运输管理的统一化减少商品周转、转载过程中的费用和损失，并大大缩短商品在途时间。物流外包服务提供者可以使一家公司从规模经济、更多地"门到门"运输等方面节约运输费用，体现出利用这些专业人员与技术的优势。另外，一些突发事件、额外费用如空运和租车等问题的减少增加了工作的有序性和供应链的可预测性。

学习笔记

通过学习本章的内容，想必您已经掌握了不少学习心得，请仔细记录下来，以便继续巩固学习。如果您在学习中遇到了一些难点，也请如实写下来，方便今后重复学习，彻底解决这些难点。

我的学习心得

1. _____
2. _____
3. _____
4. _____
5. _____

我的学习难点

1. _____
2. _____
3. _____
4. _____
5. _____

我的运用计划

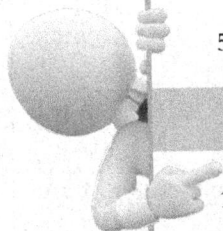

1. _____
2. _____
3. _____
4. _____
5. _____